编写人员

主　编：施柳周

副主编：皮菁燕　　王　霞

参　编：胡　瑛　　张元灏　　李子勤

新时代司法职业教育"双高"建设精品教材

心理评估理论与技术

施柳周 ◎ 主编

华中科技大学出版社
http://press.hust.edu.cn
中国·武汉

内 容 简 介

本书以"理论够用，突出实践"的理念为指导，强化核心操作理论知识点，突出实践操作，紧扣心理咨询岗位诊断评估环节，采用"模块—项目—任务"的实践体系进行编写。模块一为症状诊断，模块二为人格评估，模块三为个案概念化。内容由表及里，层层递进，由单一到综合，适合不同的人群根据自己的实际情况选择性阅读、学习。通过症状分析与诊断，对来访者的现实适应水平及社会功能状况做出清晰定位；对来访者进行人格评估，推断其内在人格结构；再经过个案概念化，明了来访者身上的各种资源及其相互作用，尽可能理解来访者本人，有利于搭建治疗同盟并建立咨询关系，为治疗的切入和开展提供有力支持。

图书在版编目（CIP）数据

心理评估理论与技术 / 施柳周主编. -- 武汉 ：华中科技大学出版社，2025.6. --（新时代司法职业教育"双高"建设精品教材）. -- ISBN 978-7-5772-1965-3

Ⅰ. B841.7

中国国家版本馆 CIP 数据核字第 20259D1X13 号

心理评估理论与技术

Xinli Pinggu Lilun yu Jishu

施柳周　主编

策划编辑：张馨芳

责任编辑：贺翠翠

封面设计：孙雅丽

版式设计：赵慧萍

责任校对：张汇娟

责任监印：曾　婷

出版发行：华中科技大学出版社（中国·武汉）　　　电话：（027）81321913
　　　　　武汉市东湖新技术开发区华工科技园　　　　邮编：430223

录　　排：华中科技大学出版社美编室

印　　刷：武汉科源印刷设计有限公司

开　　本：787mm×1092mm　1/16

印　　张：13.25　　插页：2

字　　数：300千字

版　　次：2025年6月第1版第1次印刷

定　　价：59.80元

前　言

    本教材的编写契合了社会心理服务体系建设的大背景，旨在为社会心理服务体系建设添砖加瓦。社会心理服务工作被认为是实现国家长治久安的一项源头性、基础性工作，不仅承担着培育自尊自信、理性平和、积极向上的社会心态的使命，而且通过提升公众心理健康水平、促进家庭和谐，为儿童和青少年的健康成长营造促进性环境，从而保障下一代发展成为具有健全人格的合格的建设者和可靠的接班人。自 2015 年《中共中央关于制定国民经济和社会发展第十三个五年规划的建议》提出"倡导健康生活方式，加强心理健康服务"以来，党和政府陆续出台多项关于社会心理服务的政策，卫健系统、教育系统、各级工会、妇联、残联及团委等职能部门纷纷响应号召，积极探索社会心理服务体系的建设，大众心理健康得到了足够的重视。随着社会心理服务工作的推进，社会对专业的心理服务团队、正规的心理服务场地及科学有效的心理服务技能的需求越来越大。在此背景下，服务理念、服务技能、人才队伍、运行模式、长效机制、保障体系等核心要素的探索与培育尤为关键。

    《心理评估理论与技术》是心理咨询专业系列教材之一，可以作为社会心理服务工作人员、高校学生及心理学爱好者的学习用书。当前，鲜有适合高职层次学生学习心理诊断技能的专业教材，编者在多年的专业教学及心理咨询实践过程中，经过思考和总结，逐渐形成了心理诊断技能的教学体系。近年来，越来越多的企事业单位开始购买 EAP（employee assistance program，员工促进计划）服务，这为行业提供了越来越多的实践项目和岗位，我们得以在心理服务的各个环节进行实践、探索、总结，理论与实践的交融越来越深入。同时，越来越多的基层民警、工会干部、中小学教师及心理咨询师参与到心理实用技能的学习中，他们与专业从业人员的交流和碰撞越来越多，促使心理实用技能在相关行业的推广使用越来越务实。我们正是通过对这些行业实践活动的不断总结、整合才形成了本教材。

    本教材分为症状诊断、人格评估及个案概念化三大模块。症状诊断是指以心理、生理症状群为依据，对人群的心理健康、心理问题、心理障碍和精神疾病四大类心理状态进行识别，明白来访者（或服务对象）究竟处于何种心理状态、有什么性质的心理问题。人格评估是指探索来访者（或服务对象）内在的人格状况，包括人格发展水平、人格结构协调状况、行为模式适应程度等，旨在从内在根源上解释来访者的症状表现。个案概念化则是指从发展的视角理解来访者为什么成了现在的他，是如何成了现在的他。本教材在编写时尽量遵循"理论够用，突出实践"的指导思想，三大模块层层深入，模块化的设计有利于适应不同人群的学习状况。在校学生及初学者以症状诊断的学习为主，适度学习人格评估；有一定的实践经验后进一步学习个案概念化知识。

本教材由施柳周担任主编，皮菁燕、王霞担任副主编，胡瑛、张元灏和李子勤参编。教材总体框架由施柳周拟定，编写前就编写体系、重点内容开展了集体讨论，然后进行任务分配，分头执笔，最后由施柳周统稿。具体分工如下：项目一至项目三、项目五至项目七、项目九由施柳周编写，项目四由李子勤编写，项目八由王霞编写，项目十由皮菁燕和王霞共同编写，项目十一由皮菁燕编写，项目十二由胡瑛编写，项目十三由张元灏编写。

本教材在编写过程中遇到多种难题，小组成员齐心协力，最终保障书稿顺利完成。成书之时，感谢领导的关怀、同事的支持、同仁的帮助、服务单位的配合。同时，本书得到华中科技大学出版社的大力支持，在此表示诚挚的感谢！由于理论知识和实践经验的不足，加之时间有限，书中难免有错漏之处，敬请广大读者批评指正。

施柳周

2025 年 1 月 17 日于武汉

目　录

模块一 | 症状诊断

项目一

症状的识别

一、症状的概念

通过人的外显行为如言谈、书写、表情、动作（行为）甚至身体机能异常等表现出来异常的心理（精神）活动，通常被称为症状，包括精神症状（心理症状）和生理症状。个体人格状况、动力结构、认知理念等内在心理要素在与外界交互作用的各个环节中都会不自觉地呈现出各种与人格特质相关的表现，既可能有大众化的、人之常情的部分，也可能有个体独特的部分，这些表现如果破坏了自身协调性，影响了个体的社会适应，就可能属于异常的范畴了，包括认知异常、情感异常、意志行为异常等。由于心身相互影响，内心冲突也会通过生理症状表现出来，如失眠、食欲减退、头晕头痛等。

因此，可以说症状源于人格发展的局限性，通过各种生理和心理的表现具体显现出来。

二、收集资料

症状蕴含于个体的人格基础，在个体适应环境的过程中显现出来，表现为个体在具体事件和现实情境中的认知、情绪情感、意志行为及生理反应。对来访者信息收集得越充分，对症状的挖掘可能就越全面，对症状的分析就可能越精准，就越能保证诊断的正确，为诊断和治疗奠定基础。来访者各种不同的病症都是由症状群表现出来的，收集资料时既要关注其心理表现，也要关注生理表现，这些表现相互关联，相辅相成，共同反映了来访者的心理状态和现象世界。多途径收集信息，能保证资料的丰富性、真实性、可靠性，心理咨询实践中往往以某一种途径（如咨询师与来访者交谈）为主，辅之以其他方式和途径。常用的途径有观察、会谈、心理测验、查阅相关资料等。

（一）观察

观察可以获取丰富的真实材料，消除一些主观影响，补充、验证某些关键信息。随着来访者的出现，其性别、年龄、穿着打扮、身体姿势、步态、目光、面部表情、声音特征等信息便扑面而来，都在不同程度上传递着来访者的内心状态、适应状况、冲突程度、情绪体验等，有助于咨询师推断来访者的身份、社会地位、性格特征、行为模式、心理健康状况、主要冲突来源、认知局限性等。一边观察，一边分析，对信息进行加工，得到更有价值的信息。愁苦面容、紧张姿势多与焦虑失眠有关；步行缓慢、身体沉重可能与抑郁有关；面部紧绷、眼神警觉可能因敌对、防御引起；声音洪亮、风风火火，积极主动，这样的人可能性格外向，在人际关系中往往占主导地位；挑剔的、批判的、总是提要求的，这样的人偏自我，可能有些固执甚至偏执；等等。先观察细节再汇集到整体，就能看到来访者主要的防御机制和行为模式：有人小心翼翼并讨好；有人温和而坚定（固执）；有人自信（自我）、敢于冒险；有人踏实坚毅，不喜欢与人交往；有人过于理智，注重一视同仁，反对和稀泥；等等。再结合其当前身体的放松状态等，就能形成对来访者当前学习、生活、工作状态的初步印象。

（二）会谈

会谈是收集资料的主要方式之一，在会谈中建立信任关系是重要前提，关系的品质决定了会谈的开放程度。倾听是至关重要的，要听到弦外之音，听到来访者的真实心声，去真切地理解来访者，"懂"他。通过对来访者及其家属、重要相关人员的访谈获取有关来访者的资料，客观而全面地呈现来访者现在的各种关系、社会资源及适应状况，明白来访者与外界各种因素交互作用的模式，追溯其成长、学习、生活的发展演变历程，将来访者的过去和现在有机结合起来。会谈时除了要掌握基本的人口学资料，咨询师还应聚焦如下信息：来访者的成长史，包括出生状况、学习史、生活史、家族史等；来访者早期经历及成长中的重大事件，如有没有创伤，其亲密关系如何等。

（1）现实生活状况，包括生活态度，适应程度如何，社会功能如何。

（2）恋爱婚姻状况，包括恋爱史、婚姻状况、夫妻关系模式等。

（3）人际交往，包括当前人际交往的模式、稳定性，在人际中的归属感及压力等。

（4）身体功能状况，包括生理机能状况、饮食睡眠状况等。

（5）情绪体验、内心冲突。

（6）其他。

拉扎勒斯提出了 BASIC ID 会谈评估模型，他认为对求助者进行评估和干预需要关注 7 种特性，这 7 种特性相互联系、相互作用，不应孤立、静止、机械地应用。这 7 种特性的首字母合起来即 BASIC ID。

B：行为（behavior），包括各种简单和复杂的动作和行为。

A：情感（affect），包括来访者的情绪和情感。

S：感觉（sensation），由五大感官感知的信息。

I：意象（imagery），自动化想象，各种能对个人生活产生影响的心理图像。

C：认知（cognition），人们的思想和观念。

I：人际关系（interpersonal relationship）。

D：药物（drugs）。

会谈也可以从来访者的基本信息入手，以心理现象为指导进行资料收集，关注来访者在具体事件和现实情境中的认知、情绪情感和意志行为等表现，进而推断其内在人格结构、动力系统及认知观念等，描绘其内在现象世界，从而理解来访者。关于会谈时哪些信息该问、哪些信息不该问，是否不该打探来访者的隐私，咨询师偏爱和使用的流派不同，会谈的切入点、关注的核心信息及会谈的深度等都不一样。以精神分析治疗为主的咨询师在访谈中会重视来访者潜意识的动力，对个体内驱力较为关注；以认知行为治疗为主的咨询师在会谈中会关注来访者的认知，尤其是非理性信念；家庭治疗注重家庭系统的互动模式，强调资源的利用和家庭模式的调整，认为个体的症状只是家庭问题的反映。会谈中一切以服务于诊断、评估和治疗为原则，即使来访者因防御不愿意暴露某些信息，只要有利于诊断、评估和治疗，咨询师也应该想办法突破防御。咨询师因反移情而不当地获取某些信息时，也应有所觉察并提请督导。

（三）心理测验

心理测验是一种科学的、高效的收集信息的途径，选取或编制科学的心理测评工具，开展规范的施测活动，便能获得丰富的信息，再结合其他渠道获取的信息进行综合分析，相互验证，形成整体印象，促进对服务对象的理解。测验方案既可以简单易操作，也可以复杂多变化；既可以单独施测，也可以团体施测，尤其在社会心理服务大背景下，对群体进行心理健康普查和筛查更凸显了这一方式的优点。在心理咨询实践中，心理测验可以分为人格测验、能力测验和症状测验，应根据不同的目标、不同的服务对象、不同的要求，科学地、有针对性地、综合地选择心理测验。越来越多的社会心理服务工作人员偏爱综合使用各种心理测验，这样既能准确、充分地把握服务对象的心理现状，对其心理健康状况和社会适应状况做出评估，还能从社会支持系统、个体成长史及人格状况、当前压力等多维度去探索服务对象的心理发展变化规律，理解其为什么会这样、可能会怎样，思考如何协助其转变等。

1. 人格测验

人的所有外在的、现实化的表达都受制于内在人格状况，对服务对象进行人格测验，分析其性格特征、行为模式、需要结构、人格水平等，探索其人格功能，是社会心理服务中的重要内容。从个体角度来说，了解服务对象的行为模式、价值观念、职业兴趣等，为其提供专业选择、职业指导、职业规划、职业生涯设计，可以进行人格测验；从用人单位角度来看，合理进行人员安置、实行分类管理、促进团队建设等可以进行人格测验；在咨询和治疗时可以进行人格测验，发现诱发心理问题和心理障碍的人格因素，建立咨询关系，优化交流模式。通过对情绪特质的解读可以间接了解服务对象的适应状况，探索其工作及人际适应状况。行为模式和防御机制是推断服务对象人格水平的重要线索。人格测验包括自陈测验和投射测验，常用的自陈测验有 A 型行为类型问卷、艾森克人格问卷（EPQ）、卡特尔十六种人格因素测验（16PF）、明尼苏达多相人格问卷（MMPI）、气质测验、爱德华兹个人爱好量表（EPPS）、迈尔斯-布里格斯人格类型量表（MBTI）等。投射测验包括罗夏墨迹测验、主题统觉测验、绘画（房树人）测验等。不同的量表依据不同的人格理论对个体人格进行测评，特质及内涵十分丰富。表 1-1 所示是 EPPS 所测的 15 种需要，表 1-2 所示是 16PF 所测的 16 种人格特质，表 1-3 所示是 MBTI 所测的 4 个人格维度 8 种人格偏好。

表 1-1　EPPS 所测的 15 种需要

成就（ach）	顺从（def）	秩序（ord）
表现（exh）	自主（out）	亲和（aff）
省察（int）	求助（auc）	支配（dom）
谦逊（aba）	慈善（nur）	变通（cha）
坚毅（end）	异性爱（het）	攻击（agg）

表 1-2　卡特尔 16 种人格特质

代号	因素名称	代号	因素名称	代号	因素名称	代号	因素名称
A	乐群性	F	兴奋性	L	怀疑性	Q1	实验性
B	聪慧性	G	有恒性	M	幻想性	Q2	独立性
C	稳定性	H	敢为性	N	世故性	Q3	自律性
E	恃强性	I	敏感性	O	忧虑性	Q4	紧张性

表 1-3　MBTI 的人格维度和偏好

维度	人格偏好	
态度倾向	内向（introversive）	外向（extroversive）
接受信息	感觉（sensing）	直觉（intuition）
处理信息	思考（thinking）	情感（feeling）
行动方式	判断（judging）	知觉（perceiving）

2. 症状测验

症状测验可以用来评估当前（一般是最近一周以来）的症状表现及严重程度，为临床症状诊断和人格评估提供支持。常用症状量表有症状自评量表（SCL-90）、焦虑自评量表（SAS）、抑郁自评量表（SDS）、汉密尔顿焦虑量表（HAMA）、汉密尔顿抑郁量表（HAMD）、一般健康问卷（GHQ-12）、青少年心理健康诊断测验、儿童焦虑性情绪障碍筛选量表、儿童抑郁障碍自评量表、简明精神病评定量表（BPRS）、倍克-拉范森躁狂量表（BRMS）等。此外，明尼苏达多相人格问卷（MMPI）及大学生人格问卷也可以用来评定症状。

有些测验可以用来了解症状的产生及疾病的发展。当前绝大多数心理学工作者都认可"生物-心理-社会"综合病因模式，探索发病原因时往往从生物遗传（遗传及生理）、人格基础（人格缺陷）及社会事件（诱因与压力）三方面展开，可选用的量表包括人格测验量表（如 16PF 等）、生活事件量表（LES）、社会支持评定量表（SSRS）等，探索最近（一年来）有哪些重大生活事件发生，是否有应激的叠加效应、得到的社会支持如何，以及人格特征（内向、孤僻、偏执、记仇）等。病因测验一般收集到的都是单维度、静态的因素，在病因探测时可以进行多维度综合分析，坚持内因为主、外因为辅的理念，重点关注内因，寻求个体内在病因的改善，但当外因（诱发事件）过于重大引起服务对象内心失衡甚至内在现象世界崩塌时，则可先从外因入手，减少外因的刺激、增加支持系统功能，从而有效地对因治疗。

在实践操作中，可以依据服务对象的年龄选择适合儿童、青少年或成人的问卷；也可以根据心理问题的性质，选择恰当的心理测验。测评的目标往往是获取个体身上主要的心理症状或行为表现，因而可以依据服务对象的主要困惑、主要表现选择适合的测评量表。如果服务对象有明显的焦虑情绪，可选用测评焦虑情绪的量表。此外，还可依据对服务对象心理问题（障碍）的初步判断选择症状量表。比如，依据观察和访谈怀疑服务对象的问题属于某一方面的问题（如神经症、人格障碍等）时，为确定症状表现及严重程度，选择相应的症状量表明确核心症状（群），就能结合多方信息明确诊断。选用恰当的量表可以达到排除某类疾病的目的，若想明确服务对象是否有精神疾病，可使用 MMPI、BPRS（他评）量表；若担心智力问题，可用韦氏智力测验或其他智力量表等。

3. 能力测验

在人才招聘、员工安置、职业规划和职业指导等工作中可以使用能力测验。当某些特殊岗位对某种（类）能力有较高要求时，可以在考查被测对象工作经验、专业学习的基础上使用特殊能力测验，从胜任角度、发展视角选择适合的岗位。因此，通过智力测验和某些特殊能力测验，确认自身能力特长，接纳自身短板，扬长避短，打磨自己的职业核心能力，才可能实现由胜任到"乐业"的升级，真正获得幸福感、满足感和成就感。

（四）查阅相关资料

对于部分社会心理服务对象，咨询师可以通过特定途径查阅相关资料，了解服务对象个人成长、学习、工作状况、重要生活事件等信息，与其他资料相互印证和补充，更好地认识服务对象。

三、获取症状

来访者向咨询师或心理工作者讲述的都是他的表现，包括行为表现和内心感受，症状就蕴含于来访者的认知、情感、意志行为及生理反应中。表现是症状的具体化，表现和症状之间存在千丝万缕的联系，每一种症状都是个体与现实环境互动的剧本，具体的表现因人而异、因境而变、因时而动。例如，恐惧症状可以表现为不敢坐电梯、不敢乘飞机；也可以表现为怕黑、怕蛇、怕蟑螂；还可以表现为不敢出门，怕见到异性等。具体表现受制于人格基础、文化属性和时代烙印，因而所有的表现都遵循着一定的规律。农村村妇的被害妄想可能与个人生命的威胁相关，白领女性的被害妄想多涉及职业发展和名誉受损。外向自信的人多卷入支配关系和人际冲突，内向自卑的人多被身体不适困扰。表现千差万别，背后的症状相对抽象和稳定，从具体繁杂的表现中概括出特征，就能获得简洁的症状。

1. 从来访者的表述中找到主要的、有意义的表现

在初次访谈中，来访者会提供大量的信息。首次咨询时来访者虽然想要敞开心扉，但依然会有很多顾虑，如不确定自己该不该信任当前的咨询师，担心咨询之后的结果变得更糟糕，不知道治疗的代价自己能不能承受得住……因此，有些信息是来访者用来防御的，与真正的病情关系不大。在心理咨询中，来访者往往会试探和验证咨询师，因此会暴露一些无关痛痒的话题，对咨询师是否能"胜任"做出判断，然后决定是否真正开放自己的主要问题。为了获得咨询师的理解、支持和特别关照，来访者可能会选择性地给出片面的、有利于自身的信息，直到有把握面对自己的问题时才愿意坦诚地呈现问题的全貌。即使来访者坦诚地报告自身当前问题的全貌，咨询师也需要判断哪些信息的价值大，哪些信息的价值有限。凡此种种，都给咨询师抓住重点增加了难度。因此，加强关联性分析，抓住主要表现，才更有利于症状分析。

2. 挖掘表现背后的症状

症状都有明确的判断依据，包括性质、特征、病程和严重程度等。深入理解症状的内涵，通过本质来确认症状，如恐惧、焦虑等。恐惧是对现实的、正在发生的危险产生的情绪体验，焦虑是对未来的、潜在的威胁产生的情绪体验，所以通过分析诱发事件或情境的时间轴就能确定是焦虑症状还是恐惧症状。有的症状特征明显，如强迫症状具有反复性、非意愿性、同步性等特征，用这3个特征来衡量来访者的主要表现就能鉴别其症状是否属于强迫症状等。不同症状的表现形式不一样，有的症状是发作性的，有的是持续性的；发作性的症状有的是周期性的，有规律的间歇期。有的症状表现很轻，在很多正常人中也会出现，这就需要用症状持续时长来加以限定，以区别是有临床意义的症状还是人之常情的反应。举例来说，神经症性抑郁是轻度的、持续的，要求病程达到两年以上（缓解期不超过3个月）；反应性抑郁往往跟遭遇的重大事件有因果关系，抑郁症状较重而且是持续的；而内源性抑郁往往是发作性的，症状较重。依据这些表现可以对症状做出合理判断。同一系列的症状严重程度不同，症状的认定也不一样。一过性的念头、长期持有的观念、坚信不疑的信念就存在程度上的差异。比如，一过性的自杀念头是闪现的、不稳定的，当事人不太重视，不太坚持；自杀观念则具有一定的稳定性，在一段时间内可能会居于核心地位，但是是可以改变的。牵连观念跟关系妄想不同，牵连观念认为周围人在针对自己、议论自己等，但在事实和证据面前是可以软化和放弃的；而关系妄想则与现实无关，是个体坚信不疑的、带有病态信仰的认知，不会轻易松动和改变。

从心理过程来看，症状可以分为认知症状、情绪情感症状和意志行为症状，这些症状具有高度关联性，可以以某一类症状为线索协助其他症状的确认。心身一体，很多来访者出现心理症状时常常伴随躯体症状（反应），其内心冲突易转换为生理症状表

达出来。因此，可以对来访者的心理和生理反应加以分析，发掘其心理、生理症状群。从症状性质来说，症状可以分为精神病性症状和非精神病性症状，有些来访者病情较轻，不会出现精神病性症状；有些精神疾病以精神病性症状为主，伴随有非精神病性症状。结合社会功能受损的程度、自知力是否丧失、是否存在定向力障碍、现实检验能力如何等，也可以进一步对症状进行分类确认。

3. 验证症状是否符合规律

症状是相互关联的，首发症状会诱发一些继发症状。各种疾病都有其发病机制，可能打破一部分心理活动规律，也会遵从一部分心理活动规律，因此，症状也是有规律的组合而不是胡乱的堆砌。神经症患者遵从主客观一致原则，但内在知情意的协调性可能被破坏，明知没有必要（认知），但却无法控制（情绪和行为）。精神分裂症患者主客观一致原则被破坏，由幻觉和妄想来认定客观外界，但其知情意却协调一致。验证症状是否符合规律也是最终确认症状的方式之一。例如，强迫症状与反强迫症状是一对矛盾体，因而一定是相伴出现的，如果我们认定了来访者有强迫症状，却找不到反强迫症状，那么就得重新审视一下，究竟是强迫症状不存在，还是反强迫症状被忽略了；恐惧症发作时会有恐惧症状及自主神经功能紊乱的症状，使来访者饱受煎熬，其必然会启动逃跑机制，如果来访者根本就没有回避行为，则说明恐惧症状的认定不严谨甚至有错误。

任务二　常见心理症状的识别

一、认知障碍的识别

（一）感知障碍

感知障碍包括感觉障碍、知觉障碍及感知综合障碍。感觉障碍包括感觉过敏、感觉减退、内感性不适。知觉障碍包括错觉和幻觉。感知综合障碍包括视物变形症、空间感知综合障碍、时间感知综合障碍、非真实感等。

1. 感觉障碍

（1）感觉过敏。感觉过敏是指在无神经系统器质性损害的情况下，来访者对外界一般强度的刺激感受性增强，感觉阈值降低。如感到阳光特别刺眼，声音特别刺耳，对轻微的皮肤触摸感到疼痛难忍等。多见于神经衰弱、癔症、更年期综合征等。

（2）感觉减退。感觉减退是指在无神经系统器质性损害的前提下，来访者对外界一般强度的刺激感受性减弱，感觉阈值升高。其表现为对强烈的刺激感觉轻微或完全不能感知，没有任何反应。多见于抑郁状态、木僵状态和意识障碍。感觉缺失见于癔症。

（3）内感性不适（体感异常）。内感性不适是指躯体内部产生的各种不舒适和（或）难以忍受的异样感觉（如牵拉、挤压、游走、蚁爬感等），且不能指出具体部位。其性质难以描述，没有明确的局部定位，可继发疑病观念。多见于神经症、精神分裂症、抑郁状态和躯体化障碍。

2. 知觉障碍

（1）错觉。错觉是指对客观事物歪曲的知觉，是指在客观刺激之下产生的歪曲的或错误的知觉体验。错觉分为生理性错觉和病理性错觉。生理性错觉是人类在认识客观世界的过程中形成的，只要条件具备就会出现，主观努力是无法将其消除的，不是主观臆想出来的，人们的反应带有固定的倾向性。病理性错觉的内容多带有恐怖性质。错觉并不一定是精神病的表现，如过度疲劳、急切期待、感官的缺陷都可能导致错觉，但这类错觉经验证后可纠正和消除。病理性错觉多见于器质性精神障碍的谵妄状态。

（2）幻觉。幻觉是无对象性的知觉，指没有现实刺激作用于感觉器官时出现的知觉体验，是一种虚幻的知觉。

根据所涉及的感官不同，幻觉分为幻听、幻视、幻嗅、幻味、幻触、内脏性幻觉。

① 幻听（听幻觉）是指听见了客观上并不存在的声音。幻听包括言语性幻听和非言语性幻听两类。言语性幻听是最多见的，患者听到的是人类的语言和声音，其性质可以是赞美性、谩骂性、评论性、威胁性、命令性。非言语性幻听是指患者听到的是非言语的声音，如金属撞击的声音、火烧得噼噼啪啪的声音、动物嘶吼的声音、虫鸣声等。这些声音往往跟患者的意向、头脑中的画面、体验到的情绪等相关联。幻听常会影响患者的思维、情绪，并支配其行为而导致严重后果。多见于精神分裂症，常与妄想合并存在。

② 幻视（视幻觉）是指看到了客观上并不存在的景物，内容十分多样，从单调的光、色到人物、景象场面等。有些幻视为生动鲜明的形象，并常具有恐怖性质。多见于谵妄状态和精神分裂症。

③ 幻嗅（嗅幻觉）是指闻到了客观上并不存在的气味，常是难闻的异味，如化学物品气味、烧焦气味、毒药气味、尸体腐烂气味等。常与其他幻觉、妄想同时存在，引起不愉快的情绪体验，强化被害妄想。多见于精神分裂症。

④ 幻味（味幻觉）是指在食物（含饮料）中尝到了并不存在的特殊味道，常与幻嗅同时存在。患者因此强化自己的被害妄想，并可能导致拒食行为和冲动行为。多见于精神分裂症。

⑤ 幻触（触幻觉）是指皮肤黏膜的虚幻知觉，在没有客观刺激时患者常觉得自己的皮肤黏膜有虫爬、触电、烧灼、针刺、刀割、抚摩、潮湿液体流出等感知觉。多见于精神分裂症、癔症。

⑥ 内脏性幻觉是指患者感到躯体内某一部位或某一脏器的一种异常的知觉体验，

如感到肠扭转、肺煽动、肝破裂、心脏穿孔、腹腔内有虫爬行等。常与疑病妄想、被害妄想一起出现。常见于精神分裂症、药物依赖、抑郁症。

根据幻觉体验的来源，幻觉分为真性幻觉和假性幻觉。真性幻觉是通过感觉器官而获得的，患者常叙述这是他亲眼看到的、亲耳听到的，且体验到的幻觉形象鲜明，如同外界客观事物形象一样，存在于外部客观空间，并对幻觉做出相应的情感与行为反应。假性幻觉产生于患者的主观空间如脑内、体内，如听到肚子里有说话的声音，可以不用自己的眼睛就能看到大脑里有一个人像。假性幻觉不是通过感觉器官获得的，幻觉形象不够鲜明生动。

按幻觉产生的条件，幻觉可以分为机（功）能性幻觉、反射性幻觉和心因性幻觉。机（功）能性幻觉是一种伴随现实刺激而出现的幻觉，即当某种感觉器官处于功能活动状态时出现的涉及该器官的幻觉。机（功）能性幻觉的出现以现实刺激为条件，正常的知觉与幻觉并存，两者同时为患者所感知，互不融合，两者同步产生、同步消失；多见于精神分裂症或心因性障碍等。反射性幻觉是当某一感官处于功能活动状态时，同步出现涉及另一感官的幻觉，如听到广播音的同时就看到播音员的人像浮现在眼前等。正常的感官刺激是反射性幻觉产生的前提；多见于精神分裂症。心因性幻觉是在强烈的心理因素影响下出现的幻觉，幻觉内容与心理因素密切相关；多见于心因性障碍、癔症。

3. 感知综合障碍

感知综合障碍是指患者对客观事物的整体属性能正确感知，但对某些个别属性如大小、形状、颜色、距离、空间位置等产生错误的感知。

（1）视物变形症。视物变形症是指患者感到周围的人或物体在大小、形状、体积等方面发生了变化。如视物显大症、视物显小症等。这些异常的感知常影响到患者的行为和情绪，使之焦虑、恐慌等。多见于精神分裂症和癫痫。

（2）空间感知综合障碍。患者对周围事物的距离、空间位置的感知错误。如视物错位症等。

（3）时间感知综合障碍。患者对时间的快慢出现不正确的感知体验。如感觉时间静止了，不再前进等。

（4）非真实感。非真实感是指患者感觉周围事物和环境发生了变化，变得不真实，视物如隔一层帷幔。如感觉周围的房屋、树木等像是纸板糊成的，毫无生气；周围人似没有生命的木偶等。见于抑郁症、神经症和精神分裂症。

（5）窥镜症。窥镜症是指患者认为自己的面孔或体形改变了形状，自己的模样发生了改变，因而在一日之内多次窥镜，寻求确认或探寻原因等。

（二）思维障碍

思维是人脑对客观事物的间接概括的反映，是人类认识活动的最高形式。正常人的思维有以下几个特征：一是目的性，指思维指向一定的目的，为解决某一问题；二是连贯性，指思维过程中的概念前后衔接，相互联系；三是逻辑性，指思维过程符合思维逻辑规律，有一定的道理；四是实践性，正确的思维是能通过客观实践检验的。

思维障碍的临床表现多种多样，主要包括思维形式障碍和思维内容障碍。思维形式障碍包括思维联想障碍及思维逻辑障碍。思维内容障碍主要指妄想、强迫观念和超价观念。思维联想障碍包括：思维速度和量的异常，主要表现为思维奔逸、思维迟缓、思维贫乏；思维连贯性异常，主要表现为思维散漫、思维破裂、思维不连贯；联想途径异常，主要表现为病理性赘述和思维中断；联想形式障碍，主要表现为持续言语、重复言语、刻板言语、模仿言语；思维自主性异常，主要表现为思维插入、思维被夺、思维播散、强迫观念。思维逻辑障碍主要表现为病理性象征性思维、语词新作、逻辑倒错性思维。

1. 思维形式障碍

（1）思维奔逸。思维奔逸又称观念飘忽，指联想速度加快、数量增多、内容丰富生动，新的观念不断涌现。患者表现为健谈，表达欲望强烈，说话滔滔不绝，思维敏捷，概念一个接一个地不断涌现，严重时表现为随境转移、音联、意联。多见于躁狂症。

（2）思维迟缓。思维迟缓指联想受到抑制，联想速度减慢、数量减少，联想困难。患者表现为语言缓慢、语量减少、语声甚低，反应迟缓，交谈有一些困难，经再三追问其回答都难以出口或非常简短。多见于抑郁症。

（3）思维贫乏。思维贫乏指联想数量减少，内容简单空洞，概念与词汇贫乏，患者体验到大脑空洞无物，没有什么东西可想。患者表现为沉默少语，谈话言语空洞、单调或词穷句短，回答简单。严重的患者也可以什么问题都回答"不知道"。思维贫乏主要指联想数量减少，联想速度并不慢（与思维迟缓相比）。见于精神分裂症、脑器质性精神障碍及精神发育迟滞。

（4）思维散漫和思维破裂。思维散漫，又称思维松弛，指思维的目的性、连贯性和逻辑性障碍。患者表现为联想松弛，内容散漫，缺乏主题，一个问题与另外一个问题之间缺乏联系，以致别人弄不懂他要阐述的是什么主题思想。与人交谈困难，对问话的回答往往不切题。思维破裂指概念之间联想的断裂，建立联想的各种概念内容之间缺乏内在联系。患者表现为其言语或书写内容有结构完整的句子，但各句含意互不相关，而是语句堆积，整段内容不能被人理解。严重时语言支离破碎，个别词句之间也缺乏联系，语词杂拌。多见于精神分裂症。

（5）病理性赘述。病理性赘述是指思维活动停滞不前，迂回曲折，联想枝节过多，迟迟进入不了主题。患者表现为在叙述过程中插入许多细节，做不必要的过分详尽的描述，虽然终究能讲到主题，但无法简明扼要。见于癫痫、脑器质性及老年性精神障碍。

（6）思维中断，又称思维阻滞。思维中断指患者在无意识障碍又无外界干扰等情况下，思维过程突然出现中断。患者表现为说话时突然出现停顿，片刻之后又重新说话，但所说内容不是原来的话题。思维中断不受患者意愿控制，可伴有明显的不自主感，是精神分裂症的特征性症状。

（7）思维插入和思维云集。思维插入是指患者感到某种观念或思想被强行插入脑内，这种思想不是属于自己的，是外力（别人）强加的，不受自己意志控制；如果认为自己的思想被外力掠走，则为思维被夺。思维云集是指患者体验到大量无现实意义的、不受自己支配的联想不由自主地涌现在脑海，联想内容往往缺乏现实意义，与周围环境也无任何联系，突然出现，突然消失，杂乱多变，毫无系统。思维插入和思维云集对诊断精神分裂症有重要意义。

（8）病理性象征性思维。病理性象征性思维指以无关的具体概念代替某一抽象概念，属于概念转换，带有个人独特性，不同于人们常用的象征意义（如，鸽子—和平）。不经患者解释，旁人无法理解。患者表现多种多样。多见于精神分裂症。

（9）语词新作。语词新作指概念的融合、浓缩以及无关概念的拼凑。患者自创一些新的符号、图形、文字或语言并赋予其特殊的概念。患者表现多种多样，因人而异，如用"男/女""％"代表离婚。多见于精神分裂症。

（10）逻辑倒错性思维。其主要特点为推理缺乏逻辑性，既无前提也无根据，或因果倒置，推理离奇古怪，不可理解。患者表现多种多样，如"因为电脑感染了病毒，所以我要死了""我长得美，所以我是美国人"等。可见于精神分裂症和偏执性精神障碍等。

2. 思维内容障碍

思维内容障碍主要包括妄想、强迫观念和超价观念。

（1）妄想。妄想是一种病理性的歪曲信念，是病态的推理和判断。其有以下特征：一是信念的内容与事实不符，没有客观现实基础，但患者坚信不疑；二是妄想内容均涉及患者本人，总是与个人利害有关；三是妄想具有个人独特性；四是妄想内容因文化背景和个人经历而有所差异，但常有浓厚的时代色彩。

妄想按其起源及与其他心理活动的关系可分为原发性妄想和继发性妄想。按照妄想的结构，可将其分为系统性妄想和非系统性妄想。系统性妄想是指妄想内容前后相互联系、结构严密、逻辑性较强的妄想；反之，则称为非系统性妄想。临床上通常按妄想的主要内容归类，主要分为以下几类：

第一，关系妄想。患者将环境中与他毫不相干的事物或现象都认为与他有关或是针对他的。患者表现多种多样，因人而异。如认为周围人的一举一动都与他有一定关系；同事谈话是在议论他，别人吐痰是在蔑视他。常与被害妄想伴随出现，影响患者情绪和行为。主要见于精神分裂症。

第二，被害妄想。被害妄想是最常见的一种妄想，患者没有事实根据地坚信有人要加害于他或欲将他置于死地。患者表现为坚信他被跟踪、被监视、被诽谤、被隔离等，如认为饭菜被人下毒、家中的饮用水有毒，因而常常被激发愤怒、诱发恐慌等，继而产生冲动、反击等行为。主要见于精神分裂症和偏执性精神障碍。

第三，物理影响妄想，又称被控制感。患者觉得自己的思想、情感和意志行为都受到外界某种力量的控制而不能自主。这种外力往往跟物理因素及先进的技术相关，如电波、超声波、激光、特殊的先进仪器等。患者表现多种多样，如觉得自己的大脑被电脑控制、自己是机器人等。物理影响妄想可能影响到情绪和行为，是精神分裂症的特征性症状。

第四，夸大妄想。患者对自我优势有着毫无根据的夸大认知，认为自己有非凡的才智、至高无上的权利和地位、大量的财富和发明创造，或自己是名人的后裔等。可见于躁狂症和精神分裂症及某些器质性精神病。

第五，罪恶妄想，又称自罪妄想。患者毫无根据地坚信自己犯了严重错误或不可宽恕的罪恶，应受严厉的惩罚；认为自己罪大恶极，死有余辜，以致坐以待毙或拒食自杀。主要见于抑郁症，也可见于精神分裂症。

第六，疑病妄想。患者毫无根据地坚信自己患了某种严重的躯体疾病或不治之症，因而到处求医，即使通过一系列详细检查和多次反复的医学验证都不能纠正。多见于精神分裂症、更年期精神障碍及老年性精神障碍。

第七，嫉妒妄想。患者无中生有地坚信自己的配偶、恋人对自己不忠，另有所爱，即便经他人、单位多方证实，仍不能纠正。患者表现为跟踪、监视配偶的日常活动或截留、拆阅别人写给配偶的信件，检查配偶的衣服、手机短信等，以寻找证据；甚至对子女（认为非亲生）进行逼问、体罚，对"情敌"进行攻击。可见于精神分裂症、更年期精神障碍。

第八，钟情妄想。患者坚信自己被某个特定的异性所钟情，而不是单相思。患者将对方的一言一行都看成是在向自己表达爱意，因而自己就想方设法地去接近对方，即使遭到对方严词拒绝，仍毫不置疑，认为是对方在考验自己的忠诚，并且反复纠缠对方。患者情绪和行为可能会被影响，而"殉情自杀"或杀害"情敌"。主要见于精神分裂症。

第九，非血统妄想。患者毫无根据地坚信自己的父母或子女不是亲生的。患者表现为对当事人如父母、子女仇视，希望通过亲子鉴定获取证据，逼问配偶说出真相等。可能会导致伤害、凶杀等泄愤、"报复"行为。主要见于精神分裂症。

（2）强迫观念。强迫观念是指同一种观念的反复联想，明知没必要，但欲罢不能。这些观念多是无意义的，想控制却控制不了。患者表现为强迫回忆、强迫性穷思竭虑、强迫怀疑和产生强迫性对立思维（和平—战争、安全—危险）等。强迫观念具有重复性（这些观念反复出现）、非意愿性（自知不必要，但欲罢不能）、同步性（与反强迫同时存在）、痛苦性（导致痛苦体验）。

（3）超价观念。超价观念是一种与以往经历高度相关的、在意识中占主导地位的错误观念，患者在现实生活中坚持以这些错误观念指导自己的决策和行为，坚持而不能自拔。这些观念虽然是从成功或失败的经历中衍生出来的，有一定的事实基础，但是这种观念是片面的、主观的、与实际情况有出入的，是带有明显感情色彩的个人经验，情感体验的性质与以往经历相关事件体验的性质具有相似性、一致性。如开车多次碰到绿灯而不需要等红灯时会觉得自己运气好、打牌会赢；见到乌鸦认为会有霉运到来等。多见于人格障碍、心因性障碍。

（三）注意障碍

注意是指对一定对象的指向和集中，注意障碍是指注意力调控异常，表现为在集中、维持或转移注意力时存在困难。

1. 注意减退

注意减退指主动及被动注意均表现减弱的精神状态，注意的广度缩小，注意的稳定性也显著下降。患者表现为很难对周围的事物发生反应，较强的刺激才能引起其注意。多见于抑郁症、脑器质性精神障碍及意识障碍。

2. 注意狭窄

注意狭窄指注意范围的显著缩小，当注意力集中于某一事物时，不能再注意与之有关的其他事物。患者表现为往往只集中注意某一事物，而其他事物很难唤起其注意。多见于激情状态、专注状态或意识障碍、智能障碍。

3. 注意增强

注意增强指对某些微小细节都保持高度注意和警惕，多为随意注意增强。患者表现为对周围环境的警觉性增强，过分关注人的一言一行和事物的某些变化，认为这些人和事是针对自己的；或者对自己的身体健康过分关注，细微的生理状况的改变都被认为是异常。多见于精神分裂症、创伤后应激障碍（PTSD）、偏执狂、更年期抑郁症与疑病症等。

4. 注意涣散

注意涣散为主动注意的不易集中、注意稳定性下降所致。患者表现为注意力不能稳定集中在中心任务和目标物体上，坚持一会儿就松懈或注意力不自觉地发生转移。多见于神经衰弱、精神分裂症和儿童多动症。

5. 注意转移

注意转移指被动注意明显增强，主动注意不能持久，注意稳定性降低，患者很容易受外界环境的影响而不断转换注意对象。患者主要表现为见啥说啥，话虽多，但内容肤浅，严重时表现为随境转移。可见于躁狂症。

（四）记忆障碍

记忆障碍一般指记忆减弱，是指部分或者全部不能回忆以往的经历。记忆增强一般不被认为异常，只有在特殊情境下的记忆增强才被认为是异常。

1. 记忆增强

记忆增强多指病态的记忆增强，患者对病前不能够且不重要的事都能清晰地回忆起来，甚至连细节都能记忆犹新。主要见于躁狂症和偏执状态。

2. 记忆减退

记忆减退是指记忆的三个基本环节普遍减退，开始是近事记忆减退，后涉及远事记忆。轻者表现为近事记忆的减退，如记不住刚见过面的人、刚吃过的饭；严重时远事记忆也减退，如回忆不起个人经历等。可见于较严重的痴呆。

3. 遗忘

遗忘指不能回忆起以往部分或全部的经历。根据遗忘的内容，遗忘可分为部分遗忘和完全遗忘，多见于脑外伤、脑卒中发作后。根据遗忘内容的发生顺序，遗忘可以分为顺行性遗忘、逆行性遗忘、界限性遗忘和进行性遗忘。顺行性遗忘是指对脑外伤之后所发生的事情无法回忆；逆行性遗忘是指对脑外伤之前所发生的事情无法回忆。界限性遗忘指对生活中某一特定阶段的经历完全遗忘，通常与这一阶段发生的不愉快事件有关，主要见于癔症。进行性遗忘指除遗忘外，同时伴有日益加重的痴呆和淡漠状态。

4. 记忆错构

记忆错构是指记忆的错误，患者对过去曾经历的事件，在发生的地点、情节特别是时间上出现错误记忆，并深信不疑。多见于痴呆和酒精中毒性精神障碍。

5. 记忆虚构

记忆虚构是指由于遗忘，患者以想象的、未曾亲身经历过的事件来填补记忆缺损。由于记忆障碍，患者对虚构的内容也不能记住，故虚构的内容常发生变化，下次又重新虚构新的内容来填补空白，因而其陈述的内容会前后矛盾，且容易接受暗示。记忆虚构与近事遗忘、定向障碍同时出现时称作科尔萨科夫综合征，又称遗忘综合征。多见于各种原因引起的痴呆。

（五）智能障碍

智能障碍分精神发育迟滞和痴呆两种类型。其严重程度可以分为轻度智力低下、中度智力低下、重度智力低下和极重度智力低下。

1. 精神发育迟滞

精神发育迟滞是指在生长发育成熟以前，由于各种致病因素，如遗传、感染、中毒、头部外伤、内分泌异常或缺氧等，大脑发育不良或受阻，智能发育停留在一定的阶段。随着年龄增长，患者的智能水平明显低于正常的同龄人。其社会适应、言语发展都出现不同程度的低下，严重者身体发育也异常。

2. 痴呆

痴呆是智能发育完好以后，由外伤、病变等因素导致的智能重新丧失。患者主要表现为创造性思维受损，抽象、理解、判断、推理能力下降，记忆力、计算能力下降，后天获得的知识丧失，工作和学习能力下降或丧失，甚至生活不能自理，并伴有行为、精神症状，如情感淡漠、行为幼稚等。全面性痴呆患者智能全面减退，常出现人格改变、定向力障碍、自知力缺乏。部分性痴呆患者出现记忆力减退、理解力削弱、分析综合困难，人格保持良好、定向力完整、自知力存在。

3. 假性痴呆

在强烈的精神创伤后可产生一种类似痴呆的表现，而大脑组织结构无任何器质性损害，表现为一种功能性的、可逆的、暂时性的痴呆状态，称为假性痴呆，可见于癔症及反应性精神障碍。假性痴呆包括甘瑟综合征（Ganser syndrome）、童样痴呆、抑郁性假性痴呆。甘瑟综合征又称心因性假性痴呆，患者表现为对简单问题给予近似而错误的回答，给人以故意做作或开玩笑的感觉。患者能理解问题，但回答内容不正确；行为方面也可能错误，如将钥匙倒过来开门；但生活能自理，对某些复杂问题反而能正确解决。童样痴呆患者以行为幼稚、模拟儿童的言行为特征，成人患者表现为类似一般儿童稚气的样子，如学儿童说话，称自己才 5 岁，逢人就喊"叔叔""阿姨"。抑郁性假性痴呆是指部分抑郁症患者在精神活动性抑制的情况下，出现认知能力的降低，表现为痴呆早期的症状，如计算能力、记忆力、理解判断能力下降，行为缺乏主动性，抑郁缓解后智能完全恢复。

（六）意识障碍

意识是指人对外部世界和自身心理、生理活动等的觉知或体验。意识与认知过程关系密切。意识障碍表现为意识清晰度降低、范围缩小及意识内容的变化。感知觉清晰度降低，感觉阈值升高；注意力难以集中，记忆减退；思维迟钝，不连贯；理解困难，判断能力下降；情感反应迟钝、茫然；动作行为迟钝，缺乏目的性和指向性；定向力障碍，对时间、地点、人物不能辨别，严重时连自我都不能辨认。

1. 意识清晰度障碍

（1）嗜睡。患者的意识水平下降，被呼叫或推醒后能够简单地正确应答，停止刺激后又进入睡眠，但生理反射存在。

（2）意识模糊。患者的意识清晰度下降，表现为似醒非醒，缺乏主动。

（3）昏睡。患者对周围环境的意识及自我意识均丧失，但在强烈刺激下可有简单或轻度的反应。

（4）昏迷。患者意识完全丧失，对外界刺激没有反应，随意运动消失，生理反射消失。

（5）朦胧状态。患者意识范围缩小，即意识活动集中在一个狭窄而孤立的范围内，并伴有意识清晰度降低。在狭窄而特定的范围内有相对正常的感知觉，超越此范围就不能进行正确的感知和判断。可能出现间歇性的幻觉、错觉、妄想，并可诱发攻击行为，突然发生，突然终止，持续时间短暂。多见于癫痫、癔症。

（6）谵妄状态。在意识清晰度降低的同时，出现大量生动、带恐惧性的错觉与幻觉，故患者表现出紧张、恐惧、兴奋躁动的状态，甚至伤人毁物。

2. 自知力障碍

自知力又称领悟力或内省力，是指个体对自己精神状况的认识和判断能力。多数精神病患者的自知力不完全，多数神经症患者的自知力存在，自知力缺乏是重性精神病特有的表现。临床上将有无自知力及自知力恢复的程度作为判定病情轻重和疾病好转程度的重要指标。

3. 定向力障碍

定向力是指人对自身状况和环境如时间、地点、人物的判断能力。对自身和环境的认识能力丧失或认识错误即称为定向力障碍。其包括时间定向障碍、空间定向障碍、人物定向障碍等，如不知道现在是哪个季节、几月几号、白天还是晚上；不知道自己身处何方；不知道自己的身份、不认识家人、弄不清周围人与自己的关系等。

二、情感障碍的识别

情感是指个体对客观外界是否满足自身需要而产生的态度体验。情感障碍通常表现为三种形式，即情感性质的改变、情感稳定性的改变和情感协调性的改变。

（一）情感性质的改变

（1）情感高涨。情感高涨是指情感活动明显增加，表现为与环境不相符的病态喜悦，情绪高昂，心境愉悦，自我感觉良好；语音高昂，眉飞色舞，喜笑颜开，表情丰富。患者表现为可理解的、带有感染性的情绪高涨，且已引起周围人的共鸣，常见于躁狂症；若表现为不易理解的、自得其乐的情感高涨，则称为欣快症，多见于脑器质性疾病或醉酒状态。

（2）情感低落。情感低落是指情感活动受到抑制，即从缺少愉快感、感到绝望到产生自杀观念或行为这一范围内不同程度的丧失感的体验，包括兴趣、动机、期望、自信心、价值感、欲望等不同程度的下降或丧失，其核心症状是丧失感。患者表情忧愁、唉声叹气、心情苦闷，觉得自己前途灰暗；严重时悲观绝望，甚至出现自杀观念及行为。情感低落为抑郁症的主要症状。

（3）焦虑。焦虑是对未来的、潜在的危险所产生的情绪反应，指在缺乏相应的客观因素情况下，患者表现出精神上的紧张、不安等无法静息的内心体验和躯体上的运动性不安。患者顾虑重重、紧张恐惧，以致搓手顿足，似有大祸临头，惶惶不可终日；伴有心悸、出汗、手抖、尿频等自主神经功能紊乱症状。严重的急性焦虑发作称为惊恐发作，患者常体验到濒死感、失控感，伴有呼吸困难、心跳加快等自主神经功能紊乱症状。多见于焦虑症、恐惧症及更年期精神障碍。

（4）恐惧。恐惧是指面临不利的或危险的处境时出现的情绪反应，是对现实的、正在发生的危险所产生的情绪体验。患者表现为紧张、害怕、提心吊胆，伴有明显的自主神经功能紊乱症状，如心悸、气急、出汗、四肢发抖等。患者为摆脱这种负性情绪体验常常采用逃避的策略，一旦离开特定对象或特定情境，有了安全保障后，恐惧症状即可消除，因而恐惧一般是发作性的而不是持续性的。

（二）情感稳定性的改变

（1）情感不稳。情感不稳指心境不够平和稳定，情绪容易受到外界干扰而起伏变化，在一个极端至另一个极端之间波动。患者表现为情感反应（喜、怒、哀、愁等）极易变化，显得喜怒无常，变幻莫测。常见于人格障碍、脑器质性精神障碍等。

（2）情感淡漠。情感淡漠指对外界刺激缺乏相应的情感反应，即使是与自身有密切利害关系的事情也激发不了贴切的情感反应。患者对周围发生的事物漠不关心，面部表情呆板，内心体验贫乏。可见于精神分裂症。

（3）易激惹。易激惹指微小的刺激就能诱发非常强烈的情绪体验，情感反应的强度与刺激的强度不协调。患者表现为易发怒、易伤感、易感到委屈、易愤慨等；极易因小事而产生强烈的情感反应，持续时间一般较短暂。常见于疲劳状态、躁狂症、人格障碍、神经症或偏执性精神障碍。

（三）情感协调性的改变

（1）情感倒错。情感倒错指情感表现与其内心体验或处境不相协调。如听到令人高兴的事时反而表现为伤感；遭受伤害时却表现出愉快的表情。患者认知和情感的协调性被破坏。可见于精神分裂症。

（2）情感幼稚。情感幼稚指成年人的情感反应如同小孩一般，变得幼稚，缺乏理性控制而没有节制，反应迅速而强烈。可见于癔症或痴呆。

三、意志行为障碍的识别

（一）意志障碍

意志障碍是指意志行为的异常。

（1）意志增强。意志增强指意志活动增多。在病态情感或妄想的支配下，患者可以持续坚持某些行为，表现出极大的顽固性。如偏执性精神障碍患者在被害妄想和诉讼妄想的支配下持续多年上诉。

（2）意志减弱。意志减弱指意志活动减少。患者表现为动机不足，可能源于需求结构松散，需求长期被干扰、被忽略、被否定或欲望水平受到严重抑制；常与情感淡漠或情感低落有关，患者缺乏积极主动性及进取心，对周围一切事物无兴趣以致意志消沉、不愿活动，严重时日常生活都懒于料理。

（3）意志缺乏。意志缺乏指意志活动缺乏。患者表现为对任何活动都缺乏动机、要求，生活处于被动状态，处处需要别人督促和管理，可能源于需求结构严重破坏；严重时本能的要求也没有，行为孤僻、退缩，且常伴有情感淡漠和思维贫乏。多见于精神分裂症晚期精神衰退时及痴呆。

（二）动作和行为障碍

动作和行为这两个概念有一定的区分，简单的随意和不随意行为称为动作；行为主要是指有意识、有动机、有目的的意志行为。动作和行为障碍又称为精神运动性障碍，包括精神运动性兴奋、精神运动性抑制等。

1. 精神运动性兴奋

（1）协调性精神运动性兴奋。患者动作和行为活动明显增加，和外界环境密切相符，且行为、思维、情感活动协调一致。多见于躁狂症。

（2）不协调性精神运动性兴奋。患者的言语、动作增多，与思维及情感不相协调，与外界环境也不相符。如紧张型精神分裂症的兴奋，青春型精神分裂症的淘气、扮鬼脸等。谵妄状态也可出现明显的不协调性行为。

2. 精神运动性抑制

（1）木僵。患者动作行为和言语活动完全抑制或减少，对外界刺激基本不反应，并经常保持一种固定姿势。严重的木僵称为僵住，患者不言、不动、不食、面部表情固定、大小便潴留、对刺激缺乏反应，称为紧张性木僵。可见于精神分裂症。

（2）亚木僵。轻度木僵称作亚木僵，患者表现为问之不答、唤之不动、表情呆滞，但在无人时能自动进食、自动大小便。可见于严重抑郁症、反应性精神障碍及脑器质性精神障碍。

（3）蜡样屈曲。患者在木僵的基础上肢体可任人摆布，几乎可以被摆成任何姿势，即使不舒服也可以保持很长时间，像蜡塑一样维持不动。如一种典型的表现叫空气枕头，患者头枕枕头平躺，如果将其枕头抽走，其头部依然保持原来的角度和姿势不变，就像枕着一个空气枕头一样。可见于紧张型精神分裂症。

（4）缄默症。患者缄默不语，不开口说话，也不回答别人的问题，偶尔可以以手示意。可见于癔症及紧张型精神分裂症。

（5）违拗症。患者对于要求他做的动作不但不执行，而且表现出抗拒甚至相反的行为。如让他往前，他却退后；让他把嘴巴张开吃药，他反而将嘴巴闭得紧紧的。多见于紧张型精神分裂症。

3. 刻板动作

患者机械刻板地重复单一单调的动作，常与刻板言语同时出现。多见于紧张型精神分裂症。

4. 模仿动作

患者无目的地模仿别人的动作，做出做作的姿势、步态与表情，如做怪相、扮鬼脸等。多见于青春型精神分裂症。

任务三　常见生理症状的识别

人在什么情况下"茶不思，寝不安"？脸红心跳预示着什么？房子越来越大，床越来越舒适，为什么睡眠质量越来越差？内在心理一般通过外在认知、情绪、行为表达出来。有的是直接表达，有的是间接、委婉表达，有的是反向表达，还有的不敢（直接）表达。表达是必然的，不敢表达的东西被压抑下来后并没有消失，会寻求转换表达，即通过躯体表达出来。心理与生理是相通的（见图1-1），如感到快乐就眉飞色舞、笑逐颜开，感到悲伤就郁郁寡欢……这都是心理状态在生理上的表达，即躯体化，也就是内在心理冲突会影响生理机能从而出现生理症状。如抑郁导致食欲减退、焦虑导致运动性不安、愤怒导致血压升高等。

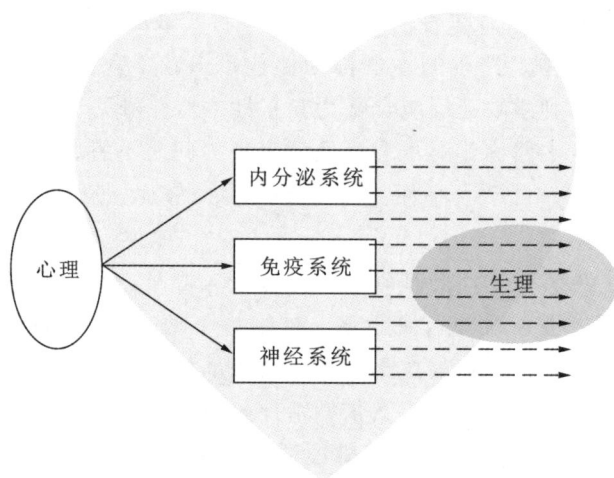

图 1-1　心身一体

生理症状是在心理因素作用下身体机能的异常，主要包括三大类。第一，与身体组织病变相关的生理症状。身体本身并没有器官或组织的器质性病变，但来访者过分关注自己的身体健康，以至于怀疑自己身体出现了异常，从而感知和体验到疼痛或不适等。第二，破坏生物节律的生理症状。越是基础性生理需要，其满足越具有生物节律性，如饮食、睡眠等。第三，生理机能紊乱的生理症状，如自主神经功能紊乱等。

一、饮食障碍

饿了吃，渴了喝，是个体趋利避害的基本意向，一日三餐是饮食的基本节律。饮食行为的障碍有主动进食行为的增加或减少、吞咽困难、恶心、呕吐、进食对象的异常等。

（一）厌食

厌食比较多见，常因害怕变胖的病理性认知观念而起。在当代社会有些人对自己的外在形象有着较高要求甚至执念，期待自己的体重较轻，有的已经非常消瘦还认为自己肥胖，所以极力通过节食让自己瘦下来。节食的人最初表现为食欲减退，常不吃早餐，午餐、晚餐进食很少；仅吃蔬菜、水果、少量米饭等，有的甚至不吃主食。严重者逐渐对任何食物都不感兴趣，对食物排斥，长期不愿进食，劝其进食可引起恶心或以各种借口加以拒绝，甚至将食物暗中抛弃，多食一点就呕吐。厌食对躯体有很大影响，如出现体重减轻、头晕、乏力、手足发凉，甚至贫血、维生素缺乏、顽固性便秘、女性闭经等症状；常伴有胆怯、保守、疑病、焦虑等，显得幼稚和不成熟。

（二）神经性贪食

神经性贪食是与厌食相反的状态，是一种以反复发作的、不可控制的冲动性暴食，继而采用自我诱吐、导泻、利尿、禁食或过度运动等手段来抵消体重增加为特征的进食障碍。神经性贪食的行为特征主要为暴食—清除循环，表现为冲动性暴食行为，缺乏饱食感，伴有失控感。患者在短时间内吃掉大量的食物，进食量远远超过正常水平。贪食一般在隐秘环境下进行，患者经常在深夜、独处或感到无聊、沮丧和愤怒的情境下，引发暴食行为，对进食失去控制，直到腹胀难受才罢休。暴食后虽暂时得到满足，但随之而来的懊悔、自责、焦虑等又促使其清除已吃进之食。清除食物最常见的方法是诱吐，有用手或其他器械刺激咽喉部的，也有服用催吐剂致吐的，一段时间后不用催发，患者想到呕吐便会呕吐，即使仅进少量食物亦能呕出。此种暴食—清除行为反复发作，每周若干次，且持续数月。患者通常是因情绪烦躁、人际关系不良、节食后感到饥饿等而出现过度补偿性、报复性进食，可能伴随其他自虐行为，自我评价低，极度不自信。

（三）异食癖

异食癖比较少见，是指进食一些非营养性或不能食用的物质如泥土、纸片、污物等的异常行为。

（四）其他饮食障碍

其他饮食障碍如在没有器质性损害的前提下出现吞咽困难、恶心、呕吐等。吞咽困难指饮食无法吞咽，强行吞咽会引起咳嗽、恶心等反应，有的喝凉水都无法下咽。呕吐指胃内容物从口腔返出，常随恶心发生。恶心是想吐的感觉，常为呕吐的前驱感觉，亦可单独发生。情绪波动、精神过度紧张、令人厌恶的景象或气味等容易诱发恶心或呕吐。

二、睡眠障碍

睡眠是一种本能，是有机体保障个体维持正常生命活动、适应环境的自主节律性活动。睡眠与觉醒是两个相互转换和交替的过程，其生物节律性受大脑的控制。睡眠时，机体对内外环境刺激的敏感性降低，大脑的高级神经活动受到抑制，白天消耗的某些物质得以制造和补充，从而保障觉醒之后有充足的精神能量感受外界刺激并做出恰当的反应。

（一）睡眠类型

大脑的功能状态可以通过脑电波反映出来，一般情况下人越清醒，大脑的活动越兴奋，脑电波的频率越高；人在安静、睡眠状态下，大脑的活动处于抑制状态，脑电波的频率低。研究发现，δ 波频率最低，为 $0.5 \sim 4$ Hz；θ 波频率偏低，为 $4 \sim 8$ Hz；α 波频率较高，为 $8 \sim 13$ Hz；β 波频率很高，为 $13 \sim 30$ Hz；γ 波频率最高，为 30 Hz以上。大脑在极度兴奋状态下会出现 γ 波；在清醒、紧张、兴奋状态下出现 β 波；在清醒、安静、闭眼状态下出现 α 波；在疲惫恍惚状态下以 θ 波为主；入睡后则以 δ 波为主。

依据睡眠状态下脑的不同功能状态，人类的睡眠可以分为两类：非快速眼动睡眠（NREM Sleep），也称慢波睡眠；快速眼动睡眠（REM Sleep），也称快波睡眠。

（1）慢波睡眠。慢波睡眠是相对于快波睡眠而言的，人们刚入睡后的睡眠大都属于慢波睡眠，脑电波从 α 波消失开始，逐渐变为低频波。依据脑电波的变化，慢波睡眠可以分为 1 期、2 期、3 期、4 期，分别对应入睡期、浅睡期、中睡期和深睡期。

（2）快波睡眠。快波睡眠又称为异相睡眠，脑电波出现与睡眠时相不同步的快波，此期眼球出现快速运动，因而称为快速眼动睡眠。

（二）睡眠周期

睡眠存在一定的生物节律，慢波睡眠与快波睡眠交替出现，交替一次称为一个睡眠周期，两种睡眠循环往复，每个周期 90～110 分钟。人类不同年龄阶段的睡眠时间是不同的，婴儿（出生到 1 周岁）的睡眠时间为 12～17 小时，幼儿（1～3 周岁）需要 9～12 小时，学童（3～16 周岁）需要 9～10 小时，成年人需要 7～9 小时，老年人需要 6～8 小时。因此，成年人每夜通常有 4～6 个睡眠周期，每个周期有 5 个不同的阶段，国际睡眠医学将睡眠周期分为 5 个阶段：入睡期、浅睡期、中睡期、深睡期、异相睡眠期（见图 1-2）。

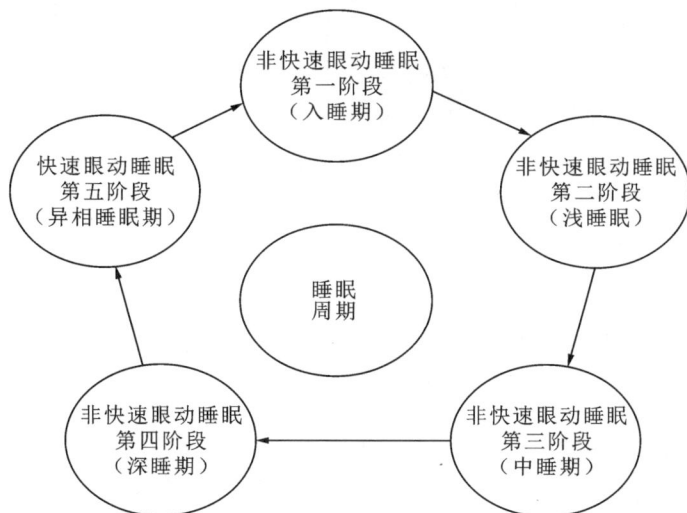

图 1-2　睡眠周期

（1）入睡期。慢波睡眠 1 期：睡眠的开始，昏昏欲睡的感觉就属于这一阶段。个体对外界仍然有反应，而且有不少奇异的体验。此时 α 波消失，各种频率的低幅波出现，但没有纺锤波。

（2）浅睡期。慢波睡眠 2 期：开始正式睡眠，属于浅睡阶段。个体肌肉开始放松，对外界刺激已无反应。此时脑电波表现为典型的纺锤波和 K 复合波，纺锤波频率较高，为 12～14 Hz，波幅由小到大，再由大到小，呈纺锤形。K 复合波是低频高幅的瞬态波，常由外界刺激触发。

（3）中睡期。慢波睡眠 3 期：沉睡阶段，全身放松，呼吸变深变慢，心率开始减慢，身体的各个部分都放松休息，不易被叫醒。此时脑电波与 2 期相比变化很大，频率降低，振幅增加，以 θ 波和 δ 波为主。

（4）深睡期。慢波睡眠 4 期：此期与 3 期没有质的差别，睡眠都很深，全身都放松，呼吸、心率减慢，血压降低。脑电波频率都很低，低频的 δ 波更多，占 50% 以上。

这 4 个阶段的睡眠共要经过 60～90 分钟，而且均不出现眼球快速跳动现象，故统称为非快速眼动睡眠。

（5）异相睡眠期。此期眼球快速运动，肌张力几乎完全松弛，内部机能却开始活跃，呼吸加快，心率上升，脑电波迅速改变，体内各种新陈代谢明显增加，确保脑组织蛋白质的合成和消耗物质的补充，从而使神经系统能正常发挥功能。这一阶段出现与清醒状态时相似的高频率、低波幅脑电波，但其中会有特点鲜明的锯齿状波（见图1-3）。如果此时被唤醒，大部分人报告说正在做梦。

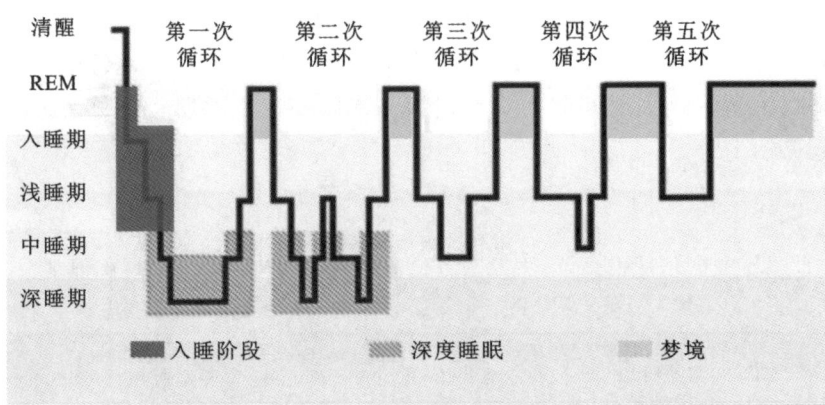

图 1-3   一夜睡眠周期

（三）睡眠障碍类型

睡眠障碍是指睡眠量的异常、睡眠质的异常或在睡眠背景下出现某些心理症状。个体睡眠节律出现问题可能是神经系统兴奋和抑制两种过程的紊乱所致。

（1）睡眠量的异常。睡眠减少和增加，主要包括失眠和嗜睡。失眠是指睡眠时间显著减少而影响生活、工作、学习和健康，表现为入睡困难、醒后无法入睡、早醒等。入睡困难者虽然感觉疲乏但无法顺利进入睡眠状态，头靠着枕头就开始浮想联翩，越想越兴奋，越兴奋就越难以入睡，越难以入睡就越关注自己的睡眠状况，就越无法入睡，如此恶性循环。有些个体会与失眠状态对抗，有些个体顺其自然，利用无法入睡的时间看书、刷手机，希望借此改变失眠状态，却总是适得其反。有些个体因担心失眠，可能早早上床，睡一段时间后就会醒来，醒来之后却很难再次入睡。有的个体早醒，醒来后却没有睡眠的满足感，被焦躁、痛苦折磨，在煎熬中等待天亮。嗜睡是个体睡眠时间的显著延长，长期的警醒程度减退，在一般强度的刺激下无法保持觉醒状态，在不该睡眠的时间里不可抗拒地睡眠，以至于在学习、工作、吃饭等情境下都能进入短暂的睡眠状态，能被唤醒，过后又能很快入睡。

（2）睡眠质的异常。多数来访者在睡眠时间减少的情况下睡眠质量也会下降，睡眠不深，很难进入深睡期。个体对外界刺激敏感，警觉性增加。如被害妄想症患者认为自己被监控而不敢入睡；神经衰弱患者遇到些许刺激如声音、亮光等就会醒来；还有人因安全感匮乏而做噩梦，常在恐慌中惊醒。患者一方面敏感、多疑、处处戒备，身体机能无法放松，被紧张、焦虑、恐慌等情绪消耗精力；另一方面，深睡眠的减少又影响精力恢复，此消彼长，个体处在长期精力消耗的恶性循环里无法解困。长期缺乏休息自然会影响身体健康，身体灵活性、协调性受限，内心持续的纠结导致愁苦面容等。异相睡眠的减少会影响脑组织蛋白质的合成和消耗物质的补充，影响神经系统的功能，大脑内不能积蓄充沛的能量，因而觉醒后行为效率低下，记忆力减退，注意力不能集中，容易疲劳和分心，面对工作和学习任务时心有余而力不足。

（3）与睡眠有关的其他异常。常见的有梦呓、梦游、神游、夜惊等。梦呓就是通常说的说梦话，睡眠时自言自语，有时还可以与别人进行简单对话，醒来后无法回忆起来。梦游通常发生在夜间，神游通常发生在白天。梦游是在夜间睡着之后，患者在睡眠状态下起床，做一些简单的、刻板的动作，如喝水、挪动小东西等，然后再回到床上继续睡觉。第二天患者不能回忆起夜间发生的事情，对于家里物品的变动还心生疑虑。神游患者会在睡眠和意识朦胧状态下离家出走，碰到熟人还能被动打招呼，行走路程可以很远，活动范围可以很广，持续时间也可以较长；有时突然醒来，发现自己到了一个陌生的地方，才想办法回家。神游患者可能会爬山、上楼，也可能横穿马路，自己却无法判断危险。夜惊指突然从睡眠中觉醒，伴有强烈恐惧产生的惊吓、尖叫等异常行为。儿童会出现夜惊，在睡眠中突然哭喊、惊叫，有时紧闭双眼、手足乱动，可能与睡梦中的惊恐体验有关。

三、其他生理障碍

（一）疑病倾向

疑病倾向是指个体过分关注自己的身体健康，以致怀疑自己身体出现异常或得了某种疾病。森田认为神经质是一种先天性素质，是一种侧重于自我内省、很容易导致疑病倾向的气质。具有疑病倾向的人对自己的身心过分担心，在某种情况下，把任何人都常有的自然的生理、心理现象主观地认为是病态的，如觉得自己的心跳太快，就认为心脏出了问题；偶尔一次头晕头痛，就认为是脑出了问题。患者会把注意力集中于此种感觉上，从而更加敏感，放大"症状"的严重程度，严重的"症状"进一步吸引注意力，这就是精神交互作用。疑病倾向是形成疑病观念和疑病妄想的基础，感觉和注意力相互交织，彼此加强，高敏感性进一步使注意力集中并逐渐固定，从而形成症状。具有疑病倾向的人可能会向人诉说自己有这样或那样的身体不适或疾病，并痛苦不堪和焦虑担忧，可能会抱怨家人对自己的关心不够，也可能会到医院反复检查以获取证据验证自己的疑虑。

（二）自主神经功能紊乱

自主神经又称植物神经，自主神经系统由交感神经和副交感神经两大系统组成，主要支配心肌、平滑肌、内脏活动及腺体分泌，受大脑皮质和下丘脑的支配和调节，不受意志控制。人体在正常情况下，功能相反的交感和副交感神经处于相互平衡的制约中，当一方起主要作用而处于兴奋状态时，另一方则起辅助作用而处于抑制状态，两者密切配合以平衡、协调和控制身体的生理活动，这便是自主神经的功能。如果自主神经系统的平衡被打破，人体便会出现各种各样的功能障碍。

自主神经系统支配内脏器官（消化道、心血管、呼吸道及膀胱等）及内分泌腺、汗腺的活动。当交感神经功能降低或副交感神经功能亢进时，表现为瞳孔缩小、心率减慢、血管扩张、血压降低、呼吸变慢等，人体进入机能下降或休息状态。当副交感神经功能降低或交感神经功能亢进时，则表现为瞳孔扩大、心率增快、血管收缩、血压升高、呼吸加快等，人体进入运动、工作或应激状态。自主神经功能紊乱时，即使没有重大刺激或负荷也会导致个体无法静息、无法放松，其临床表现可涉及全身多个系统，如心血管系统、呼吸系统、消化系统、内分泌系统、泌尿生殖系统等，患者自觉症状繁多，如出现胸闷、憋气、心慌、濒死感等心血管系统症状，胃痛、胃胀、呕吐、腹泻等消化系统症状；有的患者表现为头痛头晕、四肢麻木，全身阵热阵汗，常伴随焦虑、紧张、抑郁等情绪变化。

（三）躯体不适

除了器质性疾病以外，躯体不适主要与抑郁、焦虑等症状相伴出现。神经衰弱患者常有头晕头痛、精神不振、疲乏等症状。抑郁症患者除有睡眠障碍、饮食障碍，还常常出现全身乏力、周身疼痛、胃部不适、腹泻等。为了逃避责任、处罚、责骂或某些任务，达到继发性获益的目的，个体可能在潜意识层面"产生"某些躯体症状，如癔症和某些习得性躯体障碍患者可能会出现多种多样的躯体症状。例如，青少年可能出现顽固性腹泻，只要面临上学、做作业、练琴、表演等难以完成的任务时，就会持续腹泻，从而"合理地"避开任务。癔症患者可以在暗示之下出现各种转换障碍，如癔症性失明、癔症性失聪、癔症性瘫痪、癔症性失语等。

症状的分析

任务一　症状严重程度的判定

症状严重程度的判定主要从症状是否具有临床意义、症状的频密程度及病程长短、痛苦体验的程度以及症状对个体适应外界的影响等方面来进行。

一、症状是否具有临床意义

人生活在客观世界里，每时每刻都在欲望的驱动下获取资源，来达成自己的目标，主、客观的矛盾冲突会带来个体的情绪反应、生理症状等。有些症状对个体的社会功能没有影响或几乎没有影响，因而是没有临床意义的，在诊断评估中不需要给予特别关注，不需要通过心理治疗就能化解。有些个体在特定阶段的暂时反应，会随着个体发展而自然解决，如在青春期自我同一性探索的过程中，有些人会出现迷茫、抑郁等症状，这些症状多因某些理想化的丧失而起，也会在自我认同中缓解、消失，是伴随自我成长的自发体验。有些情绪是人之常情的反应，如人际交往中的委屈与误解、在青春期对异性的好感遭遇尴尬等，程度轻微，时间短暂，对个体的社会功能基本没影响或者影响轻微，个体虽然被内在冲突困扰，但自我可以调节好，不需要过多外在的帮助或专业力量的介入。有些症状具有生理属性或者由生理因素引起，如各种生理性错觉、经前期综合征和更年期综合征等，这些都是生理状况的伴随症状，不需要过度关注。有些症状继发于其他症状，当其强度不大时临床意义也不大，如继发于被害妄想的焦虑情绪在精神分裂症的症状群中显得微不足道。症状的强度、出现的频次、持续的时间、对个体功能的影响等诸多因素决定了症状的临床意义。当症状达到一定的严重程度，表现相对稳定，持续存在或相对频繁地、有规律地出现，对个体的社会功能产生足够的影响，内心冲突自我无法调节时，在临床诊断中才具有意义。

二、频密程度及病程长短

有些症状如心因性幻觉是一过性的、偶发性的，具有片段性、不稳定性，症状对个体的影响较小。个体头脑中关于自杀意念的强度和频密程度不同，自杀的可能性也就不同。烦恼时的一过性的自杀念头，如"真想死了算了"，几乎不会有自杀风险；经常性的、认真的、强烈的求死观念代表着较大的自杀风险，如果个体还认真思考了自杀的方法和途径并形成了计划，则自杀的风险就会更大。牵连观念与关系妄想、疑病观念与疑病妄想在坚持程度上不同，在诊断上也属于不同的范畴。有的症状是发作性的，有的症状是持续性的、弥漫性的，有的症状迁延、反复。将病程长短与症状严重程度结合起来能综合反映病情，症状特别严重，是明显的、稳定的，即使病程不太长也不能否定病情的严重性。症状轻微，则必须要病程足够长才能显现病情的严重性，如神经症在诊断上需要病程持续 3 个月以上或者 6 个月以上；抑郁性神经症的抑郁症状很轻，在诊断上明确规定病程要持续 2 年以上，缓解期不超过 3 个月。如果轻度的抑郁症状持续不到 2 年，在诊断上是不能明确为抑郁性神经症的。

三、痛苦体验的程度

心理冲突或异常状态会引起个体内心的多种情绪体验，包括痛苦、焦虑、烦恼、抑郁、恐慌、愤怒等。内心冲突越严重，冲突双方可调和性越小，诱发的内心体验越强烈，个体内心的失衡状态越明显，带来的冲击和压迫感越大。个体因求而不得会产生期待落空、失望、绝望等不同程度的体验；因行为受阻而不满、发牢骚、生气、愤怒甚至暴怒等；因丧失而产生失落、内疚、悲伤等不同程度的抑郁情绪；因未来无法确定、想极力躲避失败却又无法确保如愿的结局而产生焦虑等。痛苦体验程度越重，对个体行为的继发性影响越明显，如悲观绝望导致自杀、暴怒导致伤人毁物、焦虑导致过度控制等。

痛苦体验的程度既与外界诱因相关，也与个体内在人格相关。当个体所受影响较轻时，个体能够通过自我调解化解冲突，情绪困扰持续时间较短，其适应性不会受到太大干扰，现实功能和退行程度会保持在较好的水平；当影响较重时，个体需要借助外在力量（如家人的安慰、朋友的理解等）才能化解冲突；当影响特别严重时，个体就需要专业的心理技术的介入才能化解。因此，内心痛苦体验的程度反映了个体病情的严重程度，可以作为病情转归的一个重要指标。有些精神分裂症等精神疾病患者可能没有内心冲突，他们丧失现实检验能力，自知力丧失，痛苦感反而减轻，部分患者甚至没有痛苦体验。

四、症状对个体适应外界的影响

心理健康水平反映了个体社会适应的程度。心理健康是指社会适应的完满状态；心理不健康（心理问题）是重大现实事件引起的短暂的不适应反应。心理障碍则主要是内因引起的相对持久的不适应状态，各种非现实意义的事件都可能充当诱因。精神疾病则是由于个体对现实的无法适应而转移到虚幻世界寻求满足。心理健康的个体内在协调、外在适应，没有冲突，没有症状。心理不健康的个体多表现为非特异性症状，即表现为受各种情绪困扰及某些生理不适，程度轻，持续时间不长。心理障碍患者多表现为特异性症状群，往往与人格特征和人格水平高度相关，症状程度重，持续时间长。精神疾病患者丧失现实检验能力，症状多为精神病性的，症状程度重，持续时间长。

个体处于心理不健康（心理问题）状态时，主要冲突为个体与外界的冲突，因客观资源无法满足个体内在需要而产生，行动主要表现为向外寻求资源以补偿个体需求的缺失。随着行动的实施及目标的达成，情绪困扰得以化解。个体处于神经症状态时，主要冲突为主观追求绝对完美与无视客观实际的冲突。个体希望得到百分之百的保障、万无一失的成功、绝对的控制、毫无破绽的计划等，内心常常浮现的是"万一呢"，因而无论是成功还是失败、处于顺境还是逆境，他们都会被还没到来的结果所困扰，焦虑、消耗、失眠、控制，无法静息，从而无法将精力聚焦于工作和生活。人格障碍患者的核心症状是待人接物的人际障碍，他们渴望亲密关系却又无法与人建立稳定的关系，尤其害怕关系的破裂、害怕被抛弃。他们在关系中寻找自己，通过融洽的关系证明自己是可爱的、有魅力的、优秀的、有价值的；一旦被疏远、被冷落、被排斥，想象或预感到自己可能会被抛弃，他们会疯狂地挽回；如果情况越来越糟，就会觉得自己不好、糟糕、像个怪物、多余、无价值，感觉自己被羞辱，从而愤怒甚至暴怒。人格障碍患者因自我意象的极端不稳而在人际关系中体验"坐过山车"的感觉，以致整个生活都无法稳定。精神分裂症患者人格分裂，采用分裂的生活方式，其精神病性症状使其脱离现实而表现得怪异，社会功能严重受损，无法胜任工作，无法进行人际交流，甚至生活都不能自理。

一般来说，症状出现频率越高、越严重，对个体适应外界的干扰就越大。因此，通过分析个体对外界的适应状况可以反推其症状的严重程度。个体与外界的关系是互动的、互为因果的，因而个体的适应性也会被外界（他人）所影响，而不仅仅取决于个体本身，这在人际互动中尤其明显，家庭治疗理论对此有详尽的阐述。有心理问题的人人格的韧性较好，自我调节能力及复原力较强，摆脱情绪困扰的能力也强。神经症患者"搞自己"，庸人自扰，人格缺陷会被各种诱因反复激活致使内心冲突长期存在，症状迁延不断。人格障碍患者"搞别人"，他们少觉察，缺乏领悟与成长，在人际关系中不断地强迫性重复，建立关系—产生冲突—愤怒或暴怒—关系破裂—自我疗伤。精神分裂症患者逃离现实，搞虚拟世界，攻击妄想对象。

任务二　症状性质的评定

症状性质评定的核心任务主要聚焦服务对象（来访者）是否存在精神病性症状，一旦涉及精神病性症状，诊断为精神疾病，药物治疗就优先于心理服务（心理咨询和治疗）了。

一、精神病性症状的界定

精神病性症状不等于精神症状，所有异常的心理行为表现都属于精神症状，而精神病性症状只占精神症状的一小部分。精神病性症状虽然包括情感倒错、怪异行为等，但其最主要的还是认知障碍。这些认知障碍影响了感知的客观性，如产生病理性错觉，破坏了思维的实践性、逻辑性、目的性和连贯性等，致使个体对客观外界的基本性质做出错误的判断。

二、常见的精神病性症状

（1）病理性错觉，指对客观事物歪曲的知觉，且患者缺乏觉察。

（2）幻觉，指没有现实刺激作用于感觉器官时出现的知觉体验，是一种虚幻的知觉。如幻听、幻视、幻嗅、幻味、幻触、内脏性幻觉等。

（3）思维形式障碍，包括思维联想障碍和思维逻辑障碍。常见的有思维贫乏、思维破裂、思维中断、病理性赘述、语词新作、思维逻辑倒错等，如自造新词，用"男/女""％"表示离婚。

（4）妄想，是一种病理性的歪曲信念，是病态的推理和判断，如被害妄想、关系妄想、夸大妄想、物理影响妄想等。妄想内容与客观现实不符，即使经过验证和说理，患者依然坚信不疑。

三、精神病性症状在鉴别诊断中的意义

在意识清醒状态下，精神病性症状一般只在精神分裂症、偏执性精神障碍、分裂情感性精神病、反应性精神病等精神疾病中出现，一般不在神经症等心理障碍中出现，正常人绝对不会出现精神病性症状。精神疾病患者在发病期间精神病性症状明显，通过药物治疗可以控制病情，精神病性症状消失，自知力也可以恢复。伪装精神疾病的人会表现出类似精神病性症状，但"症状"的稳定性不够，通过关联性分析可以发现破绽而排除。因此，如果确定存在精神病性症状，诊断评估时可以确定其心理异常，进一步深入分析时基本可以排除心理障碍，结合自知力丧失可以重点考虑精神疾病诊断。

四、现实检验能力

精神疾病患者在发病机制的作用下，认知功能会受到不同程度的影响。受先占观念、超价观念、妄想等症状的影响，患者在现实判断上带有太多主观色彩，严重时不能区分现实和非现实。

思维受损可能会表现在联想的自动化、逻辑的严密性等方面，在推理判断上会有逻辑漏洞、逻辑倒错等，从而得到错误的结论。

患者可能出现定向力障碍，包括人物定向障碍和环境定向障碍。对环境的定向障碍可表现为时间定向障碍和地点定向障碍，分不清季节、白天和夜晚等，不能正确判

断所处的地点，找不到居所等；人物定向障碍可表现为不清楚自己的身份，理不清跟周围人的关系等。

还有些患者出现自知力丧失等，不知道自己病了，当与外界发生矛盾时无法正视自身因素的影响。

任务三　症状规律分析

一、症状真实度分析

无论是通过什么途径获得的症状，都有可能存在虚假信息。确认症状的可靠性、验证资料是否真实有效、排除假阳性是进行诊断分析的重要环节，只有依据充分的、真实的症状才能确保诊断评估的正确性。对于代为转述的病情，必须要与来访者本人核实才能用于诊断评估，切忌仅依据第三方介绍的病情进行诊断评估、制定疏导方案。

（一）症状的夸大与伪装

伪装症状是指症状从无到有，是本身没有某类症状，却无中生有地表现出该类症状。夸大症状是指症状从轻到重，是增加症状的严重程度，显现被忽略的生活状态以便让周围重要他人知晓。这种夸大趋势与某些特殊目的相关，通常在意识层面发生，多应用投射、转换、暗示、模仿等机制，一般情况下当事人明了自己在做什么。也有一些症状是在无意识层面的适应，如癔症性感觉障碍、癔症性运动障碍、心因性遗忘等，症状缺乏相应的生理基础，从生理规律来看症状不该出现，但这些症状却真实存在，来访者自己并不明了症状是如何发生的。

（1）获得关注。一般多发生于儿童、青少年或某些不被父母、权威关注的个体和人群。如一些青少年在填写症状量表时，几乎所有的症状得分都非常高。这些症状多是心因性的，如头晕头痛、全身不适、身体难受、不想吃饭、心情郁闷等，各种器官系统都可以出现症状反应。症状随心情的变化而变化，情绪低落、感觉糟糕时症状会加重，极力期盼有人关注、有人关心、有人理解、有人照顾、有人陪伴；心情好转后，症状会减轻。每个人都希望获得关注、赞扬等以满足自己的获得感、成就感，让别人觉得自己是重要的、可爱的、受人关注的。得到的关注越多，内心越充盈，心态越平和；得到的关注越少，内心越匮乏，越害怕被忽略、被"抛弃"，越渴望得到周围人的爱。从展现自我、过度表现到制造麻烦、伪装疾病，可能都是为获得关注而做的努力。

（2）继发性获益。有些个体伪装症状或疾病是为了减少义务、逃避惩罚、避免责备等。人的内心都会同情弱者，症状和疾病可以激发人的恻隐之心，使人们在情感上不自觉地给予额外的照顾，甚至在理智判断和规则执行上做出一定的让步。因此，个体伪装症状有时可以在分派工作任务时降低职责要求、避开困难的任务、承担较少的工作量；可以不用上学、不用做作业；可以不用承担繁重的家务劳动等。有些青少年因贪玩等没有完成作业或闯祸之后，怕被家长、老师责备，也常常用装病的方式解决问题。有些犯罪嫌疑人违法犯罪之后，想钻空子侥幸逃脱法律的制裁，就伪装精神疾病，向法官证明自己是精神疾病患者而无刑事责任能力。

（3）症状的博弈。人们生活的基本目标就是得到自己想要的资源来满足自己的各种需要，以此为杠杆开始了各种人际互动。孩子与父母之间的博弈逐渐演变为个体与权威之间的博弈，如何从掌管资源的权威那里得到满足是一件困难的事情，努力学习和工作得到权威的认可，顺从、装可爱得到权威的偏爱，极力抗争迫使权威妥协……当很多尝试都失败之后，用症状和疾病来扮演弱者，获取权威的特殊照顾也被部分个体使用。无法达成所愿时，个体可能会让自己生活得很糟糕，让自己变得很糟糕，进而用症状攻击权威和父母，"你们为所欲为，把我搞成了这样，你们要承担责任，你们要改正对我的错误做法"等。

（二）症状的否认

个体普遍存在完美主义倾向，往往会为自己构建一个理想化的自我形象，渴望成为优秀的、令人羡慕的人，同时极力避免成为糟糕的、不受欢迎的人。当个体出现心理问题时，这种心理机制可能导致其拒绝承认疾病，表现为从部分否认到完全否认之间不同程度的防御反应。在这种内心冲突的持续折磨下，个体会陷入焦虑、恐慌、失眠和痛苦之中。通常情况下，他们会先向家人、朋友等可信赖的对象倾诉，继而寻求专业机构的帮助。然而，在整个求助过程中，个体往往伴随着不同程度的戒备和防御心理，担心被他人厌恶、嫌弃或抛弃，也害怕遭受否定性评价，以此维护自身的社交形象和家庭自尊。例如，在明尼苏达多相人格问卷（MMPI）的编制过程中，研究者发现受试者会在疑病、社会病态、神经症、精神分裂症和轻躁狂五个方面刻意掩饰症状。个体的开放程度与其内在安全感以及外部环境的接纳度密切相关。长期压抑内心感受会导致痛苦加剧，但完全暴露真实状态又存在风险。因此，人们在表达自身状况时，往往采取一边倾诉一边防御的策略，这似乎成了一种默契的心理应对方式。

病耻感是阻碍个体承认病情并主动就医的常见原因。长期以来，传统社会对心理健康问题的认知偏差给心理困扰者带来了沉重的心理压力，导致患者及其家属对病情讳莫如深，他们既不敢面对，也不愿面对，甚至采取视而不见、掩耳盗铃的态度，使问题长期得不到干预。许多患者及其家属刻意回避病情，任由其发展，直至严重到无法拖延时才就医。即使接受治疗，他们也担心被他人知晓，因而常常异地求诊，治疗过程躲躲闪闪、断断续续，严重影响了科学、规范的诊疗。

二、症状的不同定位

症状的表现是具体的、丰富的、多变的、因人而异的，很难直接用表现来归纳出规律，因此分析症状是进行精确的诊断评估和有效治疗的重要前提。心理咨询师往往能通过表现找到其背后的症状，并进行综合分析，继而做出有效诊断。表现是心理咨询师与来访者之间交流的语言，而症状是心理咨询师之间交流的语言。症状是抽象的、相对稳定的，对表现进行分析，抽取表现背后的症状并对其规律和意义进行概括和总结，是心理咨询师开展诊断评估的工作途径，也是心理咨询师必备的知识技能。

某种疾病往往都是一个症状群的集合体。一般情况下，大多数症状可以在不同的疾病中出现，有一些症状在心理问题、心理障碍和精神疾病中都可能会出现的，而还有些症状在某种疾病中出现频率较高或具有较高的诊断提示价值，我们把后者称为特征性症状。有一些症状只会在精神疾病中出现，我们把它们称为精神病性症状。心理咨询实践中常常将精神病性症状与自知力结合起来鉴别心理障碍与精神疾病，判断来访者是否适合做咨询以及是否需要转介给精神科医生也常常从精神病性症状角度考虑。

不同的症状在不同心理障碍或精神疾病中的地位和作用是不同的，可以分为核心症状、主要症状、伴随症状等。

核心症状是一种疾病必不可少的症状，如原发性焦虑症状是焦虑症的核心症状，精神焦虑（无法静息）和躯体焦虑也是焦虑症的核心症状；思维障碍是精神分裂症的核心症状。核心症状为诊断提供了基本的定位：只有短期的情绪困扰和心因性生理反应而没有稳定的其他症状，诊断目标以心理问题为主；核心症状主要体现为庸人自扰，则神经症的可能性更大；如果在待人接物中总是让别人不舒服，则多考虑人格障碍，自恋性暴怒对于边缘型人格障碍的诊断具有重要意义；如果整个心理活动与外界环境不协调，给人一种"怪"的感觉并无法被理解，则有可能是精神疾病。若核心症状缺乏，疾病的诊断就无法成立。有一些临床综合征对于诊断某类疾病具有重要价值，如遗忘综合征是老年痴呆的核心症状，替身综合征（Capgras综合征）对于诊断精神分裂症有重要价值。

主要症状是在某种疾病中经常出现的症状，如自主神经功能紊乱在恐惧症中经常出现。主要症状是症状丰富性和明显性的表现，有利于心理咨询师找到诊断的线索。

伴随症状是伴随其他症状出现的症状，如精神分裂症患者认为自己被监视、被跟踪时可能会伴随焦虑、恐慌症状，也可能伴随愤怒等症状，有没有伴随症状都不影响诊断。

三、症状的逻辑关系

根据症状出现的先后顺序，可以将症状分为始发症状和继发症状。始发症状往往居于核心地位，如在精神分裂症中，思维障碍和感知障碍是始发症状，情绪障碍和情感障碍是继发症状；在抑郁症中，情感低落是始发症状，认知和行为异常是继发症状。弄清症状群之间的关系，对于理解患者是有帮助的，有助于在对疑难病例进行诊断和鉴别诊断时理清思路。

（一）始发症状与继发症状

个体的异常状态表现为一个症状群，症状的发展变化遵循病情发展规律，症状的出现、发展和转归是一个综合的、渐次发展的过程。在时间上，有些症状先出现，有些症状后出现；在逻辑上，有些症状是始发症状，有些症状是继发症状，始发症状催生了继发症状，制约着继发症状的发展。思维障碍是精神分裂症的核心症状，也是其始发症状，往往与各种幻觉相互叠加、相互促进，患者受此影响出现情绪症状和行为症状。一般睡眠障碍继发于情绪和认知冲突，自主神经功能紊乱与焦虑和恐慌有关。抑郁症的"三低"症状群中，情感低落是始发症状，影响着思维和行为的变化。

（二）症状的相互作用

个体心理过程的认知、情绪情感、意志行为三个方面是相互影响的。在心理正常情况下，三者协调一致；而在心理异常状况下，部分患者的知、情、意依然是协调一致的，因而知、情、意的症状会相互加强。强迫症患者以强迫症状（强迫观念、强迫意向和强迫行为）为核心症状，强迫症状诱发反强迫症状（动机和行为），强迫与反强迫的斗争持续不断，导致自主性被严重干扰而产生痛苦体验（情绪体验）。恐惧症患者的恐惧情绪往往是发作性的，个体一旦被置于恐惧的情境下，恐惧情绪即被诱发，这种难以忍受的情绪会迫使个体逃离（回避行为）；如果逃无可逃，恐惧升级，个体就会产生强烈的应激反应，出现强烈的生理症状和冲动攻击行为。例如，恐高患者坐飞机就会体验这样的心理过程，一边体验恐惧情绪，一边努力控制自己，直至飞机着陆后可能因身心耗竭而瘫软。

四、理解症状群呈现的整体心理状态

来访者在观念层面知道什么是好的、什么是不好的，很多时候他们能意识到应该怎么做，却又做不到，往往被主观期待与客观现实之间的冲突所困扰。当个体过于弱小，力量匮乏，不确定自己能否获得充分的满足，甚至不确定满足能否得到保障时，便会被焦虑、恐慌笼罩，从而驱使个体向外去占有资源来摆脱焦虑、恐慌症状。要么自己开发资源，表现为努力、迟疑或逃避；要么从别人手中获取资源，可能采取讨好、哄骗、对抗、威胁等手段。因此，个体要么因适应环境而被现实难题困扰，要么因建立亲密关系而被人际关系困扰，在获得与失去之间衍生出复杂的情感纠葛，难以调和。

个体对外界的适应水平归根结底是由内在人格决定的。个体想要什么，通过什么方式达成，能否将当下的满足与未来的满足相关联，在满足自己时是否能关照他人的需要和感受等均由内在人格决定。人格发展到什么水平，就有相应的人格力量，自然就会形成不同水平的防御机制和行为模式。例如，当孩子尚未意识到学习的重要意义时，动力无法聚焦，行为效率低下，在学校可能就会被老师忽略、批评等，回家之后也可能得不到父母的包容。这种情境下，学习与逃避的冲突会使孩子陷入无望、指责和否定的困境。此时，若虚拟世界（如网络游戏）提供了逃避现实的出口，孩子便可能沉迷其中，形成逃学、网瘾等问题。如果仅通过强制手段（如禁止玩游戏、逼迫返校）消除症状，而孩子的心理需求仍未得到满足，他在学校和家庭中依然缺乏快乐和归属感，就可能陷入更深的抑郁甚至绝望。从这个角度看，网瘾至少暂时缓解了孩子的痛苦，甚至可能是其向父母发出的求助信号。因此，症状具有一定的功能，尽管它是适应不良的表现。真正的解决之道并非简单粗暴地压制症状，而是通过包容、支持与陪伴，帮助来访者逐步增强心理力量，最终使其能够独立应对困境，实现自我成长与外界适应的平衡。

项目三

诊断操作流程

任务一 心理状态分类与鉴别

一、心理状态分类模板

人的心理现象纷繁复杂，心理咨询师能否找到合适的标准将不同的心理状况区分开来？一个新手心理咨询师可能会纳闷，也会担忧下一个来访者是什么问题，万一超出了自己的能力范围怎么办；如果是特别少见、特别奇怪的病症，无法诊断评估会不会很糟糕。如果从理论上建构起群体心理状态分类模板并用于指导心理评估实践，答案将会清晰很多。为了便于交流，一般采用如下分类体系（见图3-1）。

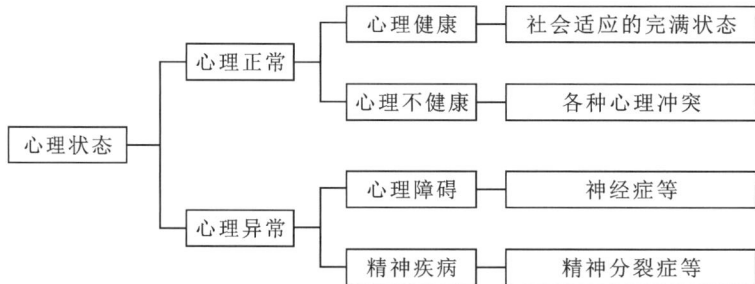

图 3-1 心理状态分类体系

采用二分法，将人的心理状态分为心理正常和心理异常两大类，这是区分和讨论"有病"或"没病"等问题的一对范畴，用于评估个体心理状态是否已经偏离正常的范畴。心理正常的人有两种不同的生活状态，即心理健康状态和心理不健康状态。"心理健康"和"心理不健康"是另外一对范畴，是在"正常"范围内，用来讨论"正常"的水平高低和程度如何，二者都是在"正常"的范围内波动，心理结构和功能状态没有发生质的改变。心理异常根据严重程度不同可以分为心理障碍和精神疾病。心理障碍群体内心冲突变形，痛苦自知，对客观世界的基本认知处在与正常人类似的水平，其现实检验能力、定向力和自知力都存在，能在现实层面看待问题。他们一方面抱怨外界和他人，另一方面进行自我觉察与反思，通过调整自我来解决冲突。精神疾病患者在发病期往往丧失了现实检验能力、定向力和自知力，没有主动求助动机，个体心理活动与客观环境脱离，不再在现实层面分析问题和寻找答案，解决问题的方式很难被理解。整个人群的所有心理状态可以分为心理健康、心理不健康、心理障碍和精神疾病四种；任何个体的心理状态都只是这四种状态里面的一种。以此为模板，我们依据服务对象（来访者）的具体表现就能做出判断。

二、四种心理状态鉴别

（一）心理健康

心理健康是个体社会适应的完满状态，是指个体内在人格相对稳定，内部心理协调与外部行为适应相统一的良好状态。个体内在心理结构的稳定与协调是基础，整体人格结构紧密有序，核心人格结构与辅助人格结构相得益彰，不同亚结构相互协调，没有明显的人格缺陷，人格结构基本单元质量较高。人格结构的稳定性保障了个体在发展和互动过程中心理状态的动态平衡，个体人格的韧性较强，能承受一定的压力，不会轻易被外在压力击垮。个体内在宁静，对外界适应良好，少有心理冲突，不被情绪困扰。

（二）心理不健康

当刺激强度超过了个体的适应能力，平衡被打破，个体就会从心理健康状态滑向心理不健康（心理问题）状态。心理问题是由现实因素诱发的内心冲突所致，表现为不同程度的情绪困扰，随事件的解决而消失，情绪持续时间不长。根据情绪反应的程度、持续时间长短以及内容是否泛化等，心理问题又可以分为一般心理问题和严重心理问题。一般心理问题表现为内心冲突小，情绪持续时间短暂，而且紧紧围绕最初事件和当事人，注意力转移后情绪即刻恢复正常；内心冲突加剧时，情绪可能泛化，类似的情境、相关人和事都能引起情绪反应，这时可能就出现了严重心理问题。

（三）心理障碍

心理障碍是一个总称，包括神经症、癔症、人格障碍、冲动控制障碍、心理因素引起的生理功能障碍等。每种心理障碍都有自己独特而稳定的症状，如强迫症状、回避行为等。心理障碍人群都有独特的心理冲突，内在感受痛苦，却得不到常人的共鸣和理解，因而会主动寻求他人（特别是心理医生等专业人员）的帮助，也就是说他们自知力存在，有主动就医行为，这一点不同于精神疾病患者。

（四）精神疾病

精神疾病也是一个总称，包括精神分裂症、心境障碍（双相情感障碍、抑郁障碍等）、偏执性精神障碍（偏执狂）等。这类患者有病理性错觉、幻觉、妄想及其他思维障碍等精神病性症状，这些症状使得患者对客观世界的认知、评判不是依据从客观世界感知的信息，也不符合正常的思维逻辑，因而他们认定的现象世界与客观世界有天壤之别，从而引发与环境不相符的情感倒错、行为怪异等表现；同时，精神疾病患者丧失现实检验能力，存在自知力障碍，他们无法正确判断环境及人物之间的关系，甚至不知道自己是谁，对自身的心理状况缺乏觉察，不觉得自己有病，不会主动求医。

三、心理状态的动态变化

四种心理状态在一定条件下是可以相互转化的（见图 3-2）。心理健康和心理不健康是一个正常个体在面对现实刺激时被诱发的两种心理状态，要么适应良好，要么出现情绪困扰，这两种状态在个体与外界的互动中相互转化，处在哪种状态主要取决于个体适应能力与刺激强度的对比。若个体适应良好，就处在心理健康状态；若个体被客观问题难倒而出现情绪困扰，就会从心理健康状态滑向心理不健康状态。

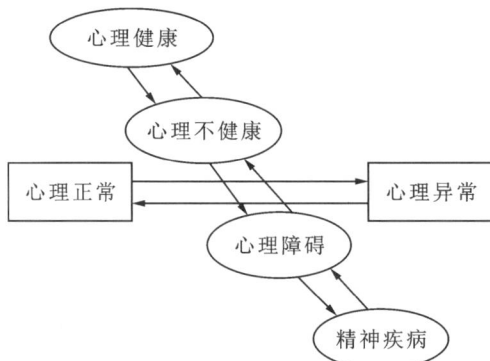

图 3-2　心理状态的相互转化

若个体长期处于心理不健康状态却又无法摆脱，则可能会引起认知结构、人格结构的改变，心理正常状态就会变为心理异常状态。这种情境下，不需要重要事件的刺激个体就会自动陷入冲突状态，摆脱冲突就愈发艰难，与之相关的外在症状表现将长期存在。如果得到专业的心理疏导、心理治疗，或者获得新的有利的外在资源等，个体心理状态会转化为正常水平。如果得不到好的支持和专业的治疗，在现实生活中持续不断地被困扰、消耗，个体内在世界可能变得极端脆弱，人格结构更加松散，则个体有可能滑向精神疾病状态，完全退缩到虚幻的主观世界中自说自话。在药物治疗、长程的心理治疗及耐心呵护下，精神疾病患者的心理状态也可能得到改善。总之，个体内外环境中的所有积极因素都有利于个体心理状态的改善。如果忽略有利因素，只是本能地趋利避害或简单地抱怨、攻击外界，忽略内在自我的探索，适应外界的能力得不到提升，那么再次遭遇挫折、创伤等不利因素时，个体的心理状态可能会持续恶化。

任务二　诊断操作基本流程

心理诊断是心理服务工作者应用心理学的理论和技术，对来访者的心理活动和人格特征进行评估和鉴定的过程，目的是确定来访者心理变化的程度和性质，为心理服务提供依据。无论来访者的心理状况如何，心理工作者都不用预先假定，只需依据线索进行分析，逐渐排除，缩小范围，最后根据症状标准、病程标准、严重程度标准和排除标准进行确诊。

一、排除躯体疾病

在实践中，有些生理疾病会伴随有明显的情绪症状和行为表现，而有些躯体症状也受心因性疾病影响，从而个体会寻求心理医生的帮助，导致诊断上极容易混淆，甚至出现误诊。如中毒性脑病、肝性脑病等可能会引起意识障碍（如谵妄、注意无法集中）、理解困难、判断出错、情感茫然、反应迟钝等；甲亢会引起失眠、话多、情绪易激惹、烦躁、精神运动性兴奋；长期药物依赖、慢性躯体疾病可能导致人格改变、智能降低等。

如果心理服务工作者（包括心理咨询师）只关注了认知、情绪等症状，忽略了生理症状，只在精神症状体系内寻求诊断结论，就可能会导致误诊。以生理结构改变及生理功能异常为源头的精神症状，其发病机制、症状发展都不同于心理类疾病的症状。前者与原发性躯体疾病在起源上有从属关系、在病情上有平行关系，在时间上有先后关系。这些精神症状是生理功能的副产品，是躯体疾病的伴随症状，具有内源性、从属性的特征，随着躯体疾病的好转而消失，因而在诊断时主要考虑躯体疾病诊断。如果精神症状严重且持续时间较长，可以考虑合并诊断，依然以躯体疾病诊断为主、心理诊断为辅。

增强心身一体的理念，积累心身疾病和身心疾病的相关知识，充分利用内外科临床医生的检查报告、化验单及诊断结论，可以帮助心理咨询师排除躯体疾病。

二、区分心理正常与心理异常

个体在适应外界的过程中，首先要确保个体身心健康，这样才能适应良好。心理专家提出了个体心理正常的三个原则，即主、客观世界统一性原则，心理过程内在一致性原则，人格的相对稳定性原则。

（1）依据心理正常的三个原则对个体心理进行鉴别。三个原则都没被破坏则为心理正常，其中任何一个原则被破坏就为心理异常。① 主、客观世界（个体与外在世界）统一性原则。个体生存和发展的本质就是从外界获取资源满足自身需要。个体要获得自主的、真正的满足，就必须适应外界规律，与外界环境进行良性互动。人的精神或行为只要与外界环境不能统一，如出现各种幻觉、妄想等，个体就很难获取自身所需的资源，必然不能被人理解。精神疾病患者容易破坏这一原则。② 心理过程（心理活动）内在一致性原则。个体只有实现内在知、情、意的协调一致，才能获得内心的宁静和意志自由。个体对外界事物或他人有什么样的认知和评价，就会产生相应的意志行为，行为效应对自身需要满足的不同程度又会使个体产生相应的情绪体验。神经症患者如强迫症、焦虑症、恐惧症患者容易破坏这一原则，知道没必要，但自己无法控制，这是很多神经症患者常有的冲突。③ 人格的相对稳定性原则。人格是个体区别于他人的重要心理特质，是个体在内外相互作用的过程中逐渐形成的，一旦形成便具有相对稳定性。人格突然改变，预示着个体心理出现了异常。

（2）如果个体心理正常，则进一步区分其状态是心理健康还是心理不健康（心理问题）。心理健康与心理不健康是正常人的两种不同心理状态，可以相互转化，人格水平高低、外来刺激事件会影响转化的频率。鉴别两种状态的关键是判断内心有没有纠结、外在有没有负性情绪，心理健康是社会适应的完满状态，没有负性情绪；而心理不健康则表现为内心冲突导致的情绪困扰。

许又新（1988）提出心理健康水平可以用三类标准（或从三个维度）去衡量，即体验标准、操作标准、发展标准。他同时指出，在临床实践中不能孤立地只考虑某一类标准，最好把三类标准联系起来进行综合考察和衡量。郭念锋（1986）提出了评估心理健康水平的 10 个标准，即心理活动强度、心理活动耐受力、周期节律性、意识水平、暗示性、康复能力、心理自控力、自信心、社会交往和环境适应能力，可以作为心理健康判定的标准。

心理不健康（心理问题）则包括一般心理问题和严重心理问题。一般心理问题和严重心理问题最重要的鉴别点是个体情绪反应是否泛化。情绪反应没有泛化、紧紧围绕最初事件和当事人，可以判定为一般心理问题；如果情绪反应泛化，对类似的事和类似的人都有情绪反应，则为严重心理问题。

心理健康与心理不健康的判断应把握一些原则：① 差异性原则，不同地区、不同发展时期遵循不同的标准；② 动态性原则，标准要契合相应的对象，切忌对不同年龄、不同角色个体机械地使用同一个标准，也就是说，标准不能错位；③ 总体性原则，对个体在一段时间内持续存在的心理状态和较为稳定的行为习惯进行评价，而不是单个的行动、短暂的心理片段等偶然的心理现象；④ 整体性原则，对个体整体进行评价而不是单维度的评价；⑤ 发展性原则，随着社会、文化的发展，健康标准会有差异，不是固定不变的。

（3）如果个体心理异常，则继续进行鉴别，判断属于心理障碍还是精神疾病。

三、鉴别心理障碍和精神疾病

鉴别心理障碍与精神疾病的依据有两个：第一，是否存在精神病性症状；第二，自知力是否存在。如果既没有精神病性症状，自知力又存在，则为心理障碍的范畴；如果存在精神病性症状，或者自知力丧失，则高度怀疑属于精神疾病的范畴。

如果属于精神疾病范畴，可以转介给精神科医生，首先进行临床诊断，实施药物治疗以消除症状，恢复自知力，到康复期和适应期再进行心理服务。如果排除精神疾病，则可以继续进行鉴别，判断属于哪种心理障碍。

四、心理异常的确诊

心理异常包括心理障碍和精神疾病，精神疾病的确诊一般由精神科医生或心理治疗师完成，这里主要介绍心理障碍的确诊。

（1）对照诊断标准进行确诊。

（2）确诊的内容包括心理障碍的性质和名称、病情的严重程度与病程长短、心理障碍产生和发展的原因（内因、外因、主因、诱因）、人格水平、来访者的人格特征及领悟力等影响治疗进程的因素、家庭经济状况、人际资源等。

（3）确诊步骤。

① 概括行为表现背后的症状（不主张直接根据表现进行诊断）。

② 分析症状群（信息收集是否充分，必要时进一步收集、核实关键信息）。

③ 鉴别诊断，与诊断标准进行对比，确定心理障碍名称。

④ 确认是否合并其他心理障碍。

⑤ 明确诊断，及时转入治疗阶段。

任务三　理解诊断标准

心理障碍和精神疾病的诊断相对复杂，各国精神科医生和临床心理工作者一直在探索科学的诊断体系。目前我国临床工作中比较公认的诊断标准包括美国精神医学学会制定的《精神障碍诊断与统计手册》（DSM）、世界卫生组织制定的《国际疾病分类》（ICD）及我国中华医学会精神病学分会制定的《中国精神障碍分类与诊断标准》（CCMD）。这些疾病分类和诊断体系会随着对疾病的认识及文化观念的迁移而不定期修订，目前的版本有 DSM-5、ICD-11、CCMD-3。

一、症状标准

每一种心理障碍和精神疾病在不同的个体身上的具体表现不尽相同，在疾病发生、发展的不同阶段部分症状也是发展变化的，但由于疾病的内在机制和外在制约因素共同决定着疾病的发展变化，其外显的核心症状群不会变。精神科医生和临床心理工作者经过多年的研究制定了各种疾病的症状标准。

在诊断实践中，症状标准是首要标准。操作中可以将个体现有症状与症状标准进行对比，然后做出诊断结论。症状充分，就可以确诊某种疾病；症状不足，则不能确诊；没有核心症状，可以排除诊断。但因为不同心理工作者对症状标准的理解和把握不同，来访者症状的充分性和明显性不同，对症状挖掘和收集的准确性不同，可能会存在误诊、漏诊等。

二、病程标准

病程标准是对症状标准和严重程度标准的有益补充。症状越轻，对病程的要求越严格，这样能将人之常情的反应与心理困扰及轻度心理障碍鉴别开来，如抑郁反应与轻度抑郁症等。那种一过性的、偶尔出现的症状在诊断时的作用也不算太大。例如，游戏障碍的诊断病程标准，要求游戏行为模式持续存在或反复发作并持续至少 12 个月，但如果症状足够严重且满足其他诊断要点，持续时间可短于 12 个月。抑郁性神经症病程要求持续 2 年以上，其间缓解期不超过 3 个月。症状越重，足以影响个体心理功能的达成，则病程要求越低。如精神分裂症的确诊要求符合症状标准和严重程度标准且至少持续 1 个月，单纯型另有规定。

三、严重程度标准

不同的心理障碍和精神疾病，其严重程度不同。严重程度标准在诊断和鉴别诊断中可以帮助排除上一级和下一级诊断。

判断症状是否具有临床意义可以帮助我们鉴别心理正常人群和心理异常人群。人之常情的、一过性的情绪反应不具有临床意义，偶尔的食欲不好或失眠也不具有临床意义。

片段的、不稳定的、不明显的、单一的症状，在诊断时应慎重。

有自知力、主动求医、没有精神病性症状，则一般可以排除精神疾病。

现实检验能力受损，存在定向力障碍、自知力障碍，则预示着疾病很严重，可能属于精神疾病的诊断范畴。

社会功能维持在正常范围、轻度受损、严重受损也预示着诊断的不同。

四、排除标准

在共病的诊断上一般就高不就低，因而如果已经确诊上一级更严重的疾病，就可以排除下一级诊断。排除内外科生理疾病才考虑心理障碍，排除器质性精神障碍及精神活性物质和非成瘾物质所致精神障碍才考虑精神分裂症，诊断为精神疾病就不再考虑心理障碍的诊断。

常见心理问题的识别

任务一　心理问题的界定

一、心理问题的概念

心理问题是指在人格相对协调的前提下，由重要的现实生活事件诱发的内心冲突或暂时的不平衡状态，表现为情绪困扰，伴随相应的心理和生理症状。

对于正常人来说，心理问题的出现是有诱因的；其核心是内心冲突，冲突双方在对抗中此消彼长，达成新的平衡。心理问题表现为情绪困扰，如焦虑、恐慌、郁闷、愤怒等，伴随有失眠、头晕等不适，有时还会出现食欲减退等生理反应。

二、心理问题的特征

（1）由现实因素激发。所有心理问题都是由重要的现实生活事件引起的，不是无缘无故出现的。对一个正常人来说，微不足道的小事不会引起内心冲突，而如果个体面临重大事件就可能导致心理困扰。

（2）诱发了内心冲突，表现为情绪困扰。情绪反应能在理智控制之下，持续时间较短。情绪困扰是非特异性的，多种诱因可能会诱发同一种情绪。

（3）现实刺激与情绪困扰之间关系紧密。现实刺激与情绪困扰之间存在逻辑上的内在关联和时间上的紧密联系。

（4）不严重破坏社会功能。社会功能虽已受到一定的干扰和影响，某些方面会有所下降，在一定程度上会影响学习、工作的效率，影响生活质量和人际交往，但社会功能总体上是正常的，在社会允许的范围内，还没有达到明显受损或严重受损的程度。

在现实生活中，具有一般心理问题的当事人给自己和他人的总体感觉是正常的，因而他们的内心冲突和心理状态常不被重视，他们中的不少人往往付出隐形的代价，直至积重难返，在社会心理服务工作中，这是应该引起重视的。

三、心理问题的分类

心理问题分为一般心理问题和严重心理问题两大类。

（一）一般心理问题

一般心理问题是正常人轻度的情绪困扰状态，如焦虑、抑郁等。人们常说的"心理困惑""心理困扰"等，指的就是这种一般心理问题。与心理异常相比，一般心理问题通常具有以下几个基本特征：① 由现实因素激发；② 持续时间较短，情绪反应在理智控制之下，个体自己可以调节好；③ 不严重破坏社会功能；④ 情绪反应尚未泛化。

一般心理问题中常见的情绪问题通常与情境性刺激相关，由一定的情境性刺激诱发，但诱发情绪问题的情境性刺激比较广泛。例如焦虑情绪，各种不同的情境性刺激，如任务未执行好、前途预期不佳、身体疾病预后不良、遭遇困难等都可导致焦虑。又如痛苦情绪，各种不同的情境性刺激，如高考落榜、失去至亲、失恋、被人误解等都可以引起痛苦。当然，由不同情境性刺激引起的焦虑和痛苦等情绪，只有在合理时段（即他人能理解的时段）内无法排除而依然持续存在，在一定程度上已干扰和影响了社会功能，才能称为一般心理问题。

（二）严重心理问题

严重心理问题是个体在人格相对协调的基础上受到较为强烈的、对个体威胁较大的现实刺激，内心发生剧烈冲突，情绪（如悔恨、冤屈、失落、恼怒、悲哀等）超出了个体自身可调节的范围，不得不借助社会支持系统和外来力量予以化解的心理困扰状态。

在不同的刺激作用下，个体会体验到不同的不良情绪。遭受的刺激强度越大，反应越强烈。大多数情况下，不良情绪会短暂地失去理性控制，随着时间的推移，不良情绪可逐渐减弱；但情绪反应会泛化，与最初刺激类似、相关的人和事也可以引起此类情绪。情绪持续时间较长，从产生不良情绪开始，不良情绪间断或不间断地持续2个月以上、半年以下。个体出现严重心理问题，单纯地依靠"自然发展"或"非专业性的干预"难以解脱，对生活、工作和社会交往有一定程度的影响。严重心理问题通常具有以下几个基本特征：① 情绪由相对强烈的现实因素激发，冲突是常形的；② 初始情绪反应剧烈、持续时间长久，需要借助外力才能调节；③ 社会功能有一定程度受损，有一些人之常情的反应，在社会能理解和接受的范围内；④ 情绪反应充分泛化。

一般心理问题与严重心理问题的比较如表4-1所示。

表4-1 心理问题的比较

维度	一般心理问题	严重心理问题
刺激及症状	由于现实生活、工作压力、处事失误等因素而产生内心冲突，并因此而体验到不良情绪	较为强烈、威胁较大的现实刺激导致不良情绪，冲突是现实性的或道德性的
冲突性质	常形	常形
病程	不间断持续1个月或间断持续2个月	间断或不间断地持续2个月以上、半年以下

维度	一般心理问题	严重心理问题
严重程度	短暂失去理智控制,效率有所下降,社会功能有一定程度受损但不严重	短暂失去理智控制,效率有所下降,社会功能有一定程度受损但不严重
是否泛化	没有泛化,不良情绪局限于最初事件	充分泛化;有时伴有某一方面的人格缺陷

任务二 常见心理问题及其识别

一、学习学业问题

学习是现代人适应生活的必要条件,学习能够促进人的全面发展,学习对心理健康也是有益的。然而,如何对待学习、怎样学习、学习什么、学多少,这些与学习有关的因素会给心理健康带来不同性质、不同程度的影响。常见的学习学业问题有以下几个方面。

(一)学习动机不足

学习动机是激发并维持个体进行学习活动、使个体的学习活动朝向一定学习目标的一种内部启动机制。学习动机与学习行为相辅相成,学习动机支配、调节学习行为,学习行为又强化了学习动机。因此,一方面,保护学习动机使之聚焦并维持下去是保证学习效果的关键;另一方面,对于学习动机不足的学生,可以通过觉察、鼓励、引导等方式进行激发与发掘。

根据动机的来源,可以将学习动机划分为内部动机与外部动机。内部动机是由学生对学习本身的兴趣、对知识的渴望以及对自我的报偿引发的。它以好奇心、求知欲为基础,指向学习本身。外部动机是由对学生的奖励与表扬等外在报偿性因素引发的。其目标指向学习的外在利益,把学业成就看作赢得地位和自尊的基础。这两类动机都可以推动学习,但内部动机更有自主性、自觉性,外部动机在学习上显得被动,强度较弱而不稳定。在当前环境下,很多人的学习目标越来越现实,越来越功利,一旦现实资源不充分、奖励不足、就业趋势不理想等,很多人很容易削弱学习动机,没有明确的学习方向和兴趣,不想学习,甚至厌倦学习、逃避学习。学习动机不足主要有以下表现:

(1)缺乏学习方法。动机不足的学生把学习看成奉命的、被迫的"苦差事",态度被动,缺少探索,不能积极寻求一些适合自己的学习方法。他们没有明确的学习目标,缺乏有效的学习策略和灵活的学习方法，按部就班，学习效率不高、效果不好，进而又觉得自己不够聪明，不是学习的苗子。

（2）独立性差。动机不足的学生在学习上缺乏明确的目标，学习行为往往表现出从众性与依附性，随波逐流，极少有独立性和创造性。

（3）厌倦情绪。学习需要持续的精力投入和行为自律，如果学习动机不足、学习兴趣不浓、学习目标不明确，则学习效果堪忧。学生如果不能通过学习来满足自己，就会常感厌倦，甚至烦躁不安；学习时无精打采，常常无法集中注意力，对学校及班级生活感到无聊。

（4）懒惰行为。懒惰行为主要表现为不愿上课，不愿动脑筋，不愿完成作业，学习上散漫，怕苦怕累，而且经常为自己的懒惰行为找借口。

（5）专注度不够，容易分心。学习目标不明确，学习要求不高，注意力不集中，兴趣容易转移，行动忽冷忽热，情绪忽高忽低。

（二）学习动机过强

根据耶克斯-多德森定律，动机强度与工作效率之间呈倒"U"形曲线关系，中等强度的动机更有利于任务完成与效率提升，过强的追求成功的动机反而会使效率降低。学习动机过强会使学生过分关注自己的抱负和外部因素（如奖惩），难以专注于学习本身，常常导致精力分散，反而影响学习效率。学习动机过强主要有以下表现：

（1）学习强度过大。过高地预设学习目标，增加学习强度和难度，延长学习时间，逼迫自己学习，使自身陷入焦虑、无望、疲惫状态。

（2）奖惩动机过强。对奖惩考虑太多，一心只想获得奖励、避免受到惩罚。奖惩动机过强的学生大多被动地学习，因而不太注重能力的培养，往往成绩不错，但思路狭窄、能力不高。

（3）成就动机过强。表现出"急功近利"，急于取得成就并超过他人；所树立的抱负或期望远远超过自己的能力；对自己过于苛责，逼迫自己只能成功、不能失败，造成很大的心理压力。

（三）学习适应不良

学习适应是指面对更高难度或与以往不同的学习任务时，学生主动调整自身心理状态和学习方法以适应新的学习环境要求。学习适应不良是指学生不能适应新的学习环境和学习方式，包括不会听课、不会复习、不能制订合理的学习计划、不能掌握新的学习方法等。学习适应不良主要有以下表现：

（1）在学习活动中缺乏独立性。学生对教师有依赖心理，习惯由他人来安排自己的学习内容，不知道如何制订学习计划、如何利用时间。

（2）学习方法不适应。学生不能充分利用除课堂外的其他学习途径，如去图书馆查资料、参加讨论会等。

（3）对所学内容的要求认识不清晰。学生不知道怎样围绕所学内容的要求展开学习。

（4）对学习缺乏应有的紧迫感和自觉性。学生对学习的重要性、复杂性、艰巨性在心理上和行动上准备不足，精力投入不够。

拓展阅读

"内卷"风潮

"内卷"是指在有限空间内的激烈零和式的竞争现象。教育内卷是指由于教育资源的差异化，学生、家长和教师过分追求分数和名次，不惜投入大量时间、精力和金钱，从而形成的一种过度竞争现象。伴随着教育内卷，还出现了"鸡娃""坑校"等热词，它们都是由焦虑的家长们发明出来的。

教育内卷导致中小学生学习压力过大，也影响了学生的身心健康。2018年7月教育部发布的《中国义务教育质量监测报告》显示：学生视力不良问题突出，我国四年级、八年级的学生视力不良检出率分别为 36.5％和65.3％；学生睡眠时间总体不足；学生家庭作业时间过长，学习压力较大。过高的学习压力对学生的学习兴趣、自信心甚至学业表现均有不利影响。中国科学院心理研究所发布的《中国国民心理健康发展报告（2019—2020）》显示，我国青少年的抑郁检出率为 24.6％，其中轻度抑郁检出率为 17.2％，重度抑郁检出率为 7.4％。

社会在转型与发展中，高考、考研、就业等方面的人才选拔竞争越来越激烈。当内卷成为社会常态，对压力源敏感的人会产生较低的自我效能感、挫败感与低成就感，进而转化为学业上的厌学、生活上的惰性等情绪。陷入内卷的人，在父母和他人的高期待下，长期都是一个"行动"的人：取得全优成绩，考上好的大学，拿更多的奖学金，做体面的工作，当最优秀的员工……陷入内卷的人会表现出焦虑和疲劳，他们不断踏步向前，用"行动"去获得父母和他人的赞许，去证明自己的价值。过度内卷不仅会损害人的心理健康，严重的甚至会影响个人的正常生活和社交。

二、职业发展问题

职业生涯在人的一生中占据了较大的比例，伴随着人的成长和心理的发展。职业心理学家舒伯（Super）将人的职业发展划分为成长、探索、建立、维持和衰退五个阶段。职业生涯规划包含自我评价、确立目标、环境评价、职业定位、实施策略、评估与反馈等。个体职业发展过程中的主要问题有以下几方面。

（一）就业压力问题

就业是个体保障生存、获得发展、达到自我实现的重要基础，长期以来就业问题一直是社会和某些个体面临的一大难题。只要社会向前发展，就会带来一定的就业难题。个体人格发展局限、心态不够平和就可能会导致就业压力问题，如工作难找、待遇偏低、岗位不稳定、被解雇风险高、工作任务繁重无暇顾及家庭、对职业不满意却又无法改变等。

（二）职业规划与长远发展问题

在当今时代背景下，各行各业进入快速发展时期，新产业、新模式不断涌现，新的职业和就业机会也随之出现。但在整体向好的态势下，个体的职业规划与长远发展依然面临许多挑战：行业竞争日益激烈，内卷现象加剧；职业发展空间受限，晋升通道收窄；职业规划常因外界因素被迫中断，中年职业危机凸显；岗位要求变化太快，工作技能跟不上；等等。

（三）职场适应与职业倦怠问题

在现代职场中，适应问题通常出现在环境变化时（如入职、转岗），表现为焦虑、失眠、工作效率下降，多由角色模糊、人际冲突或文化差异所致。职业倦怠则是长期高压工作的结果，表现为情绪枯竭（对工作失去热情）、去人格化（对同事冷漠）和成就感丧失，常见于工作量大、缺乏自主权或价值感缺失的岗位。

（四）职场人际问题

人与人的差异源于先天气质、生活经历等，从而不可避免地为人际交往制造了难题。职场人际问题主要包括沟通障碍（如表达不清、误解频发）、上下级冲突（管理方式不当或执行分歧）、同事竞争（恶性攀比、资源争夺）、小团体排挤（拉帮结派、孤立个体）以及价值观差异（工作理念或处事方式不合）。此外，还可能涉及性别歧视、年龄偏见或文化隔阂等问题。这些问题对个体的心理健康有着不同程度的影响。

拓展阅读

国考报名人数首破 300 万：大学生就业困境到了新的十字路口

近年来，公务员和事业编考试的热度如同火箭般蹿升，2024 年国考报名人数突破了 300 万。数以百万计的青年奔赴在考公的道路上，其中不乏大学应届生们。这样的就业状况，引起我们一定的反思。

"考公热"反映了当前一部分学生和家长的就业观念：一是认为公务员的

待遇好，出于利己而不是为人民服务而加入考公大军；二是认为公务员自古以来就是"铁饭碗"的象征，只要"上岸"就能一生吃喝不愁；三是从众心理，看到别人考公，自己也没有清晰的规划，于是也加入这个队伍。

出于一些错误的就业观念，有的人因考公而产生持续的焦虑、抑郁和痛苦情绪，长期无法"上岸"带来的沉没成本甚至会压垮个体，造成精神疾病。

三、亲密关系问题

人是社会的人，每个人都期望拥有和享受亲密关系。最大的困惑是你不知道你是否遇到了真正对的人，是否真正拥有了可靠的亲密关系。此外，由于缺乏安全感，个体会害怕陷入"建立关系—冲突不断—失去关系"的恶性循环，不敢建立关系和享受关系。出现亲密关系问题的原因除了经济压力等现实因素，还包括"三观"不同、习惯差异、性格匹配度低等。常见的亲密关系问题有以下几方面。

（一）失恋困扰

有恋爱就有可能失恋。当恋人之间因为现实压力、他人干预、个性冲突、感情淡化等而关系破裂时，不仅会对自我认同造成困扰，还会影响个体学习、工作、人际交往和家庭生活等社会功能。从热恋关系中断裂出来，一下子失去了自己最亲密的人，对大多数人来说是痛苦的。失恋者经常表现为自我否定，自我评价过低，从而逃避现实，缩小人际交往圈；失眠，情绪低落，注意力无法集中，兴趣减退。有的不甘心，想努力挽回，却演变为干扰甚至骚扰对方；有人甚至报复曾经的恋人，进行人身和人格攻击。一般随着时间的推移，多数人会走出失恋的困扰。一小部分人会因为失恋而严重受创，安全感丧失，不再相信爱情，有的甚至丧失生活的信心，做出自杀、伤害他人、危害社会等行为。

（二）害怕亲密关系

在亲密关系中，如果只是一方倾慕另一方，而另一方完全不知道或者完全不予理睬，那么这种感情就不能称为爱情，只能称为"单相思"（单恋）或暗恋。单恋无法建立亲密关系，双方感觉不同步，一方无感或将关系定位为友情，而另一方却希望发展为爱情，矛盾就会出现。暗恋的一方进可能破坏友谊，退却心有不甘，因而苦恼。暗恋的一方一般觉得自己不配，但又心仪对方，于是产生了无法抑制的情感。默默关注对方，却又害怕对方发现；期待对方明白，却又害怕被人窥探到自己的真实情感。

当今不婚主义或大龄单身现象也比较普遍，从某种程度上讲，这是对亲密关系的逃避。这背后往往反映出个体对亲密关系的深层恐惧。这种恐惧主要源于几个关键因素：首先，对关系破裂的担忧使许多人望而却步。个体害怕自己无法经营好亲密关系，担心在矛盾冲突中互相伤害，最终两败俱伤。其次，对相处困难的逃避也是重要原因。与异性建立深度连接需要磨合、妥协和情绪管理，而部分人因缺乏信心或经验，视亲密关系为沉重的负担，宁愿选择回避。最后，对自我能力的怀疑加剧了这种退缩。一些人认为自己不具备维系健康亲密关系的能力，即使内心渴望爱情，也因害怕失败而选择保持单身。

（三）婚姻问题

婚姻是社会制度所确认的、法律所承认的、以共同生活为目的的，男女两性结合为夫妻关系的社会组织形式。婚姻以爱和信任为基础，以互助、生育、共同生活为基本内容。婚姻问题是当今社会普遍存在的社会家庭问题，婚姻问题源于夫妻双方的人格水平和人格品质差异。人格水平高、乐于分担生活重任、懂得感恩和包容的夫妻，家庭生活和谐；而以自我为中心、有个性缺陷（如控制、偏执）的夫妻，婚姻问题多见。婚姻问题主要表现为夫妻关系冲突、欲求得不到满足、家庭功能不足等。

（1）夫妻关系冲突。在家庭生活里，夫妻双方通常会共同承担一些职责，其中一方一旦感觉自己过度承受，就可能抗争，发起战斗与攻击。夫妻双方之间的竞争与妥协、支配与顺从、控制与反抗等现象经常发生，导致冲突不断升级。特别是结婚多年的夫妻，有可能在不断堆积的矛盾中变得心灰意冷、情感枯竭，最后形同陌路、关系破裂。

（2）欲求得不到满足。情感得不到慰藉、人格得不到尊重、经济得不到保障、认知无法同步、行为缺乏默契等，从而感到生活孤独、乏味，没有意义。

（3）家庭功能不足。家庭的情感功能、生存互助功能、养育功能、经济功能不足，甚至完全丧失。家庭没有顶梁柱，夫妻双方无法给家庭提供稳定的经济来源，情感匮乏，生活品质低，缺乏生活情调等。

拓展阅读

"恋爱脑""纯爱战士""舔狗"等网络热词频现

精神病学家 Christie 在 1969 年提出，所谓"陷入爱情"的状态，其实是一个连续的谱系，谱系的两端，一端是"真正的爱情"，另一端则被称为"病理性迷恋"（pathological infatuation）。

我们常说的"无可救药的恋爱脑"，可能是一种病理性迷恋，具体呈现出以下几种特点。

（1）在这段关系中经常感受到焦虑、抑郁。

（2）即使对方与自己的评价体系相悖，仍然觉得对方具有巨大的吸引力。

（3）对对方的评价飘忽不定，时而过誉其价值，时而贬低其价值；时而对其柔情蜜意，时而对其充满敌意。

（4）对对方的迷恋更多发生在精神层面，产生分离焦虑，具体表现为过度担忧会与对方分开，持续担心可能导致离别的事件发生（如事故、生病等）。

（5）自我功能被破坏，工作效率显著下降，感受到越来越多的破坏性的内在冲动，并难以控制自己将这些冲动带到关系中。

身处这种病态关系中的人往往会受到极大的伤害，而当迷恋褪去，会觉得这些当时的感受是不真实的、难以解释的。这些消极影响或出现在恋爱的某个固定阶段，或出现在不良的恋爱关系、不健康的精神状态中。

四、人际交往问题

人际关系产生于人与人之间的物质与精神交往过程中，人际交往包括与同学、朋友、同事、亲戚及邻居等的交往，涵盖吸引、合作、支配、竞争等多种模式。影响人际交往的要素包括贡献与代价、获益与所得、感受与体验、位置关系等。人际交往中常见的心理问题有如下几个方面。

（一）自卑与逃避

个体普遍具有完美主义倾向，而以理想化的标准来衡量现实生活必然会放大自身的不足，进而诱发自卑心理。多数人在一生中都会经历自卑，然后超越自卑，最后走向自我接纳。有人介意自己的外貌；有人对自己的家境不满；有人觉得自己性格太差，能力不强，学习成绩不好……这些自卑心理会导致一系列行为特征：行动上因害怕犯错而趋于保守退缩，过度追求稳妥；人际关系中既渴望亲密又恐惧被否定，表现出羞怯、被动；更值得注意的是，过度关注自我形象会消耗大量心理能量，反而成为个人发展的阻碍。

（二）个性冲突问题

个性冲突的本质在于性格匹配度问题，这种匹配既涉及相似性也涉及互补性。当性格相似时，双方在认知观念、决策方式和行为习惯上容易达成一致，这种一致性能够强化彼此的优势功能；而当性格互补时，双方的特质恰好能够弥补彼此的不足，形成良好的协同效应。然而，并非所有的性格组合都能产生积极效果：两个具有支配型人格的人容易陷入竞争状态，出现"一山不容二虎"的对抗局面；急性子与慢性子的组合可能产生效率认知差异，内向者与外向者则可能在社交需求上存在分歧。这些不匹配的情况往往成为人际冲突的潜在根源。

（三）嫉妒心理

嫉妒是指恐惧或担心他人优于自己，或嫉恨和恼怒他人优于自己，是一种利己主义的排他性情感。嫉妒心理如果不导致某种行为，只存在于当事人内心，则只会破坏当事人自己的心理健康，影响其个人的进步和成长。对于有嫉妒倾向的人，应积极引导其将嫉妒转化为对自己的激励，促使自己不断进步；在日常生活中鼓励其通过增强自己的实力来参与竞争，培养阳光、向上的心态，克服嫉妒心理。

马加爵杀人案

2004 年 2 月，云南大学学生马加爵，因与同学为琐事争执而先后用石工锤残忍杀害了 4 名同学。马加爵杀人事件是一起极其恶劣的校园暴力案件，给社会和公众造成了极大的震撼和伤害。因为不能正确处理人际关系，对同学抱有怨恨和嫉妒，马加爵做出极端杀人行为，这起案件也引发了我们对大学生心理健康和人际关系等方面的关注和反思。

与中学时期相比，大学阶段学生来自全国各地，存在地域差异，需要彼此之间接纳、相融、交流。大学宿舍成员之间相处的时间较长，因个人生活习惯、爱好、性格等不同，学生之间关系紧张的现象屡见不鲜。有的学生因缺乏交往技能、与人交往的方式方法不妥而与同学关系紧张，难以融入集体，从而产生孤独感、压抑情绪和不安全感，久而久之就极有可能发展为心理问题。时刻关注大学生的人际关系状态有助于及早发现学生心理问题，及早采取科学干预措施，在早期阶段有效防止心理问题的发生。

项目五

常见心理障碍的识别

任务一　神经症的识别

一、神经症的概念及症状表现

神经症是一组精神障碍的总称，患者被无现实意义的冲突长期困扰，无法自拔，给人一种庸人自扰的感觉。

神经症患者病前有一定的素质和人格基础，森田认为，神经症的素质基础是神经质，即一种人格方面的异常。起病常与社会心理因素有关，往往由某些刺激、事件、冲突、难题诱发。与正常人相比，神经症患者内心呈现持久的心理冲突，这种冲突是变形的，不因外在事件的解决而消失，至少持续 3 个月。

神经症的症状表现为脑功能失调、焦虑、强迫、疑病、多种躯体不适等。这些症状具有心因性特征，随心情变化而加重或减轻。不同的神经症核心症状有所不同，依据症状可以将神经症分为更加具体的某一种，如强迫症等。这些症状一般没有器质性病变作为基础，所有的神经症性的躯体反应或功能失调都不是由身体病变引起的。神经症患者无精神病性症状，自知力存在，这一点可与精神疾病相鉴别；神经症患者痛苦感明显，有求治要求，能主动求医。神经症对个体的社会功能如学习、工作和生活有一定的影响，但这些受损较小，行为一般保持在社会规范允许的范围内。

对于神经症的发病机制，心理学界有多种探索。心理动力理论认为，焦虑源于被压抑的原始欲望。由于某些欲望和冲动是违背法律和伦理道德的，若表现出来可能会引起道德的谴责和法律的惩罚，于是就被压抑到潜意识中。但这些欲望引起的冲动并没有消失，会尽可能冲破压抑寻求满足，导致自我受到严重威胁，于是个体就会体验到莫名的焦虑。行为主义理论认为，人的所有行为都是在社会生活中习得的，焦虑、恐惧、强迫等也不例外，焦虑是对某一特殊情境的反应。森田的神经症理论认为，神经症患者有两个共同的特点，即内向性和疑病倾向。神经症患者过分关注自己的身体健康，总是把精神能量投向自身，对自身的变化特别关注与敏感，即使身体的细小变化也会被放大，出现明显的不适感。这种不适感又会强化注意，使注意愈发集中，并固着于不适感上。这种精神交互作用导致的恶性循环就会形成神经症。

二、焦虑症的识别

焦虑是指在缺乏相应的客观因素前提下出现的内心极度不安的期待状态，伴有紧张不安和自主神经功能紊乱症状。

焦虑症是以广泛和持续性焦虑或反复发作的惊恐不安为特征的神经症。焦虑症并非由实际存在的威胁所引起，或其紧张、惊恐的程度与现实事件很不相称。焦虑症常伴有自主神经功能紊乱、肌肉紧张与运动性不安，临床分为广泛性焦虑症与惊恐发作两种形式。

（一）广泛性焦虑症

广泛性焦虑症又称慢性焦虑症，是焦虑症最常见的表现形式。其以原发性焦虑症状为主要临床表现，精神上无法静息，惴惴不安，似有大祸临头；行为方面表现为运动性不安，如坐卧不宁、来回走动、辗转反侧；伴随入睡困难和慢性疼痛等心理生理症状和自主神经功能紊乱症状，以持续的焦虑症状为原发和主要的临床表现。

（1）症状标准。焦虑症状的表现符合下列两项：第一，经常或持续的无明确对象和固定内容的恐惧或提心吊胆；第二，伴有自主神经功能紊乱症状或运动性不安。

（2）严重程度标准。上述症状妨碍患者工作、学习或社交，或者患者无法摆脱精神痛苦，以至主动求医。

（3）病程标准。症状持续至少 3 个月。

（二）惊恐发作

惊恐发作是迅速而强烈的焦虑发作，是指无特殊的处境或对象时却出现惊恐体验。惊恐发作可表现为惊叫、呼救、全身发抖或全身瘫软等；伴严重的自主神经功能紊乱症状，如心跳过快、大汗淋漓、气喘吁吁、胸闷等；往往突然起病，可在几分钟内达到高峰，一次发作一般持续 5~20 分钟，可反复发作。

惊恐发作的特点是突然性和不可预测性。病情往往在没有任何客观危险的情况下发作，或者发作无明显而固定的诱因，因此发作不可预测。在两次发作之间的间歇期，除了害怕再次发作没有明显症状，可出现回避行为。

惊恐发作通常具有以下症状：心悸、心慌或心率加快；出汗；颤抖；觉得气短或胸闷；窒息感；胸痛或不舒服；恶心或腹部难受；感到头昏、站不稳、头重脚轻或晕倒；环境解体（非现实感）或人格解体（感到并非自己）；害怕失去控制或将要发疯；感觉异常（麻木或刺痛感）；寒颤或潮热。

惊恐发作明显影响患者的日常活动，患者会要求治疗。

三、强迫症的识别

强迫症是以强迫症状为主要表现的神经症。其特点是有意识的自我强迫和自我反强迫同时存在，两者的尖锐冲突使患者感觉焦虑和痛苦，知道强迫症状是不必要的，但又无法摆脱。

心理动力理论认为，当患者无法用更适当的防御机制解决其焦虑（如攻击性意念）时，会转到使用具有婴儿期特征的防御机制，如隔离、不行动、反向形成、替代等，强迫性重复就是向悬而未决的问题再次发起冲击，直至问题彻底解决。学习理论认为患者会将焦虑与某一特定的心理事件联系起来，进而做出一些仪式行为来缓解焦虑。

（一）强迫症状的特征

（1）重复性。某些观念、意向和行为反复出现，偶尔一次出现的观念、意向和行为不是强迫症的表现，如头脑中一闪而过的念头、想法或某些冲动性行为。

（2）非意愿性。那些观念和意向在患者的精神世界随意乱闯，随时随地干扰患者的意志。这些观念和意向诱发焦虑和恐慌，进而激发了反复的行为；如果停止行为，焦虑就会增加，焦虑又迫使行为增加，如此恶性循环，患者自知不必要，但欲罢不能。

（3）同步性。这些症状违背了患者的意愿，使患者无法宁静和理性思考。为驱除焦虑不安，重新获得意志自由，患者就想赶走这些观念和意向，控制日益增多的强迫行为，这就是反强迫。只要强迫在，反强迫就行动起来与之斗争，两者却相互促进，强迫与反强迫的斗争愈演愈烈，一方永远也无法打败另一方；但反强迫不敢停歇，担心被强迫淹灭。

（4）痛苦性。强迫与反强迫的斗争使患者的精神世界更加失控，导致焦虑和痛苦体验。

（二）强迫症状的表现

强迫症状包括强迫观念、强迫意向、强迫行为等。

（1）强迫观念。多表现为同一观念的反复联想，明知不必要，但欲罢不能。这些观念多是无意义的，想控制却控制不了。表现为强迫回忆、强迫性穷思竭虑、强迫怀疑和强迫性对立思维等。如强迫性对立思维，当阅读某个句子时，不自觉地会重点关注某一个字或一个词，头脑中自动出现它的反义词，如看到"有安全隐患"的句子时，头脑中蹦出"危险"一词，继续阅读，头脑中会出现其他反义词，将阅读的内容硬生生割裂，严重影响患者理解文章的意思，苦恼不堪。

（2）强迫意向。强迫意向是一种还没有付诸行动的强迫性冲动，给患者造成强有力的内在驱力，以致患者担心自己会失控而见诸行动。患者能意识到这种冲动不合理，且事实上也不会出现这种行为，但这种冲动的反复出现使患者焦虑不安，以致回避。例如，在高楼上出现"跳下去"的冲动，明知不会但又害怕真的会跳下去。

（3）强迫行为。常见的有强迫性洗涤、强迫性检查、强迫性计数、强迫性仪式动作等。强迫行为都是为了对抗焦虑、恐慌情绪而产生的，如强迫怀疑门没关、车没锁等，患者不得不反复检查来应对。

（三）强迫症的诊断

（1）症状标准。以强迫症状为主要临床相，表现为下述形式中的一种或混合。① 以强迫思维为主要的临床相，包括强迫观念、强迫回忆、强迫表象、强迫性对立观念、强迫性穷思竭虑、强迫性意向。② 以强迫行为为主要的临床相，表现为反复洗涤，反复核对检查，反复询问，或其他反复的仪式动作等。

（2）严重程度标准。妨碍工作、学习、生活或社交，或者患者无法摆脱精神痛苦而主动求医。

（3）病程标准。症状持续至少 3 个月。

案例分析

王某，女，23 岁，护士，大专学历，无精神病家族史

王某从小到大都特别注意卫生，一定要洗手，后来还要消毒。最近看到一篇报道，说有一位护士因为工作感染了乙肝病毒，王某害怕自己也感染上乙肝病毒，于是反复洗手、消毒。一次洗十多分钟，一天要洗二十多次。家人看不惯，就会批评她多此一举。她自己也知道不该一遍又一遍洗手，但就是控制不住，很痛苦，听到妈妈的批评心里更烦。现在变得怕上班，无法专心工作，主动要求进行心理咨询。

来访者王某从小与父母生活在一起，父母平日里工作忙，对女儿要求很严。衣服要干净整洁，吃东西前小手要干净，洗手也要检查。高中期间王某住校，睡的是下铺，发现有同学坐她床铺后就受不了，觉得很脏，会马上换洗床单。经常用酒精棉球擦洗餐具，避免和同学一起吃饭。刚参加工作，每接触一个病人前后都要洗手，下班后洗三次手，加上使用三次消毒药水才肯罢休。

王某的父亲是医生，母亲是教师。小时候，父亲经常说生病大都是不讲卫生造成的。上学后，老师评价说王某懂事听话，很干净，成绩也不错。母亲说她情绪不好，吃饭少，越来越瘦，经常因为小事与母亲大吵大闹，朋友少。

四、恐惧症的识别

恐惧症是以恐惧症状为主要表现的神经症。患者对某些特定的客体或处境或与人交往时，发生了强烈恐惧，并采取主动回避的方式来解除焦虑不安。恐惧症分为场所恐惧症、社交恐惧症、单一（特定）恐惧症。

场所恐惧症是指患者对某些场景（如乘坐公共交通、人多时或空旷场所等）出现的明显不合理的恐惧或焦虑反应，因担心自己难以脱离或得不到及时救助而采取主动回避这些场景的行为。症状持续数月，导致患者重要领域的社会功能明显受损。患者因内心冲突而感到极度痛苦。

场所恐惧症的发生与情境因素对内心恐惧的激活有关，如童年早期的教养方式不

当或创伤导致个体内心缺乏安全感，环境中的某些特殊因素一旦与之联结，就会激活潜意识的恐惧，诱发恐惧反应。

社交恐惧症又称社交焦虑障碍，是指在一种或多种社交或公共场合中表现出与环境实际威胁不相称的强烈恐惧和（或）焦虑及回避行为。典型场合包括公开演讲、与陌生人相处、在他人注视下操作等。社交恐惧症患者在公共场合中往往承受极大痛苦，精神和躯体上的焦虑症状使患者竭尽全力避开社交场合，严重影响其社交关系、家庭生活、学习和工作。

特定恐惧症是一种对某种特定物体或场景产生强烈、持久且不合理的恐惧，害怕随之而来的后果，并对恐惧的物体或场景主动回避，或者带着强烈的害怕和焦虑去忍受的一种焦虑障碍。恐惧的对象包括动物（如狗、蜘蛛、昆虫）、自然环境（如高处、雷鸣、水）、情境（如飞机、电梯、其他封闭空间），其他对象包括血液、疾病、窒息等。患者害怕的对象可能是一种，也可能是几种合并出现。

恐惧症在诊断操作上应把握以下几点：

（1）症状标准。以恐惧为主要临床相，符合以下几点：① 对某些客体或处境有强烈恐惧，恐惧的程度与实际危险不相称；② 发作时伴有自主神经功能紊乱症状；③ 有回避行为；④ 知道恐惧过分，不合理、不必要，但无法控制。

（2）严重程度标准。上述症状造成至少下述情况之一：① 妨碍工作、学习、生活或社交；② 无法摆脱精神痛苦，以至主动求医。

（3）病程标准。症状持续至少 3 个月。

案例分析

A 同学，男，某大学四年级的学生

A 同学进咨询室很礼貌地问候之后，便直截了当地问 D 教授在不在，他说是慕名而来的，很显然是希望获得更好的帮助。当被告知 D 教授因为特殊原因不能来坐诊时，他眼里流露出些许失望，但最终还是留了下来。或许是抱着试一试的心态吧，就这样 A 同学开始了长达 5 个月的咨询和治疗历程。

A 同学 3 年前无明显诱因开始特别关注身边的"清洁"问题。每次上课时都尽可能选择没有破损的桌椅就座，如果遇到桌上有划痕或椅子上有墨迹都尽力避开。否则，脑子里就会被这些"脏"现象纠缠而无法安心上课。有时路上有陈旧的油污或地板上有剥落的痕迹，明知不会沾染鞋底，也会绕道而行。

后来，A 同学病情逐渐加重，害怕得传染病，因而不跟陌生人接触，在路上行走时总是和别人保持较远的距离。如果不小心被擦肩而过的人碰到，或别人大声说话自己正处于顺风时，就会担心很长一段时间："病毒可能已经

传染给了我，我会得什么病呢？"因而害怕到公共场所和人多的地方去。他在公共汽车上总是很小心，不跟别人发生身体接触（直接接触和间接接触）。如果车上太拥挤，他就会紧张、焦虑、心跳加快、出汗等。对熟悉的同学和家人则没有顾虑。

近一年来Ａ同学特别害怕艾滋病，认为得艾滋病就等于宣判了一个人的死刑。他认为城市里非常肮脏，有太多的夜总会、发廊等娱乐场所，这些都是艾滋病的滋生地。每天都有很多人到这些地方去，他们的身上如手上、脚上、衣服上就会接触到艾滋病病毒；他们到哪里，自然会将这种病毒带到那里。于是，他们坐过的椅子、扶过的栏杆等都会成为可怕的传染源。Ａ同学在五一假期回了趟老家。在返程的公共汽车上，他的行李包被旁边的一位中年男子踩了一脚，这使他非常恐惧，认为艾滋病病毒已经通过那只脚传到了行李包。下车后他赶快将行李包带到姐姐家，小心翼翼地用棍棒打开拉链，准备放在阳台上暴晒。不料姐姐不知其意，又将拉链关上了，他就不敢再碰那个行李包。现在他急需用包内的两本书，又害怕"行李包和书上的艾滋病病毒"。此后，他尽量避免外出，尽量不坐公共汽车，尽可能不到公共场所去；同时通过各种途径收集有关艾滋病的知识，如发病机理、临床表现、传播途径、病毒存活条件及存活时间等。但这些知识并不能解除他心中的疑虑："虽然艾滋病病毒离开人体后只能存活几分钟，但是刚好在这个时候我接触到了，会怎么样呢？""伤口和黏膜是艾滋病病毒侵入人体的重要途径，若我坐公共汽车时不慎划破了皮肤，不就很容易感染吗？"……

Ａ同学曾到多家心理咨询中心咨询，效果都不太理想。

五、疑病症的识别

疑病症以疑病观念为主要临床表现，患者担心或相信自己患有一种或多种严重躯体疾病。反复就医，医生对疾病的解释和各种客观检查的阴性结果不能打消患者的疑虑。表现上有如下一些特征：第一，患者担心或者相信自己患有一种或多种严重躯体疾病的持久的先占观念；第二，患者主诉躯体症状（通常集中在身体的一两个器官或系统）；第三，反复就医，主要是想验证自己的怀疑，对治疗不太关心，经常造成过度医疗；第四，没有器质性病变的基础，各种医学检查阴性结果、医生的解释均不能打消其疑虑；第五，常伴有焦虑或抑郁，患者体验痛苦，心理社会功能严重受损。

（1）症状标准。以疑病症状为主要临床相，表现为下述中的至少一项，且反复就医或反复要求进行医学检查，但检查结果阴性和医生的合理解释不能打消其疑虑。① 对身体健康或疾病过分担心，这种担心的程度与实际健康情况不相称。② 对常见的生理现象和感觉做出疾病性解释。③ 存在牢固的疑病观念，缺乏充分根据，但不是妄想。

（2）严重程度标准。已经影响患者的工作、学习、生活或社交；或有无法摆脱的精神痛苦而要求治疗。

（3）病程标准。症状持续至少3个月。

六、神经衰弱的识别

神经衰弱主要表现为易疲劳、头痛、食欲差以及其他各种各样的躯体和心理的症状，其中核心症状是易疲劳。

大多缓慢起病，症状具有波动性，症状的消长常与心理冲突有关。核心表现为精神易兴奋与易疲劳交替出现，前为因，后为果；情绪症状主要为烦恼、易激惹与紧张；常伴有睡眠障碍与紧张性头痛等生理症状。

（1）症状标准。以脑功能衰弱症状为主要临床相，至少有下述症状中的三项。① 衰弱症状：精神易疲劳，感到没有精神，自感大脑反应迟钝，注意不集中或不能持久，记忆差，效率下降，身体亦易疲劳。② 情绪症状：烦恼，心情紧张而不能松弛，易激惹等；可有轻度焦虑或抑郁，但在病程中只占很少一部分时间。③ 兴奋症状：精神易兴奋，表现为回忆和联想增多且控制不住，伴有不快感。④ 肌肉紧张疼痛：紧张性头痛、肢体肌肉酸痛。⑤ 睡眠障碍：入睡困难，多梦，醒后仍感不解乏，睡眠觉醒节律紊乱。

（2）严重程度标准。妨碍工作、学习、生活或社交；或感到痛苦而主动求医。

（3）病程标准。症状持续至少3个月。

任务二 癔症的识别

一、癔症的概念

癔症（hysteria），又称分离障碍，是由明显的心理因素，如内心冲突、强烈的情绪体验、暗示或自我暗示等，作用于易感个体引起的一组精神障碍。癔症主要表现为感觉障碍、运动障碍、意识改变状态（障碍）等，而缺乏相应的器质性基础。

患者非自主地、间断地丧失了部分或全部心理功能的整合能力，在感知觉、思维、记忆、情感、运动及行为、自我（身份）意识及环境意识等方面出现失整合状态。症状具有做作、夸张或富有情感色彩等特征；可由暗示诱发，也可由暗示而消失；具有反复发作的倾向。

癔症的发病机制可以用"生物—心理—社会"模式进行综合分析。对重大应激生活事件的经历和反应是引发癔症的重要因素。童年期的创伤性经历，如遭受精神虐待、躯体虐待或性虐待等，可能是成年后发病的重要原因之一。精神分析理论认为，分离性症状是潜意识冲突的表达，有"原发性获益"的效果。行为主义则认为，分离性症状是个体对环境因素形成的条件化联系和自动化反应。环境可起到诱发、强化的作用，患者可以借助症状而影响环境，有"继发性获益"的效果，从而强化症状的持续存在。癔症患者具有明显的人格基础，称癔症型人格。其具有以下特征：第一，自我中心，爱幻想，意志薄弱，易受诱惑而犯错误；第二，表演性，处处都希望吸引别人的注意，而且富于表现，人越多，表现越夸张；第三，具有高度的暗示性和自我暗示性；第四，情感反应强烈而不稳定，情感丰富但肤浅易变。癔症患病率和症状的表现形式受到社会文化及其变迁的影响，文化封闭、贫穷的地区患病率较高，受教育程度低的个体患病率较高。

二、癔症的临床特征

癔症的临床特征复杂多样，症状在被观察或关注时常加重。患者对症状的焦虑增加时症状也趋于加重。以下常见症状可以单独出现或合并出现。

（一）运动障碍

（1）肢体瘫痪。比较常见，表现为单瘫、偏瘫、截瘫、四肢瘫等。无脑器质性损害的证据，不符合神经解剖分布特点，无神经元损害的特点，腱反射无异常，病理性反射为阴性，症状有矛盾，不能走动却能移动，感觉可能正常……总之，无法用医学知识解释。可表现单个肌群、单侧肢体瘫痪、截瘫或偏瘫，伴有肌张力增高或降低。肌张力增高者常固定于某种姿势，被动活动时出现明显抵抗。

（2）肢体异常运动。表现多样，常见表现为全身不规则抖动，或局部肌肉阵挛。肢体震颤或不规则抽动，类似舞蹈样动作；伴随情感爆发出现相应的动作表现，可有扯头发、揪衣服、捶胸、打脸、撞头、发怪声；上肢震颤、剧烈摇动；下肢不能站立，起身需要他人支撑，否则向一边倾倒，但通常不会跌倒；不能起步行走，或行走时呈摇摆步态，呈严重共济失调表现。

（3）分离性晕倒。患者在经历压力、情绪波动情况下倒地，但没有晕厥的病理生理特征，可伴有抽搐，身体落地动作有选择性回避危险的意味。有些患者的晕倒发作是分离性恍惚障碍的表现。

（4）分离性抽搐。表现类似癫痫发作的状态，症状包括突然倒地、痉挛、全身挺直呈角弓反张状，四肢无规则抽搐，扯头发，撕衣服，满地打滚。但没有昏迷、大小便失禁、唇舌咬伤、紫绀等癫痫发作的其他临床特征和相应的电生理改变，且抽搐持续时间比癫痫发作长。倒地时有一定的选择性，危险地方会有意避开。多发作于人群中或人多之处，双眼紧闭，呼之不应，伴屏气或过度换气，以手拨开其上眼睑，可见眼球躲闪或向下转动，或紧闭其双眼。一般数分钟即可自行醒转。

（5）发音异常。可表现为构音障碍、失音；突然不能说话，自感咽部有球状物阻塞，不能发出声音，但可以咳嗽。部分患者说话流利，但病后说话"大舌头"。部分患者可以讲话，但是口音发生变化，如不再说普通话，一直讲方言。部分患者想说话，但发不出音，或只能用耳语或嘶哑声音交谈。

（6）吞咽症状。患者感觉吞咽困难，喝水或进食呛咳。

（二）感觉障碍

感觉异常者多表现为皮肤有疼痛感、烧灼感、麻木感、虫爬感等。感觉过敏，如有的患者对触摸特别敏感，轻微的触摸即感到剧烈的疼痛等。感觉缺失则多表现为皮肤感觉、视觉及听觉的缺失，如痛觉、触觉、温度觉缺失，视觉上出现失明、弱视或管状视野，听觉上出现失聪等。

（三）认知障碍

患者可以出现与记忆、语言等认知执行方面内在不一致的异常。癔症性假性痴呆，如 Ganser 综合征、童样痴呆，患者对简单的问题不能回答或近似而错误地回答，对复杂问题反而能解决。意识改变状态，即意识朦胧状态和昏睡，对周围环境的刺激反应迟钝或无任何反应，严重者可表现为"癔症性木僵"，呼之不应，推之不动，四肢发硬，僵住不动，呼吸时而急促、时而停顿。

（四）情感爆发

情感爆发是常见的一种分离性症状，通常在受到精神创伤之后突然发作。表现为嚎啕痛哭，捶胸顿足，吵闹不宁，声嘶力竭地喊叫，有时大笑，边哭边诉边做，有明显的发泄情绪的倾向；围观的人越多，发作的程度越重，表演特征越明显，历时数分钟可自行缓解；发作时可伴意识范围狭窄，有时有冲动行为，如毁物、伤人等；多伴有选择性遗忘。

案例分析

癔症性失明的小女生

父母吵架，一旁劝架的孩子挨了一巴掌后，竟然视力严重下降，看不清黑板上的字，四处求医却查不出原因。

小雯（6 岁，女孩）的父母经常发生争吵，在半年前的一次争吵中，平时胆小、爱耍脾气的小雯勇敢地上前劝架，反而被气头上的父亲打了一记耳光。随后几天，小雯感觉自己看东西模糊，后来视力出现严重障碍，竟发展到需要休学，小雯的成绩也一落千丈。父母以为小雯患上弱视而去咨询医生，医生检查后却发现小雯的眼睛一切正常，未发生任何病变。父母带着小雯四处求医，后来，在医生详细询问小雯家庭情况并排除器质性疾病后，小雯被确诊为罕见的"癔症性视觉障碍"。医生分析，在父母发生严重冲突的情况下，小雯潜意识里试图挽救家庭，这种想法就转化为"弱视"这一躯体症状，通过转移父母的注意力，从而达到挽救家庭的目的。由父亲的一记耳光诱发的"弱视"，实质上是小雯精神压力转化为躯体症状的一种表现，无意中成了化解家庭矛盾的一种方式。在合理引导小雯发泄内心不满情绪，并给予治疗性暗示后，小雯的视力得到一定恢复。医生提醒小雯的父母，只要保持家庭和睦，小雯的"弱视"是可以治愈的。

三、癔症的诊断与鉴别诊断

1. 诊断要点

（1）患者具备癔症的临床特征。

（2）临床特征不能用神经系统或生理异常来解释。

（3）患者病前无相关器质性病史。

（4）症状开始可能与特定环境、特定事件相关。

2. 鉴别诊断

（1）与器质性运动障碍和感觉障碍的鉴别。某些进行性疾病，特别是多发性硬化和系统性红斑狼疮，在早期可能与癔症性运动障碍和感觉障碍混淆。为了澄清诊断，需要相对较长时间的观察和评定，主要鉴别症状表现是否符合神经解剖分布特点、神经元损害的特点，以及肌张力及腱反射有无异常、病理性反射是否为阴性等。

（2）与诈病的鉴别。诈病有其特点：第一，具有明显的现实目的，如"开脱罪责"；第二，"症状"持久，往往不达目的不作罢，虽经对症治疗仍无改善，且无癔症间歇性发作特点；第三，"症状"复杂多变，如将"患者"安置在精神科病房内观察，他还可能从其他患者处学到一些新的精神疾病症状；第四，"患者"的临床表现与演变往往"出了格"，成了"四不象"，不符合任何心理障碍或精神疾病的诊断标准。诈病与癔症也存在共性：患者都可模仿任何疾病的症状，都可能存在某种目的或意图。但是，诈病是有意识的伪装；而癔症患者是无意识的、不由自主的，其发病的目的或意图也被压抑于潜意识内而不能自觉。癔症的症状呈发作性；诈病的症状持续时间长，不达目的、没有定论不罢休。电生理及影像学等相关检查是鉴别的重要标准。

（3）与癫痫发作的鉴别。第一，从病史入手可以获取更多重要信息；第二，鉴别发作时有没有昏迷、大小便失禁、唇舌咬伤、紫绀等；第三，鉴别有无相应的电生理改变；第四，鉴别是否与环境有关，倒地时是否会回避危险、脏乱的地方，是否发作于人群中或人多之处；第五，鉴别意识是否昏迷，眼球有无躲闪或向下转动。

任务三　人格障碍的识别

一、人格障碍的界定

（一）人格障碍的定义

人格障碍是指人格内在各种特征的异常或整个人格的不协调，人格特征明显偏离正常，并具有稳定和适应不良的性质，同时伴有自我和人际功能的损害，且这种损害不符合个人发展阶段和社会文化环境。

人格障碍没有明确的起病时间，不具备疾病发生发展的一般过程，通常开始于童年或青少年时期，并长期持续发展至成年甚至持续终生，形成了一贯的反映个人生活风格和人际关系的异常行为模式。患者行为常受本能欲望、偶然动机的驱使，自制力差，缺乏目的性、计划性、完整性；不仅自己活得痛苦，也给别人带来困扰。这种行为模式明显影响个体的社会功能，造成对社会环境的适应不良，患者为此感到痛苦。人格障碍患者适应不良的行为模式难以矫正，仅有少数患者在一定程度上有所改善。

应特别注意，儿童和青少年（18 岁以下）品行问题是风险因素而非诊断依据，因此不诊断为人格障碍。成年后的人格特征偏离尚不影响个体社会功能时，暂不诊断为人格障碍。

（二）人格障碍的分类

（1）根据表现特点分类。这是临床常用的分类方法，依据表现特点可以将人格障碍分为偏执型人格障碍、反社会型人格障碍、冲动型人格障碍、分裂样人格障碍等多种类型。偏执型人格障碍，以普遍持久地猜疑他人及偏执为特点；反社会型人格障碍，以行为不符合社会规范、经常违法乱纪、对人冷酷无情为特点；冲动型人格障碍，以情感爆发伴明显行为冲动为特点；分裂样人格障碍，以观念、行为和外貌装饰的奇特，情感冷漠及人际关系有明显缺陷为特点；表演型人格障碍，以情绪不稳（强烈夸张的情绪表现）和过度寻求他人注意为特点；强迫型人格障碍，以过分谨小慎微、严格要求与完美主义以及内心的不安全感为特点；依赖型人格障碍，以过分依赖为特征。此外，还有边缘型人格障碍、自恋型人格障碍等。

（2）按严重程度分类。根据严重程度不同，可以将人格障碍分为轻度人格障碍、中度人格障碍和重度人格障碍。

① 轻度人格障碍。人格问题仅影响人格功能的部分方面，如自我调节能力存在缺陷，但在亲密关系和同情心方面不存在问题。能够保持一些人际关系并能胜任工作，因而在某些场合中问题并不明显。一般不会对自身或其他人造成重大伤害。

② 中度人格障碍。人格问题影响到人格功能的多个方面，如自我认知、维持亲密关系的能力、同情心等，因而影响到社会角色、在职场和私人关系中的表现，经常并持续性地与他人产生冲突。往往伴有对自身或他人的伤害，但未达到长期损害或危及生命的程度。

③ 重度人格障碍。广泛而严重的人格问题，影响到近乎全部人格功能。几乎没有朋友，工作能力丧失或严重受损，无法履行社会功能。通常伴有对自我或他人的严重伤害。

（3）按人格特质分类。按人格特质，可以将人格障碍分为如下几类：

① 强迫型人格障碍。特点是为了确保事情能按照自己的想法发展，过度关注自己及他人的行为并对行为进行控制和约束。

② 疏远型人格障碍。特点是情感和人际的疏离，表现为明显的社会退缩和待人冷漠，回避亲密关系，排斥亲密的友谊，几乎没有稳定的依恋对象，与朋友之间的关系疏离。

③ 社交紊乱型人格障碍。特点是行为不坦诚，不信守承诺，不履行社会义务，不顾及他人的权利和感受。

④ 脱抑制型人格障碍。特点是易冲动、自控力弱，在面对内部或环境应激时冲动应对，不考虑行为的长期后果。

⑤ 负性情绪型人格障碍。特点是倾向于表现出泛化的悲伤情绪，包括焦虑、愤怒、自我厌恶、烦躁、脆弱、抑郁等，在遭遇轻微的压力时就出现情绪反应。

（三）诊断标准

（1）症状标准。个体的内心体验与行为特征在整体上明显偏离其所属文化期望的和可接受的范围，这种偏离是广泛、稳定和长期的，起始于童年或青少年时期，至少有下列一项表现：① 认知（感知、解释人和事物，由此形成对自我和他人的态度和行为方式）的异常偏离；② 情感（范围、强度及适切的情感唤起和反应）的异常偏离；③ 控制冲动及对满足个人需要的异常偏离；④ 人际关系的异常偏离。

（2）严重程度标准。个体感到痛苦或社会适应不良。

（3）病程标准。已持续 2 年以上。

（4）排除标准。非躯体疾病引起，非特种障碍的表现及结果。

二、反社会型人格障碍的识别

（一）概念

反社会型人格障碍是以不遵守社会规范和漠视或侵犯他人权利为特征的一种人格

障碍，也被称为心理病态或逆社会型人格障碍。患者在需要、动机、兴趣、理想等个性倾向性以及价值观念等方面均与正常人不同；缺乏正常的友爱、亲情、焦虑感和罪恶感；常有冲动行为，行为放荡且不吸取教训。

（二）临床特征

反社会型人格障碍患者主要表现为对他人基本利益的广泛忽视或故意侵害，主要包括对他人的感受漠不关心，缺乏感情，待人冷酷无情；极端自私与自我中心，缺乏责任感，无视社会规范和义务，经常撒谎、欺骗、违法乱纪，以此取乐或获利，给家人、亲友带来痛苦而无内疚感。患者对挫折的耐受性极低，易激惹、冲动并有攻击行为；缺少道德观念，对善恶缺乏正确判断，不能从既往经历特别是惩罚中吸取教训。

反社会型人格障碍患者在童年或青少年时期（18岁以前）极有可能有过品行障碍，如经常撒谎、逃学、吸烟、酗酒、欺负弱小、虐待动物；经常偷窃、斗殴、赌博；破坏他人财物或公共财物；无视管教、校规、社会道德礼仪，甚至出现犯罪行为。

（三）诊断标准

符合人格障碍的诊断标准，并有以下表现：
（1）对他人的感受漠不关心；
（2）全面、持久地缺乏责任感，无视社会规范与义务；
（3）尽管建立人际关系并无困难，但不能长久地保持；
（4）对挫折的耐受性极低，微小的刺激便可引起攻击，甚至暴力行为；
（5）无内疚感，不能从经历中特别是从惩罚中吸取教训；
（6）很容易责怪他人，与社会相冲突时对行为做似是而非的合理化解释。

伴随的特征还包括持续的易激惹、童年或青少年时期品行障碍，尽管并不总是存在，如果有则更进一步支持本诊断。

三、偏执型人格障碍的识别

（一）概念

偏执型人格障碍是以普遍持久地猜疑他人以及偏执为特征的一种人格障碍。偏执型人格障碍的典型特征是：偏激、固执、敏感；走极端、绝对化；不接受、不合作、我行我素；易受暗示、无端猜疑。

（二）临床特征

始于童年或青少年时期，固执地坚守自己的权利，好争辩，坚信只有自己是正确、合理的，别人是不正确、不合理的，不接受调和、折中建议，那样似乎显得自己最初就是错的。总是怀疑他人存在对自己不利的各种可能，所以难以与他人维持长期稳定的关系。敏感多疑，对人际细节过度关注，如他人的语气、眼神、下意识动作等都会被投射为不怀好意，并被夸大，因此诱发愤怒与敌对，攻击他人或回避相关场景。

偏执型人格障碍患者保持着现实检验能力，症状表现不会完全脱离现实，但是程度出格，言行偏执或怪异，对现实曲解，但没有达到妄想的程度。因为倾向于对他人进行恶意归因，偏执型人格障碍患者有控制周围环境的强烈欲望。他们常表现得自负，容不得他人的批评，在具体工作中常表现为刻板、吹毛求疵、无法合作。

偏执型人格障碍患者易怒且好争辩，对拒绝比较敏感，有强烈的自我权利意识，会无端感觉自己受到威胁，常为此陷入诉讼之中，并可坚持到其他人都放弃。

（三）诊断标准

符合人格障碍的诊断标准，并有以下表现：

（1）对挫折与拒绝过分敏感；

（2）容易长久地记仇，即不肯原谅侮辱、伤害或轻视；

（3）具有猜疑以及将体验歪曲的普遍倾向，把他人无意的或友好的行为误解为敌意或轻蔑；

（4）与现实环境不相称的好斗，顽固地维护个人的权利；

（5）极易猜疑，毫无根据地怀疑配偶的忠诚；

（6）具有将自己看得过分重要的倾向，表现为持续的自我援引态度；

（7）存在无根据地将与自己直接有关的事件以及世间的形形色色都解释为"阴谋"的先占观念。

四、边缘型人格障碍的识别

（一）概念

边缘型人格障碍是一种以情感、人际关系、自我意象不稳定及冲动行为为特征的复杂而严重的人格障碍，以反复无常的心境和不稳定的行为为主要表现。在 ICD-10 中，这种表现仍被称为"情绪不稳型人格障碍"，包括"冲动型人格障碍"和"边缘型人格障碍"两个亚型；而 ICD-11 中则使用了"人格障碍及相关人格特质"，其中包含"边缘型模式"。

（二）临床特征

（1）强烈和不稳定的人际关系。人际界限不清，在过度介入和退缩两极之间波动，与人关系极好或极坏，几乎没有持久的朋友。

（2）情绪不稳定。易激惹，可出现抑郁、焦虑情绪，容易愤怒，甚至引发肢体冲突；尤其是在感到失去别人的关心时，心境会发生戏剧性改变，往往表现出不适当的、强烈的愤怒。

（3）自我认知异常。自我认知常常是模糊不清的或者扭曲的，低自尊，缺乏持久的自我认同感，常有持续的空虚感；在应激情况下可出现偏执和分离性症状。

（4）行为症状。可能伴有一连串的自杀威胁或自伤行为（这些表现也可能在没有明显促发因素的情况下发生），自控能力差，行为不计后果，容易冲动。

（三）诊断标准

普遍存在情感、人际关系、自我意象的不稳定以及显著的冲动性，起自成年早期，前后过程多种多样，表现为下列 5 项以上：

（1）自我认知混乱，明显的、持久的自我意象或自我感觉的不稳定变化；

（2）存在不稳定的强烈的人际关系，其特点是在极端理想化和极端贬低之间变来变去；

（3）为避免遭受真实的或想象出来的遗弃而疯狂地努力（不包括第 5 项）；

（4）至少在两个方面存在冲动性，有潜在的自我毁灭性冲动，如过度浪费、药物滥用、开车很鲁莽、暴饮暴食等（不包括第 5 项）；

（5）有反复发生的自伤、自残、自杀行为、企图或威胁；

（6）由于显著的情绪反应而情绪不稳定（如强烈的烦躁不安、易激惹）；

（7）长期存在空虚感；

（8）不合适的、过分激烈的愤怒，或难以控制的发怒（如常发脾气、持续发怒、斗殴）；

（9）短暂的与应激有关的偏执观念或严重的分离性症状。

五、自恋型人格障碍的识别

（一）概念

自恋是人类的普遍特征，也是健康人格的主要构成部分。从原始自恋到健康自恋，自恋存在不同程度的连续状态。自恋型人格障碍是对自恋的过度要求，基本特征是对自我价值感的过度夸大和缺乏对他人的共情。自相矛盾的是，在这种夸大之下，自恋型人格障碍患者往往长期体验着一种脆弱的低自尊。为了保护脆弱的自体，他们总是以自大的方式示人，常表现为浮夸、拥有特权感、嫉妒、人际关系的疏远和回避、缺乏同情心等；有些患者表现为内心的不安全感、脆弱、敏感、羞耻以及渴望赞美。

在青少年中自恋的问题比较常见，但是大多数青少年能够在自恋中成长而不出现症状，只有极少数的个体，其自恋型行为会持续到成年，最终个体发展为自恋型人格障碍患者。

自恋型人格障碍也常伴有边缘型、反社会型、偏执型、表演型和强迫型人格障碍的特点。

（二）临床特征

患者有一种不切实际的自大感，他们夸大自己的才能、成就等，并要求别人把他们当作特殊人物对待；但这种夸大并没有达到妄想的程度，与患者的实际情况有部分相符。患者对他人缺乏基本的共情能力，他们往往只能体会和理解自己的感受，却无法理解、关心他人。在人际关系中他们更倾向于成为一个情感上的剥削者，他人往往成为其满足自身病理性自恋的工具。这使得患者很难与他人建立基于相互依赖的长期稳定的人际关系。患者对批评过分敏感，若不能获得自认为的认可或面对无法抗拒的现实会表现出脆弱性，易出现自恋创伤，临床表现为抑郁心境，或者表现出不合理的愤怒（自恋型暴怒）或不能谅解的报复欲望。

（三）诊断及鉴别诊断

至少符合下列 5 项：

（1）存在不切实际的自大感（如夸大自己的成就和才能，在没有相应成就时却盼望被认为是优胜者）；

（2）存在幻想无限成功、权利、才华、美丽或理想爱情的先占观念；

（3）认为自己是"特殊"的和独特的，并且只希望被其他特殊的或地位高的人（或机构）所理解或与之交往；

（4）要求过度的赞美；

（5）有特权感（即不合理地期望自己能享受特殊的优待或他人自动顺从）；

（6）人际剥削（如利用别人达到自己的目的）；

（7）缺乏共情能力，不愿意了解他人的感受和需求；

（8）常常嫉妒他人，或认为他人嫉妒自己；

（9）存在傲慢、自大的行为或态度。

许多高成就个体都具有一些自恋型人格障碍的特质，但只有当这些特质变得固着、适应不良以及持续存在，并导致明显的社会功能损伤或主观的痛苦时，才考虑诊断为自恋型人格障碍。

任务四　进食障碍的识别

一、进食障碍概念

进食障碍是指以反常的进食行为和心理紊乱为特征，伴发显著体重改变和（或）生理、社会功能紊乱的一种心理生理障碍。进食障碍主要包括神经性厌食（即厌食症）、神经性贪食（即贪食症）和暴食障碍。神经性厌食是以患者有意通过严格限制能量摄入、增加能量消耗的行为使体重明显下降并低于正常生理标准为主要特征的一类进食障碍。神经性贪食是以反复发作性暴食及强烈控制体重的先占观念和削弱食物"发胖"效应的补偿性行为为主要特征的一类进食障碍。与神经性厌食患者不同的是，神经性贪食患者的体重在正常水平或轻微超重。暴食障碍是以反复发作性暴食为主要特征的一类进食障碍。与神经性贪食患者不同的是，暴食障碍患者无不恰当的补偿性行为。暴食障碍患者易出现肥胖。

进食障碍是在易感因素的影响下，个体发展到某个特定的阶段，由当时的促发因素作用而产生的，已有的问题和行为后果共同地、持续地发挥作用而使症状持续。易感因素包括个体生物遗传因素（性别、年龄、肥胖体质）和个性特征等。个体在童年时期被忽视、虐待和分离的经历，以及过度肥胖等都被发现与青春期的进食障碍发病相关。追求自我控制但自控能力弱，强迫特质、追求完美和独特，以及爱幻想等都与进食障碍发病相关。社会文化因素，如大众追求瘦的审美观念往往也会成为诱因。个体进入青春期后，体形开始变化，许多个体会关注身体而产生内心冲突，减肥行为本身是进食障碍发病的确定促发因素。对体重、体形的过度关注和评价，由疾病带来的继发性获益如家人的迁就和纵容，以及情绪问题、人际冲突、现实困境（如失业、失学、经济困难）等是进食障碍的维持因素。

二、神经性厌食的识别

神经性厌食是以对低体重的过度追求和对体重增加的病态恐惧为心理特征，以有意造成能量摄入不足和体重下降或体重不增为行为特征，由此并发营养不良等生理特征的一类心理生理障碍。神经性厌食多发于青少年和年轻女性。

（一）行为特征

刻意减少饮食摄入量，增加消耗，以维持理想身材或防止长胖。

（1）限制饮食，包括对食物总量和食物种类的限制，限制一天（一段时间）的食量，回避高热量的"发胖"食物，如盲目地不吃主食、低糖低脂少油等。

（2）过度消耗，除过度运动外，还做大量家务劳动、长时间站立等。

（3）催吐，包括进食量较大后催吐和进食量不多仍催吐，后期可不需诱导自然呕吐。

（4）导泻，包括口服各种缓泻剂等。

（5）滥用药物，包括利尿剂、食欲抑制剂、各种减肥药等。

（二）心理特征

"迷恋"好身材、低体重，害怕体重增加，拒绝维持健康体重。好幻想，联想丰富，如看到食物就想到身体肥胖，想象身体变胖后的窘境和瘦了之后人们的羡慕等。很多患者还存在体像障碍，即对自身体形的感知异常，如明明已经很瘦了，仍觉得自己很胖。伴随焦虑、抑郁、强迫、情绪不稳、易激惹、失眠等，严重程度通常随着病程进展而波动。

（三）躯体症状

神经性厌食的生理特征为显著的低体重，同时常伴随其他躯体症状，主要为营养不良相关，涉及全身多个系统。如外表可见消瘦、虚弱、苍白、毛发稀疏；消化系统多见腹胀、便秘，也可见恶心、呕吐等症状；内分泌系统可见女性闭经、第二性征消退；心血管系统可有心力衰竭表现（如呼吸困难）；血液系统可见贫血、血小板减少性紫癜现象；骨骼系统可见骨量减少和骨质疏松；生殖系统可见子宫发育不良、不孕不育等。

（四）诊断标准

（1）由患者自己造成的显著低体重，身体质量指数（BMI）严重低于其年龄对应的 BMI。成人 BMI≤18.5 kg/m²，儿童和青少年低于同年龄、同性别参照值第 5 百分位。

（2）仍然强烈害怕体重增加或有持续的限制体重增加的行为。

（3）对自己的体重或体形有体像障碍，自我评价不恰当，或对目前低体重的严重性持续缺乏认识。

三、神经性贪食的识别

神经性贪食是一类以反复发作性暴食及强烈的控制体重的先占观念为特征的进食障碍，患者会采取极端措施以削弱所吃食物的"发胖"效应。神经性贪食主要表现为反复发作、不可控制、冲动性暴食，继之采取防止增重的不适当的补偿性行为，如禁食、过度运动、诱导呕吐，以及滥用泻药、利尿剂、食欲抑制剂、代谢加速药物等。这些行为与患者对自身体重和体形的过度关注和不恰当的评价有关。神经性贪食发病年龄一般较神经性厌食晚，多数发生在青少年后期和成年早期，有很大一部分是由神经性厌食发展而来。

（一）行为特征

（1）频繁的暴食发作是神经性贪食主要的临床症状，常常在心情不愉快时发生，发作的频率有个体差异性。患者有强烈的失控感，一旦开始暴食，很难自动停止；暴食发作时进食量为正常人的数倍；暴食发作中进食速度很快；所食之物多为平时严格控制的"发胖"食物；患者常掩饰自己的暴食行为。

（2）为防止体重增加，暴食后有补偿性行为。当食物被清除或消耗后，又可产生暴食行为，继之采取各种补偿性行为，这样反复恶性循环。

（3）有自伤、自杀等冲动行为。

（二）心理特征

患者存在对进食、体重和体形的先占观念。他们关注自己的体重、外形及魅力，在意别人如何看待自己，往往对身体明显感到不满意；情绪波动大，易产生愤怒、焦虑不安、抑郁、孤独感等不良情绪。

（三）躯体症状

以消化系统症状为主，可见因营养缺乏及内环境紊乱而继发的代谢系统和心血管系统症状，如龋齿、急性胃扩张、反流性食管炎、食管-贲门黏膜撕裂综合征、电解质紊乱、心脏功能异常等。

（四）诊断标准

（1）存在反复发作的暴食，发作时有失控感，进食量明显大于常人，进食速度快。

（2）暴食后采取补偿性行为来防止体重增加，如诱吐，滥用泻药、利尿剂或其他药物，禁食或过度运动。

（3）暴食及补偿性行为同时发生，至少平均每周1次、持续3个月。

（4）对体形和体重存在不恰当的自我评价。

四、暴食障碍的识别

暴食障碍是以反复发作性暴食为主要特征的一类进食障碍。暴食障碍主要表现为反复发作、不可控制、冲动性的暴食，不伴随神经性贪食特征性的补偿性行为，因而暴食障碍患者易肥胖。

（一）行为特征

（1）存在反复发作的暴食，伴有进食时的失控感。

（2）无补偿性行为。暴食障碍患者对体重、体形无不恰当的自我评价，无肥胖恐惧，因此暴食后无补偿性行为来消除暴食带来的体重增加。

（二）心理特征

对暴食感到痛苦，内心纠结，想控制却控制不了，对体重的严重肥胖、社会评价及身体健康担忧。

（三）躯体症状

以消化系统并发症、肥胖及相关并发症为主，可见恶心、腹痛、腹胀、消化不良、高血压、2 型糖尿病、睡眠呼吸暂停综合征等，严重肥胖者可伴有皮克威克（Pick-wickian）综合征、充血性心力衰竭。

（四）诊断标准

（1）存在反复发作的暴食，发作时有失控感，进食量明显大于常人，进食速度快。

（2）暴食后无防止体重增加的补偿性行为。

（3）对暴食感到痛苦。

（4）在 3 个月内平均每周至少出现 1 次暴食。

项目六

常见精神疾病的识别

任务一　精神分裂症的识别

一、精神分裂症的概念及病因

精神分裂症是一种病因未明的常见精神疾病，以感知、思维、情感和意志行为等多方面的障碍，以及精神活动的不协调或脱离现实为特征。患者通常意识清晰，智能多完好，可出现某些认知功能损害，患病期自知力基本丧失。

精神分裂症多起病于青壮年时期，常缓慢起病，病程迁延，若反复发作并恶化，可能导致精神残疾，部分患者可发展为精神活动的衰退，给患者自己、家属及社会带来严重疾病负担。目前精神分裂症被认为是脑功能失调的一种神经发育性障碍，复杂的遗传、生物及环境因素的相互作用导致了疾病的发生。

精神分裂症是我国及全世界重点防治的精神疾病，其就诊率低、依从性差、复发率高、住院率高、致残率高，在发病期患者有可能出现危害人身及财产安全的异常行为，给社会安全带来不良影响。

目前精神分裂症的确切病因和影响因素还不十分明确，发病机制仍不清楚。生物、心理、社会因素对精神分裂症的发病均有着重要影响。

（1）遗传因素。在所有致病因素中，遗传因素的影响是最大的。精神分裂症是一种复杂的多基因遗传疾病，在人类基因组中已发现有100多个基因位点与精神分裂症有关。其遗传度为70%～85%，亲缘关系越近，患病风险越大。

（2）环境因素。精神分裂症在很大程度上受环境因素的影响。多种环境因素可能与精神分裂症发病有关，既有生物学因素也有社会心理因素，从胎儿期一直到成年早期都可能对神经发育起到不同程度的不良影响，包括母体妊娠期精神应激或感染、分娩时的并发症、冬季出生等。

（3）发病机制没有确切定论。神经发育障碍观点认为，精神分裂症患者的脑内神经元及神经通路在发育和成熟过程中发生紊乱，大脑神经环路出现异常改变而导致发病。神经生化异常假说认为精神分裂症与多巴胺功能异常有关，即中脑多巴胺通路的过度激活与阳性症状有关，而前额叶多巴胺功能调节的低下与疾病持久的认知功能损害和阴性症状相关。炎症假说认为母体在妊娠早期和妊娠中期的感染暴露可能是子代在成年期发生精神分裂症的重要危险因素。

二、精神分裂症的典型临床表现

精神分裂症的临床表现主要是多种心理过程的紊乱。

（1）思维障碍。思维障碍是最主要、最本质的症状，往往导致患者认知、情感、意志行为等精神活动的不协调与脱离现实，即所谓"精神活动分裂"。思维障碍包括思维形式障碍和思维内容障碍。思维形式障碍主要表现为思维联想过程缺乏连贯性和逻辑性，与精神分裂症患者交谈多有难以理解和无法深入的感觉，这是精神分裂症最具特征性的症状。思维内容障碍主要是指妄想。精神分裂症的妄想往往荒谬离奇、脱离现实。最多见的妄想是被害妄想与关系妄想。妄想有时表现为被动体验，这往往是精神分裂症的典型症状。患者丧失了支配感，感到自己的躯体运动、思维活动、情感活动、冲动受他人或外界控制。

（2）感知觉障碍。最突出的症状是幻觉，以言语性幻听最为常见。幻听内容可以是争论性的、评论性的或命令性的。

（3）情感障碍。主要表现为情感迟钝或淡漠。焦虑、恐慌与抑郁情绪在精神分裂症患者中也并不少见。

（4）意志行为障碍。现实适应有很大困难，行为减少、孤僻、被动、退缩（意志减退），有时怪异、激越；伴有紧张综合征，包括紧张性木僵和紧张性兴奋两种状态，两者可交替出现。患者还可表现出被动性顺从与违拗。

（5）现实检验能力破坏。定向力、自知力缺乏，不主动求医。

三、精神分裂症的临床分型

根据精神分裂症的主要表现，可以将其分为不同的亚型。

（1）青春型精神分裂症。多见联想障碍，精神活动全面紊乱，思维松散、破裂，行为不负责任而且不可预测。

（2）偏执型精神分裂症。以妄想、幻觉为主要表现。

（3）紧张型精神分裂症。以精神运动性抑制障碍、紧张性木僵和紧张性兴奋交替出现为主要表现。

（4）单纯型精神分裂症。以起病缓慢，精神活动整体水平较快下降，行为退缩、懒散为特征，治疗困难，预后不良。

四、精神分裂症的诊断标准

精神分裂症的主要特征为现实检验能力的显著损坏及行为异常改变，临床上表现为阳性症状群、阴性症状群、意志行为异常。

（1）症状标准。至少有下列2项，且并非继发于意识障碍、智能障碍、情感高涨或低落，单纯型精神分裂症另有规定。

① 反复出现的言语性幻听。

② 明显的思维松散、思维破裂、言语不连贯以及思维贫乏。

③ 思维被插入、被撤走、被播散，思维中断或强制性思维。

④ 被动、被控制感或被洞悉感。

⑤ 原发性妄想（包括妄想知觉、妄想心境）或其他荒谬的妄想。

⑥ 思维逻辑倒错、病理性象征性思维或语词新作。

⑦ 情感倒错或明显的情感淡漠。

⑧ 紧张综合征、怪异行为或愚蠢行为。

⑨ 明显的意志减退或缺乏。

（2）严重程度标准。自知力障碍，并有社会功能严重受损或无法进行有效交谈。

（3）病程标准。第一，符合症状标准和严重程度标准且至少已持续 6 个月（含前驱期），单纯型另有规定。第二，若同时符合精神分裂症和心境障碍的症状标准，当情感症状减轻到不能满足心境障碍症状标准时，分裂症状需继续满足精神分裂症的症状标准至少 2 周，方可诊断为精神分裂症。根据既往病程确定为首次发作、反复发作或持续性精神分裂症。

（4）排除标准。排除器质性精神障碍及精神活性物质和非成瘾物质所致精神障碍。尚未缓解的精神分裂症患者，若又罹患本项中前述两类疾病，应并列诊断。

任务二　偏执性精神障碍（偏执狂）的识别

一、偏执性精神障碍的概念及病因

偏执性精神障碍又称妄想性障碍，是以系统性妄想为唯一或突出临床症状的一组精神疾病。妄想往往较为持久，有的持续终生。妄想的内容多与患者现实生活处境相关，常为被害、疑病或夸大性质的，也有与诉讼或嫉妒相关的。该病多在 30 岁以后起病，以女性居多；起病通常较隐匿而缓慢，多不被周围人所察觉；病程迁延，常不主动就医。患者往往存在某些不健全的人格特征，包括固执偏见、敏感多疑、以自我为中心，人际关系差，易将别人的行为误解为有针对性或有敌意的。在不涉及妄想内容的情况下患者没有明显的精神异常，社会适应较好，能够正常生活，并有一定的工作和生活能力，一般也不出现明显的人格衰退和智能缺损。

偏执性精神障碍的病因和发病机制尚不明确。不健全的人格特征（偏执型人格）是基础，与一些不良的社会心理应激因素相互作用而发病。社会孤立、阳性家族史，以及一些器质性因素（如伴有意识丧失的头部创伤、发病前滥用药物）等可能是偏执性精神障碍发生的危险因素。

二、偏执性精神障碍的临床表现

典型特征：偏执型人格缺陷及系统性妄想。

以偏执型人格为基础，病前有偏执型人格缺陷。主观固执，敏感多疑，嫉妒心强，报复欲强烈，常曲解别人的言行实质，进而逐渐形成偏执观念；在偏执观念的支配下，常与周围人发生矛盾和冲突，进一步强化妄想，随生活事件的增多，妄想内容不断巩固并系统化，导致偏执性精神障碍。

持续的系统性妄想是偏执性精神障碍的典型症状。妄想内容具有一定的现实基础（现实性）；每个患者妄想的内容千差万别，但一般都比较固定（固定性），并不断丰富和发展（渐进性）；内容前后联系，相互印证和加强（系统性）。妄想的发生还具有隐蔽性特点。很少出现幻觉，也不出现被控制感。

常以被害妄想开始，患者认为有人要陷害自己，做事都在针对自己。不断扩大自己的对立面，从最初的单个对手扩展到团伙、部门甚至社会，故在出现被害妄想的同时也存在关系妄想。在被害妄想的影响下，与周围环境发生冲突和矛盾，加上关系妄想和人格障碍，患者容易把冲突和矛盾作为他人进一步迫害自己的证据，这种恶性循环使妄想更牢固、更系统。被害妄想常与诉讼妄想相伴随，为了摆脱"压迫"，患者可能散发传单，一次次、一级级上告，不达目的誓不罢休。部分患者存在嫉妒妄想、钟情妄想等。

常缺乏其他精神病性改变，可间断出现情绪症状和幻觉，历时短暂、不突出，患者的一般功能受损不明显。

三、偏执性精神障碍的诊断标准

偏执性精神障碍以一种或一组相关的妄想为特点，病程持续至少 3 个月（通常更长），不伴有抑郁、躁狂或混合发作等情绪症状，无精神分裂症的其他特征性症状（如持续的幻听、思维紊乱、阴性症状），但如果感知障碍（如幻觉）与妄想有关，仍可考虑本诊断。除了与妄想直接相关的行为和态度外，其他言语和行为通常不受影响。

需与精神分裂症和偏执型人格障碍进行鉴别。精神分裂症的妄想内容荒谬、离奇、泛化，且不具有现实性的特点，常伴有幻觉，晚期常有精神衰退。偏执型人格障碍以猜疑和偏执为主要特征，但未达到妄想的程度，开始于童年、青少年时期或成年早期。

任务三　心境障碍的识别

一、心境障碍的概念

心境障碍又称情感性障碍，是以明显而持久的心境高涨或心境低落为主要特征的一组精神疾病。心境障碍患者伴有相应的认知和行为改变，严重者可有幻觉、妄想等精神病性症状。大多有反复发作的倾向，每次发作多可缓解，治疗缓解后或发作期间精神状态基本正常，但部分患者有残留症状或转为慢性。

二、双相情感障碍的识别

（一）双相情感障碍的概念及病因

双相情感障碍指临床上既有躁狂发作又有抑郁发作的一类心境障碍。表现为情绪高涨与情绪低落交错发作，有间歇期，一般单次发作时间内只有躁狂或抑郁，严重程度比单相要轻。单次发作时间内既有躁狂又有抑郁的称混合发作。

首次发作常在 20 岁之前，典型表现为躁狂或轻躁狂（心境高涨、兴趣增加、精力旺盛和活动增加）与抑郁（心境低落、兴趣减少、精力减弱和活动减少）反复或交替发作，可伴有幻觉、妄想或紧张症等精神病性症状以及强迫、焦虑症状，病程具有发作性、波动性等特征。

双相情感障碍的病因及发病机制未明，其发病与遗传因素、环境因素密切相关。双相情感障碍有明显的家族聚集性，遗传度高达 80％。脑影像学研究发现，患者额叶、基底节、扣带回、杏仁核、海马等脑区相关神经环路功能异常；多种神经递质如 5-羟色胺、去甲肾上腺素、多巴胺等功能异常与心境发作有关。此外，心理社会因素如生活事件可导致双相情感障碍发生。

（二）双相情感障碍的临床表现

双相情感障碍的临床评估需结合纵向变化与横断面表现，以明确患者过去的表现和现在的状态，为诊断和治疗提供依据。

1. 躁狂发作

躁狂发作的典型表现为"三高"：情感高涨、思维奔逸、精神运动性兴奋。

（1）情感高涨。患者主观感觉特别愉快，感到无比快乐和幸福，自我感觉良好，整天兴高采烈，笑逐颜开，认为一切都非常美好。此类情感高涨是协调性的，具有一定的感染力，常博得周围人的共鸣，引起阵阵哄笑。情绪不稳，变幻莫测，时而欢乐愉悦，时而激动暴怒。部分患者临床上以情绪不稳为主要表现，以愤怒、易激惹、敌意为特征，暴跳如雷，怒不可遏，甚至出现破坏及攻击行为，但常常很快转怒为喜或赔礼道歉。在情感高涨的同时，可出现夸大观念，自我评价过高，表现为高傲自大、自命不凡，认为自己是最成功的、最正确的，自己的能力是最强的。

（2）思维奔逸。表现为联想过程（速度）明显加快，自觉思维非常敏捷，思维内容丰富多变，头脑中的概念不断涌现，有时觉得舌头在和思维赛跑，言语跟不上思维的速度。言语增多，滔滔不绝，即使口干舌燥、声音嘶哑，仍要讲个不停。严重者出现音联、意联、随境转移。

（3）精神运动性兴奋。精力旺盛，兴趣广泛，动作快速敏捷，活动明显增多，整天忙忙碌碌，做事常常虎头蛇尾、有始无终。对自己的行为缺乏正确的判断，常常随心所欲，不考虑后果，如任意挥霍钱财，十分慷慨，随意将礼物赠送同事或路人。爱管闲事，乱指挥别人，训斥同事，认为自己有过人的才智，可解决所有的问题，故任何事都想参与但毫无收获。严重时，自我控制能力下降，甚至有冲动毁物行为。

2. 抑郁发作

大部分双相情感障碍患者首次心境发作的症状是抑郁，在未发现躁狂或轻躁狂发作史时，将抑郁发作患者诊断为抑郁障碍符合诊断原则。抑郁障碍与双相情感障碍的抑郁发作总体表现相似（见后文抑郁障碍的识别），二者的差异在于，双相情感障碍患者的抑郁往往发作频繁、急性起病或快速缓解、首发年龄小（通常在 20 岁之前），具有情感波动性、伴精神病性症状、非典型症状、激越、自伤等，有些患者具有双相情感障碍家族史。

（三）双相情感障碍的诊断标准

双相情感障碍包括躁狂发作、轻躁狂发作、混合发作、抑郁发作四种类型，诊断要点如下：

（1）躁狂发作。至少 1 周内几乎每天的大部分时间存在以下两组症状：一是呈现以情感高涨、易激惹、自大为特征的极端心境状态，且在不同心境状态之间快速变换；二是活动增多或主观体验到精力旺盛。同时，有以下数种与患者一贯行为方式或主观体验不同的其他临床症状：更健谈或言语急迫；意念飘忽、联想加快或思维奔逸；过度自信甚至出现夸大性认知，伴有精神病性症状的躁狂患者可表现为夸大妄想；睡眠需要减少；注意力分散；冲动或鲁莽行为频发；社交活动增多等。

（2）轻躁狂发作。症状与躁狂发作一致，病程持续数日（如 4 天）。与躁狂发作不同的是，轻躁狂发作不伴精神病性症状，不伴社会功能严重损害，不需要住院治疗。

（3）混合发作。至少 1 周内每天的大多数时间里，躁狂症状与抑郁症状均存在且均突出，或躁狂症状与抑郁症状两者快速转换。

（4）抑郁发作。诊断要点同抑郁障碍的抑郁发作。

三、抑郁障碍的识别

（一）抑郁障碍的概念

抑郁障碍是常见的精神障碍之一，是指由各种原因引起的以显著而持久的心境低落为主要临床特征的一类心境障碍。抑郁障碍伴有不同程度的认知和行为改变，部分患者存在自伤、自杀行为，甚至因此死亡。

抑郁障碍是一种高发病率、高复发率及高致残率的慢性精神疾病。抑郁障碍多数为急性或亚急性起病，平均发病年龄为 20～30 岁，几乎在每个年龄段都有罹患抑郁障碍的可能。抑郁障碍单次发作至少持续 2 周，有反复发作的可能。经过规范治疗，多数患者的病情可以缓解，一般可恢复到病前功能水平，但有少部分患者会有残留症状，社会功能受损。

根据症状的类型及严重程度，可将抑郁障碍分为轻度抑郁、中度抑郁、重度抑郁；重度抑郁根据伴发症状，可分为伴有精神病性症状的重度抑郁和不伴有精神病性症状的重度抑郁。根据发作的次数，可将抑郁障碍分为单次发作抑郁和复发性抑郁。

抑郁障碍患者存在多种神经递质水平或相关神经通路的功能异常。单胺假说认为，5-羟色胺、多巴胺和去甲肾上腺素在抑郁障碍的发病中扮演重要角色。抑郁障碍还可能与神经内分泌功能异常、免疫功能异常、脑电生理异常、脑影像学异常、个体遗传因素及心理社会因素密切相关。

（二）抑郁障碍的临床表现

抑郁障碍的临床表现包括核心症状及其他相关症状。典型表现为"三低"伴明显的躯体症状：情感低落、思维缓慢、精神运动性抑制及躯体症状。部分患者存在季节性发作特征，常在秋季和冬季（10 月初至 11 月底）开始发作，至次年春季（2 月中旬至 4 月中旬）缓解。

（1）情感症状是抑郁障碍的核心特征，包括心境低落，兴趣减退甚至丧失，愉快感缺乏。低落的心境在一天中的大部分时间都存在，一般不随环境变化而好转。

显著而持久的情感低落、抑郁悲观。终日忧心忡忡，郁郁寡欢，愁眉苦脸，长吁短叹。轻者兴趣减退、闷闷不乐，对日常愉快事件的刺激缺乏反应；重者痛不欲生、悲观绝望，有度日如年、生不如死之感，常常诉说"活着没意思""心里难受"等。部分患者伴有焦虑、激越症状。在情感低落的影响下，患者自我评价过低，自感一切不如别人，产生无用感、无希望感、无助感、无价值感，并将所有的过错归咎于自己。在悲观失望的基础上，产生自罪、自责，甚至罪恶妄想、疑病观念、幻觉等。

症状在一天之内可呈现节律性变化，晨重夜轻，即在早晨心境低落最为严重，傍晚则开始好转、减轻。这个规律可能跟人体机能状态有关，早醒之后的机能水平最低，随着白天各种外来信息对个体的刺激，机体功能略微兴奋，从而缓解部分症状。

抑郁发作时伴焦虑情绪、显著的紧张不安，担心失控或发生意外等。常常因过度担忧而导致注意力更加不集中，严重的焦虑往往增加自杀的风险。

（2）思维迟缓。思维联想速度缓慢，反应迟钝，思路闭塞，自述"脑子像生了锈的机器"等。表现为言语减少，语速明显减慢，音调变低；注意力不集中，对自我和周围环境漠不关心，信息加工能力减退，思考问题困难，工作和学习能力下降。这类认知损害往往是可逆的。

（3）意志活动呈显著持久的抑制。表现为行为缓慢，生活被动、懒散，不想做事，不愿和周围人接触，常独坐一旁，严重时可发展为抑郁性木僵。严重者有自杀的观念和行为，成功率高。

（4）躯体症状。抑郁发作时整体生理机能下降，所有欲望都降低，患者躯体症状很常见。抑郁障碍的特征性睡眠障碍为早醒，也有入睡困难者。他们睡眠欲望降低，睡眠程度轻，容易醒来；醒来后进入一种特别煎熬的状态，尽管身心疲倦，没有睡眠满足感，但很难再入睡。食欲减退，长期不想进食，以至于身体消瘦，精力缺乏，很多生理功能受限。营养缺乏还会带来继发性的反应，如青春期女性迟迟不来初潮、成年女性闭经等。

（5）精神病性症状。抑郁障碍有时会伴有幻觉或妄想等精神病性症状，可以与抑郁心境协调或不协调。与抑郁心境协调的精神病性症状内容多涉及无能感、无价值感、自罪观念等。

（三）抑郁障碍的诊断标准

（1）症状标准。核心症状包括心境低落、兴趣与愉快感丧失和易疲劳。伴随症状包括：① 无法集中注意力；② 自我评价降低，自信心缺乏甚至丧失；③ 自罪观念和无价值感；④ 认为前途黯淡、悲观；⑤ 自伤或自杀的观念或行为；⑥ 睡眠障碍；⑦ 食欲减退或增加。

（2）严重程度标准。社会功能受损，给本人造成痛苦或不良后果。

（3）病程标准。符合症状标准和严重程度标准且至少持续 2 周。

模块二 | 人格评估

人格及其发展变化

任务一 理解人格的内涵

人的内在人格决定了外在行为，不同的人格特征和人格水平决定了相应的行为模式。动力结构决定了行为的表达，人格特征决定了行为模式，人格水平制约着个体对外界的适应程度，并固化出相应水平的防御机制，最终表现为积极的或消极的行为后果。因此，评估个体的内在人格状况，能更好地解读和预测个体的外在行为。

一、人格的概念和特征

（一）人格的概念

人格现象很复杂，不同心理学家从不同角度出发，对人格有不同的定义。彭聃龄在《普通心理学》（2012）一书中将人格定义为："人格是构成一个人的思想、情感及行为的独特模式，这个独特模式包含了一个人区别于他人的稳定而统一的心理品质。"美国心理学家奥尔波特在其《人格：一种心理学的解释》（1937）一书中对人格的定义为："人格是个体内部决定其特有的行为与思想的那些心理生理系统的动力组织。"后来他在《人格的模式和成长》（1961）一书中进行了修改，将"动力组织"界定为不断变化的组织结构。郭永玉在《人格心理学导论》（2007）中认为，"人格是个人在各种交互作用过程中形成的内在动力组织和相应行为模式的统一体"。

人格既具有复杂的组织结构（尽管是一种隐喻性的、假定的结构），又有与之相适应的外在而稳定的特征性表现（行为模式），前者为因，后者为果。人格内在结构的协调程度、稳定程度决定了个体的人格水平，因此人格是个体面对外界压力的模板，是个体整个精神面貌的基石。人格的局部有缺陷或各部分之间的协调性欠佳，必然会使个体的适应性行为受影响，社会功能受损，形成较低水平的行为模式，并受外界压力影响而变形。人格完善且各部分之间协调稳固，则形成适应性强的、稳定的行为模式。

人格是动态发展的，是各种因素相互作用的连续状态，随着年龄的增长而逐渐形成独特的结构和与之相适应的行为模式，成年之后趋于稳定。个体几乎每时每刻都在与外界相互作用，这些因素综合作用便形成了个体的人格结构，决定了人格发展水平。经历、体验、领悟、成长等使人格内在结构逐步协调稳固；受到过度打击而使人格内在结构发展受阻，停留在某一水平，大脑结构或功能受损也会使人格受到破坏。

（二）人格的特征

1. 人格是生物性与社会性的统一

人格的发展受遗传、围生期的敏感刺激，以及出生后家庭、学校及社会等先天和后天因素的影响。先天因素决定了整个人格的生物学基础和与之高度关联的气质类型，对人格的影响具有决定意义。围生期的营养不良、炎症、缺氧及各种影响 DNA 复制的干扰因素等，可能都会影响大脑的发育，导致组织结构病变或者功能异常。每个个体经历的相关事件可能都会在大脑留下印痕，形成新的突触连接，可能成为认知和反应的基础。大脑相关营养物质、兴奋性神经递质和抑制性神经递质的合成、储备、代谢都可能是影响人格的生物因素。后天因素中家庭对人格的影响尤为重要，现代心理学理论都重视亲子关系，认为家庭关系对孩子的影响是基础性的，其次才是学校、社区、网络媒体的影响。

影响因素出现的顺序不同、阶段不同，在人格形成中的效应会有很大差异。相同性质、相似程度的因素，越在人格形成的初始阶段出现，对人格的影响越大。婴儿在刚出生不久，完全没有自主性，其生存、发展只能依赖外界（父母及其他养育者），外界对婴儿的态度在其内心世界产生的影响是巨大而深远的。个体在童年早期内化了怎样的世界，并逐渐固化为适应外界的模板，可能会成为成年后应对外界的基调，因此有 0～3 岁或 0～6 岁决定孩子一生的说法。社会因素对人格发展的影响是双向的，其机制类似塞利的应激理论，个体从未经受刺激或者压力较小，其人格可能不会发展为健康人格；若个体经受远超于自身承载范围的巨大刺激或压力，则人格可能会被压垮，导致复原的周期长、成本高甚至无法真正复原。当然，也不能太悲观、太绝对，个体在发展中遭遇创伤，如果得到持久的关爱，也能充分抚平创伤，其对人格的影响也能逐渐消解。

2. 人格是统合性与分裂性的统一

人格是个体内在的动力组织，决定着个体对环境独特的适应。人格作为一个有机的整体在个体的成长中发挥功能，具有内在一致性，无法将之拆分成不同的部分。人格结构的协调性、顺应性、稳定性、可塑性等使人格能承载一定的社会功能，应对一定的压力。在自我的调控下人格不同的亚结构共同协作，也可以独立地承担一定的功能，在不同环境条件下呈现不同的特征，这些不同的结构互相之间能意识到彼此的存在，这不同于多重人格。我们有时候能观察到人的某一种特质，如急性子或慢性子，内向或外向，但仅仅知道一个人的单一特质并不意味着你了解这个人，他对你而言还是陌生的。奥尔波特认为，人格是人的内在心理生理系统的动力组织，是身心共同作用的结果，两者无法分开。

人格是由不同的部分整合起来的，整合程度因人而异，是从分裂到整合的连续带。不同个体整合程度是不一样的，精神分裂症患者的人格是分裂的，人格组织分裂为无数的碎片；分离性身份障碍（DID）患者的内在人格组织分裂为几个人格块而不是碎片，主人格、次人格结构之间缺乏连贯性和记忆共享，每种人格结构之间互相不知道对方的存在；人格障碍患者的人格组织分为核心人格结构块与较小的其他人格组织，彼此之间连接不紧密，整体人格结构不协调；当人格发展到神经症和正常的水平时，人格才趋于统合。

3. 人格是稳定性与可塑性的统一

"十年树木，百年树人"，说明人格的形成与发展是缓慢的、渐进的，通常情况下人格结构不可能在短期内发生突变，与之相适应的行为模式也是相对稳定的。人们常说的不断完善自我，本质上是促进人格结构的优化，这种人格水平的提升过程并非一朝一夕的短期巨变。如果环境因素不利于人格的发展，有些人甚至一辈子都没有太大改变，与出生时几乎处在同一水平，足见人格渐变的缓慢性。"江山易改，本性难移"，这预示着人格的稳定性。尤其是成年之后，人格结构一旦形成就具有相对的稳定性，不是经历几段挫折或体验几次成功就能改变的。人格结构越协调、越稳固，人在适应外界的过程中就越具有韧性，应对各种压力就越坚不可摧。相反，如果人格结构不紧密、不协调，人在适应外界的过程中就越脆弱，容易被外力压垮甚至崩塌。短期内人格的破坏与修复、成长与蜕变，其变化的程度和速度都很难被察觉到。正因为如此，个体才能被认识、被看见，而不是处在变幻莫测中。

人格结构的稳定性影响着行为模式的稳定性，因而在与外界交互时个体的行为表现是可预测的。一个外向的人，与人交往是积极的、主动的，与人交谈时说得多、听得少，对外界充满好奇，做事时先行动再思考。行为中偶然发生的、一时性的表现不代表人格特征。一个外向的人偶尔也会内敛、拘谨、用心思考，这种跟平常不一样的变化，可能只是由环境刺激引起的暂时的变化，不是他的本性，也不是他习惯或者偏爱的方式。他可能只是采取了在特定情境下绝大多数人都可能采取的行动。如女生失恋之后会哭泣（可能她平时遇到挫折时都会大大咧咧），男生失恋了会消沉（可能平时他是积极乐观的）。

强调人格的稳定性并不意味着人格是一成不变的。恰好相反，随着阅历的增加、体验的深入，人格会逐渐改变。意气风发的少年、初出茅庐的小伙会磨炼成成熟稳重的领导，浪漫清纯的女生也会成长为温和优雅的母亲。人格发展遵循一定的规律，人格的改变是多种因素交互作用的结果，既离不开前期的人格基础，也与个体的觉察领悟息息相关。有些特殊的改变需要心理咨询师、心理治疗师的专业指导。

4. 人格是结构性与功能性的统一

系统的结构是决定系统整体功能的内在根据，而系统功能则是一定结构的外在表现。物质是结构的基础，没有物质，就没有结构。人格就是以人格结构单元存在的系统，具备相应的功能，而且能够展示相应的功能。功能与结构相伴生。人格结构单元或组成元素按照合理方式整合为人格组织，具有一定的内在容受性、顺应性，能承受外在荷载和压力，抵抗变形。人格是动力组织，决定个体的现实适应功能，包括某些生理功能和心理社会功能，如认知的开放、情绪的调控、行为的坚韧等都是人格的功能。

5. 人格是独特性与相似性的统一

人们常说"世界上没有完全相同的两片树叶"，与此类似，心理学认为"世界上没有完全相同的两个人"，个体之间的区别，不仅在于外貌长相，更在于人格特征，这充分显示了人格的独特性。每个人都有与他人不一样的人格结构，形成与之匹配的、独特而稳定的行为模式，表现为人们需要、动机、兴趣、爱好、价值观、气质特征、行为习惯等多方面的差异。辩证的观点认为个性寓于共性之中，强调人格的独特性，但并不排除内在人格和外在表现的共同性。人格是在后天环境中逐渐形成的，相同的文化、相似的环境在人格形成过程中可能会有相似的效应，同一民族、同一地区、同一阶层、同一群体甚至同一家族的个体之间有很多相似的人格特征。两个不同的个体之间表现为局部的相似性与整体的差异性，使个体之间既和谐又冲突，产生丰富多变的效应。

二、人格的内在结构

人格是个体内在心理生理系统的动力组织，具有复杂的结构，决定着个体对环境独特的适应。人格是一个统一的整体，为便于观察、分析和交流，可以把人格分为更小的结构单位或亚结构。

（一）奥尔波特对人格结构的解读

奥尔波特认为，特质是个体内在的神经心理结构，是在适应过程中整合特殊习惯的结果。特质与习惯、态度、统我都是人格最基本的建构单元，具有指挥个体行为的能力，使许多刺激在机能上等值，能够激发和引导形式一致（等同）的适应性行为和表现性行为，即不同刺激能导致相似的行为。

奥尔波特首先把特质分为共同特质和个人特质。共同特质是属于同一文化形态下人们所具有的一般人格特质。它是在共同的生活方式下形成的，并普遍地存在于每一个人身上。从共同特质角度看，个体间的差异仅仅指个人所具备这种特质的多寡或强弱不同。个人特质是个人所独有的人格特质。奥尔波特认为，个人特质才能表现个人的真正特质，共同特质不是个人真正的特质。即使两个人在共同特质上是相似的，但他们在行为上所表现的，仍各具独特性，因此个人特质不能在个人间进行比较。奥尔波特提出了人格的 14 种共同特质，如支配-顺从、外向-内向、自信-自卑、合群-孤独、理论兴趣高-理论兴趣低等。

奥尔波特认为，个人所具有的个人特质对一个人的人格有着不同的影响和作用，他把个人特质按其对人格不同的影响和作用，区分为三个重叠交叉的层次：首要特质、中心特质和次要特质。首要特质是一个人最典型、最具概括性的特质，代表整体人格。首要特质在人格结构中处于支配地位，具有极大的弥散性和渗透性，影响到个人行为的所有方面。例如，创造是爱迪生的首要特质，多愁善感是林黛玉的首要特质。中心特质是构成个体独特性的几种重要特质，每个人都有几种（5～10 种）彼此相联系的中心特质，从而构成其独特的人格。中心特质虽然不如首要特质那样对行为起明显的支配作用，但本身具有相当强的概括性，对人格有一般意义的倾向。次要特质不是决定人格的主要特质，是个体不太重要的特质，最不明显，渗透性极小，往往只有在特殊情境下才表现出来，对个体行为影响小。次要特质是从更为狭窄的各种刺激角度来说的，它包括一个人独特的偏爱、一些片面的看法和被情境制约的特质等。

奥尔波特的人格理论体系是面向健康人群的，他提出了与人本主义自我实现的要求十分相似的健康人格的六个基本条件。① 具有自我扩展的能力，将自我扩展到自身以外的人或活动。② 具有较高的人际交往能力。与他人建立亲密关系，富有同情心，能宽容自己与别人在价值观与偏好上的差异。③ 情绪上有安全感，能自我接纳。能面对生活中的冲突和挫折，保持积极的自我形象。④ 对生活有现实的知觉。⑤ 具有幽默感和自我洞察力。对自己的优点和缺点十分清楚，理解真实自我与理想自我之间的差异。⑥ 具有统合的人生哲学。

（二）卡特尔对人格结构的解读

卡特尔受化学元素周期表的启发，用因素分析法对人格特质进行分析，找到了 16 种根源特质，认为这 16 种特质代表着人格组织的基本构成。卡特尔认为人格结构是分层级的，提出了一个基于人格特质的人格结构理论模型。

1. 卡特尔的人格结构模型

卡特尔的人格结构模型将人格分为四层，如图 7-1 所示。

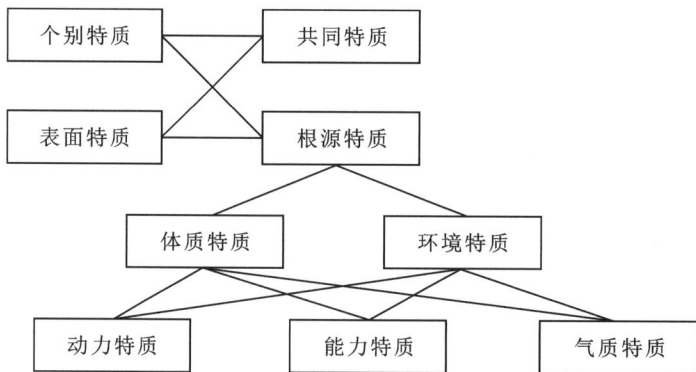

图 7-1 卡特尔人格层次结构

（1）个别特质（unique traits）和共同特质（common traits）。个别特质是每个个体具有的独特的特质；共同特质是一个社区或群体的成员所共同具有的特质。共同特质在个别人身上的强度和情况是不同的，并且这些特质在同一个人身上也是随时间变化而有所不同的。

（2）表面特质（surface traits）和根源特质（source traits）。卡特尔将人格特质区分为表面特质和根源特质，根源特质可以视为人格的基本元素（primary factor），根源特质处于人格结构的内部，是人格结构中最重要的部分，也是一个人行为的最终根源，个体一切所作所为无不受它影响。根源特质是制约表面特质的潜在基础。表面特质和根源特质是有层次的，前者是表面的、可直接观察的，会随环境的改变而改变。后者是内蕴的、本质的，隐藏在表面特质后面和人格结构的内层，只能通过表面特质去推知和发现。表面特质和根源特质既可能是个别特质，也可能是共同特质。根源特质制约着表面特质。每一种表面特质都源于一种或多种根源特质，且一种根源特质能够控制多种表面特质。通过对许多表面特质的因素分析便可找到它们所属的根源特质。

（3）根源特质可再分为体质特质（constitutional traits）和环境特质（environmental-mold traits）两类。卡特尔认为人格的发展既受遗传也受环境的影响。体质特质是由先天的生物因素也即遗传所决定的，也称为素质特质，如兴奋性、情绪稳定性等。环境特质则是由后天的环境因素决定的，来自经验，也称为环境塑造特质，如焦虑、有恒性等。

（4）动力特质（dynamic traits）、能力特质（ability traits）和气质特质（temperament traits）。动力特质是指具有动力特征的特质，它使人朝向某一目标去行动，是人格的意志与动机性因素。能力特质是表现在知觉和运动方面的差异特质，决定一个人如何有效地完成预定目标，在 16PF 中主要由因素 B（聪慧性）表示，决定工作的效率。气质特质是决定一个人情绪反应速度与强度的特质。

2. 卡特尔 16 种人格特质

卡特尔认为 16 种人格因素（特质）是各自独立的，相互之间的相关度极小，每一种因素都能清晰而独特地呈现某一方面的人格特征。他编制出"卡特尔 16 种人格因素问卷"，用来测验人格的 16 种因素，并对不同因素的组合做出综合性分析，从而全面评价整体人格。这 16 种因素的名称和符号分别是：乐群性（A）、聪慧性（B）、稳定性（C）、恃强性（E）、兴奋性（F）、有恒性（G）、敢为性（H）、敏感性（I）、怀疑性（L）、幻想性（M）、世故性（N）、忧虑性（O）、实验性（Q1）、独立性（Q2）、自律性（Q3）、紧张性（Q4）。

因素 A-乐群性，反映人际交往中的热情度。低分特征为缄默、孤独、冷漠，表现为人际交往具有高度的选择性，只有在跟自己认同的少数人交往时才放松自在，积极回应；否则就会倍感焦虑，以冷漠的方式拒绝对方，逃避当下的社交难题。高分特征为外向、热情、乐群，表现为人际交往主动、热情，能够自然地与对方建立联系，避免尴尬，尝试不同的话题，营造轻松的氛围，让人享受其中。

因素 B-聪慧性，反映抽象思维能力水平，核心是综合分析、逻辑推理、解决问题的能力。低分特征为思想迟钝，学识浅薄，抽象思考能力弱。高分特征为聪明，富有才识，善于抽象思考，学习能力强，思维敏捷。

因素 C-稳定性，反映情绪的自我调节状况，包括情绪的产生、表达和调节等环节。低分特征为情绪易激动，易生烦恼，心神动摇不定。个体内在确定感很容易被外在刺激侵扰，情绪易受环境影响，为宣泄情绪而出现不理智的行为。高分特征为情绪稳定，一般现实问题很难激活情绪反应，不因现实事件而产生过度的情绪困扰。个体人格成熟，行为淡定，面对现实问题，不抱怨其为什么发生，也不担忧其结局，而是积极行动。

因素 E-恃强性，也就是支配欲，希望按照自己的意愿行事。低分特征为谦逊、顺从、通融、恭顺。个体凡事乐于接受别人的建议，执行权威的指令，不愿意决策，不敢承担风险。高分特征为好强固执，独立积极。个体相信自己的判断，沉浸于自己的设想，要求别人遵从自己的想法，固执地坚持自己期待的结果。

因素 F-兴奋性，反映防御程度的高低。低分特征为严肃、审慎、冷静、寡言。高分特征为轻松兴奋，随遇而安。

因素 G-有恒性，反映内在目标的确定性与专注度。低分特征为目标不清晰，随机应变，随环境调整行动安排。高分特征为目标明确，按既定的目标踏实行动，不为无谓的事件分心，有恒负责，做事尽职。

因素 H-敢为性，反映做真实自我的勇气，能否真实地表达自己。低分特征为缺乏自信心，畏怯退缩，不敢行动，不敢冒险。高分特征为冒险敢为，敢于真实地展露自己，敢于行动，少有顾忌，关注行动结果并能对结果做合理预测，能面对不良后果，也有可能存在侥幸心理。

因素 I-敏感性，反映决策与行动的理性程度。低分特征为理智，注重现实，讲求公平。高分特征为敏感，感情用事，依据自己的感受和价值观做判断。

因素 L-怀疑性，反映人际关系的信任感。低分特征为信赖、随和，易与人相处。高分特征为怀疑、戒备、刚愎、固执己见。

因素 M-幻想性，反映从现实中抽离的程度。低分特征为现实的、务实的，合乎成规，注重物质回报，甚至有些世俗，力求稳妥。高分特征为幻想的、浪漫的，狂放不羁，理想化的，有情怀的。

因素 N-世故性，处理人际关系的方式是注重自我还是注重别人，反映自己和别人的位置关系。低分特征为直率、天真、自我，在人际关系中注重自我而忽略他人。高分特征为精明能干，处事得体，老于世故。

因素 O-忧虑性，反映指向未来的丧失感。低分特征为安详、沉着，有自信心。高分特征为忧虑、抑郁，烦恼自扰。

因素 Q1-实验性，反映个体构建认知体系的方式，在探索外界的过程中如何形成认知模式和价值体系。低分特征为保守的，尊重传统观念与行为标准。高分特征为自由的，批判激进，不拘泥于现实。

因素 Q2-独立性，反映坚持自我判断的程度。低分特征为依赖，随群附众，当自己的观点跟别人不一致时常常屈从。高分特征为独立自主，当机立断。

因素 Q3-自律性，反映内在需求结构状况及对需求的调控能力。低分特征为矛盾冲突，不顾大体。高分特征为知己知彼，自律谨严。

因素 Q4-紧张性，反映指向未来的不确定感。低分特征为心平气和，闲散宁静。高分特征为紧张困扰，激动挣扎。

（三）艾森克对人格结构的解读

艾森克将人格定义为人的气质、性格、智力和体质的相对稳定而持久的组织，认为人格决定着人对环境的独特适应。他发现高度相关的特质可以构成更具概括性的人格类型，即具有连续性的维度，最终确定了彼此独立的三个维度：外向性（E）、神经质（N）和精神质（P）。他认为正常人也具有神经质和精神质，高级神经的活动如果在不利因素影响下向病理方向发展，神经质可发展成为神经症，精神质可发展成为精神病。因此，神经质和精神质并不是病理性疾病，但过度的神经质和精神质状态可能影响个体的生活质量和心理健康。

（1）E（外向性）。外向性指精力的投注是朝向内在现象世界还是朝向外在客观世界。一端为典型外向，另一端为典型内向。高分特征（外向）：人格外向，好交际，渴望刺激和冒险，情感易外露。低分特征（内向）：人格内向，好静，富于内省，一般缄默冷淡，不喜欢刺激，喜欢有秩序的生活方式，情绪比较内敛。

（2）N（神经质）。神经质指情绪的稳定性，是个体面对内在需要满足状态时的反应。一端是情绪稳定，另一端是情绪不稳。高分特征（情绪不稳）：遇到刺激有强烈的情绪反应，焦虑、担忧、郁郁不乐、愤怒，以至于出现不够理智的行为。低分特征（情绪稳定）：情绪反应缓慢且轻微，稳重、性情温和，善于自我控制，很容易恢复平静。情绪的稳定性取决于外在刺激强度与个体内在稳定性的对比。

（3）P（精神质）。精神质是社会化程度的体现，反映个体与环境的融洽性，表现为受测者环境适应、人际适应的程度。一端为精神质，另一端为超我机能。高分特征（精神质）：孤独、冷酷、敌视、怪异，不近人情，缺乏情感和移情能力，难以适应外部环境。低分特征（超我机能）：温和、善感，善从人意，与人相处融洽，态度温和，能较好地适应环境。

（四）人格五因素模型

人格五因素模型（five-factor model，FFM）是科斯塔（Costa）和麦克雷（McCrae）于 20 世纪 80 年代提出的。他们认为人格特质在很大程度上是遗传的，十分相似的人格因素（特质）可以在许多不同的语言和文化中找到。人格五因素包括外倾性（E）、宜人性（A）、尽责性（C）、神经质（N）和开放性（O）（见表 7-1）。

（1）外倾性（E），也称外向性，指人们活动能量的强度与数量。其一端是极端外向，另一端是极端内向。外向性特征为健谈、自信、热心、坦率直言；内向性则表现

表 7-1　五因素模型的主因素和亚因素

主因素	亚因素
外倾性（E）	合群、自信、活动、热情、寻求刺激和积极情绪
宜人性（A）	直率、利他、遵从、谦虚、温和、信任
尽责性（C）	能力、秩序、责任、成就、努力、自我约束
神经质（N）	焦虑、敌意、抑郁、自我意识、冲动和易感性
开放性（O）	幻想性、审美性、感受性、行动性、思想、价值

为害羞、安静、缺乏自信。外向者爱好交际，喜欢寻求关注，精力充沛，不断寻找刺激。内向者含蓄、自主、稳健。

（2）宜人性（A），也称随和性，是测量人际关系好坏的维度，反映人际交互作用的特征。宜人性是个人的人际喜好由同情到憎恨的一个连续区。一端为有同情心、亲切、热情、有洞察力、真诚；另一端则表现为缺乏同情心、不亲切、苛刻、残酷。宜人性水平高的人，表现为有责任感、友好合作、乐于助人、可信赖、易被他人接纳和富有同情心。而那些宜人性水平低的人，愤世嫉俗、多疑、易怒，缺乏合作精神，喜欢控制他人，充满敌意、报复心强并且残忍。

（3）尽责性（C），也称谨慎性，是对内在需要的调控及外在行为的自律，用来评估组织能力、持久性、控制能力、动机水平在目标指向行为中的作用。尽责性特征为有组织、整洁、有序、实际、准时、做事谨慎；与之相对的则是无组织、无序、粗心、马虎、不切实际。尽责性水平高的人倾向于表现为组织能力强，做事严谨、有条理、有计划，并能持之以恒，自我把握力强，准时守信，有道德原则，有野心。尽责性水平低的人倾向于表现为无目标、不可信、懒惰、粗心、容易见异思迁、爱享受。

（4）神经质（N），也称情绪稳定性，反映人们情绪的稳定性和情绪调控情况。情绪稳定的特征为平静、悠闲、稳定；情绪不稳的特征为喜怒无常、焦虑、不安。神经质水平高的个体情绪容易波动，更易体验不同的消极情绪，比如焦虑、气愤、抗议、沮丧等，伴有冲动、攻击等行为；有一些不切实际的想法，无法容忍失败，无法克服困难。神经质水平低的个体多表现为平静、自我调适良好，不易出现极端和不良的情绪反应。

（5）开放性（O），也称求新性，是指对经验持开放、探求态度，表现为创新性、积极探索的行为和对经验的正确评价。这一维度的特征包括活跃的想象力、对新观念的自发接受、发散性思维和好奇心等。在此维度上得分高者是不依习俗的、独立的思想者，拥有好奇心和想象力，喜欢娱乐性的新颖的想法，不跟从习俗的价值观。

（五）气质类型学说对人格结构的解读

人的气质可以分为多血质、胆汁质、黏液质和抑郁质四种。

（1）多血质，又称活泼型。其神经特点为感受性低，耐受性高，不随意反应性强，具有可塑性，情绪兴奋性高，反应速度快而灵活。心理特点为兴趣广泛，探究欲强，思维敏捷，能迅速地把握新事物。容易接受新鲜事物，善于适应环境变化，在新的环境里不感到拘束。精力充沛，活泼好动，朝气蓬勃，能对事业心驰神往，工作能力强、效率高；善于交际，积极主动，在集体中精神愉快。性格开朗，乐于表达，情绪情感容易外露，情感体验不深刻，也容易变化和消失，如果事业上不顺利，热情可能消失，其速度与投身事业一样迅速。从事多样化的工作往往成绩卓越。

（2）胆汁质，又称不可遏止型或战斗型。其神经特点为感受性低，耐受性高，不随意反应性强，外倾性明显，情绪兴奋性高，控制力弱，反应快但不灵活。心理上的特征为坦率淳朴，真挚热忱，注重友谊，信守承诺；精力旺盛，暴躁而有力，埋头于事业，在克服困难上有不可遏止和坚韧不拔的劲头，善于克服重重困难和障碍。思维敏捷，反应迅速，而不在意能否做到。具有强烈的兴奋过程和比较弱的抑郁过程，性急，脾气暴躁，易爆发而不能自制。情绪容易冲动，在语言上、表情上、姿态上都有强烈而迅速的情感表现，但准确性差，且持续时间不长。这种人的工作特点是有明显的周期性，当精力耗尽时，易失去信心。

（3）黏液质，又称为安静型。其神经特点为感受性低，耐受性高，不随意反应性弱，外部表现少，情绪具有稳定性，反应速度快但不灵活。心理特点表现为稳重，考虑问题全面，善于克制和忍耐，安静，沉默，也不显露自己的才能。注意力稳定而不容易转移，行动缓慢而沉着，严格恪守既定的生活秩序和工作制度，长时间坚持不懈，有条不紊地从事自己的工作，不为无所谓的动因而分心，是一个坚持而稳健的辛勤工作者。黏液质的人态度持重，能自制，交际适度，不做空泛的清谈；情感上不易激动，不易发脾气，也不易流露情感。其不足是惰性使他因循守旧，表现出固定性有余而灵活性不足。从容不迫，严肃认真，不善于转移自己的注意力。

（4）抑郁质。其神经特点为感受性高，耐受性低，不随意反应性弱，反应速度慢，刻板固执。心理特点表现为沉静，对问题感受和体验深刻、持久；情绪体验的方式较少，准确性高，易动感情却又不容易表露，反应迟缓但是深刻；外表行为怯弱、怀疑、孤僻、优柔寡断，容易恐惧。对外部环境变化敏感，能观察到别人不容易察觉到的细节。

（六）A型人格类型理论对人格结构的解读

A型人格类型理论将人格类型分为五种：A型，即较强的A型；MA型，以A型为主的中间偏A型；M型，即中间型；MB型，以B型为主的中间偏B型；B型，即较强的B型。

（1）A型人格特征。A型人格表现为急性子，时间上的匆忙感和紧迫感，竞争意识强，遇事争先，责任感强，控制性强，情绪和心理上的紧张状态，有攻击性。A型人格个体惜时如金，生活和工作节奏快，总有一种匆匆忙忙、时间不够用的感觉；渴望在最短的时间内完成最多的事情，对于节奏缓慢和浪费时间的事情会不耐烦、不适应；追求效率和更多结果，容易粗心大意而忽略细节；渴望事业有所成就，竞争意识强烈，希望出人头地，并对阻碍自己发展的人或事表现出激烈的反感或攻击意识。

A型人格的人过分努力地工作，对过去的成就总不满意，不断地为自己确立新的更高的奋斗目标，并为此不懈努力，宁愿牺牲娱乐和家庭生活；没有耐心，对人常怀有敌意；对环境有不寻常的控制需要，特别易受到不可控制的生活和工作情境的威胁。然而，人生中充满各种紧张性的事件，一个人不可能完全控制生活环境。A型人格的人特别难以接受这一点，总是试图实施对环境的控制。

（2）B型人格特征。B型人格表现为慢性子，人际关系随和，很少生气动怒；不易紧张、不赶时间；竞争性不强，喜欢平静的生活，悠然自得；生活态度乐观。B型人格的人时间利用率不高，生活、工作节奏不快，喜欢休闲和娱乐；做事有耐心，四平八稳，给人一种慢条斯理的感觉。他们与世无争，容易与人平和相处，生活和工作压力不大，也可能是因为生活标准要求不高。

一些研究表明，当今社会工作和生活压力大，从而增加了A型人格者在人群中的比例。许多调查研究证实了A型人格同冠心病间的联系，其发病率较对照组（B型人格）高三倍。

（七）精神分析理论对人格结构的解读

1. 弗洛伊德的人格结构理论

弗洛伊德（Freud）认为人格由本我（id）、自我（ego）和超我（superego）构成。本我是与生俱来的，亦为人格结构的基础，自我及超我是在本我基础上发展起来的。

本我是人格的原始部分，位于人格结构的最底层，是一切"我"存在的心理前提和能量基础。本我是由先天的本能、欲望组成的能量系统，包括生本能和死本能，性本能和自我本能统称为生本能，弗洛伊德最重视性本能，称其为力比多。本我是无意识的、非理性的、非社会化的和混乱无序的。本我遵循快乐原则，意为追求个体的生物性需求的即刻满足，避免痛苦。

自我是在现实环境中从本我逐渐分化出来的，位于人格结构的中间层。自我是人格的执行者，其作用主要是调节本我与超我之间的冲突；自我一方面调节着本我，另一方面又受制于超我，对本我的冲动与超我的管制起缓冲与调节作用。自我遵循现实原则，以合理的方式来满足本我的要求。自我在自身和其环境之间进行调节，由本我而来的各种需求，如不能在现实中立即获得满足，个体就必须迁就现实的限制，并学会如何在现实中获得需求的满足。

超我是人格结构中居于管制地位的最高部分，是将社会文化、道德规范内化而逐渐形成的。超我有两个重要部分：一为自我理想，即要求自己行为符合自己理想的标准；二为良心，即规定自己行为免于犯错的限制。因此，超我是人格结构中的道德部分，遵从完美原则。

人格结构中的这三个层次相互交织，形成一个有机的整体。它们各行其责，分别代表着人格的某一方面：本我反映人的生物本能，按快乐原则行事，是"原始的人"；

自我寻求在环境允许的条件下让本能冲动能够得到满足，是人格的执行者，按现实原则行事，是"现实的人"；超我追求完美，代表了人的社会性，是"道德的人"。在通常情况下，本我、自我和超我是处于协调和平衡状态的，从而保证了人格的正常发展。如果三者失调甚至破坏，个体就会产生心理障碍，危及人格的发展。

2. 荣格的人格类型理论

荣格（Jung）认为人格结构包括意识、个人潜意识和集体潜意识。集体潜意识是最难触及、最神秘的部分，蕴含着人类进化过程中的集体智慧，使人生而具有某些应对刺激的特定倾向。人格结构的各个意识层面存在许多功能各异而又相互联系的单位，主要包括人格面具、自我、真我、阴影和阿尼玛（anima）和阿尼姆斯（animus）等。自我（ego）在意识的中心，通过两种态度、四种功能来发挥作用，两种态度是指外倾（E）和内倾（I），四种功能是指感觉（S）、直觉（N）、思考（T）和情感（F），感觉和直觉、思考和情感分别在连续谱的两端。

外倾和内倾是使用精神能量的两种态度。外倾是指个体将自己的精力（精神能量）指向外部世界，乐于探索外部的世界，会因外在刺激而兴奋，因他人的鼓舞而充满活力。这类人群善于沟通，习惯通过讨论解决问题而不是静心学习或思考。他们一般先行动再思索，有时会由于将太多的时间都花在行动上而感到疲劳。内倾是指个体将自己的精力聚焦于内部世界，集中于思索、反省等。这类人群喜欢将时间用在对自己过去经验和想法的探讨中，不想过多地接触外面的世界，而且会因外界的需求、条件和干扰而局促不安。他们相对保守、文静，不容易开放；可以很好地控制自己的情感，不会随意宣泄感情，不易接近甚至孤僻。

感觉和直觉是获取信息的不同方式。凭感觉的人倾向于通过感觉器官获取事实和特征，偏重细节。所有可被感知的和可被证实的都是能够信赖的。倾向于感觉的人所拥有的记忆是有着特殊感受的、细节充分的、完全属实的和尽可能完整的。这类人群重视现在而忽略将来。凭直觉的人倾向于通过第六感或预感获取信息。他们倾向于按自己的直觉办事，很少把细节和事实作为自己判断的依据和理由。他们更关注概念、主意、意见、理论以及对信息的不同方面的推论，会从大的方面去把握问题，更看重将来，对未来的期盼远远大于对现实世界的关注。

思考和情感是制定决策的两种不同的方式。倾向于思考的人讲究客观公正，依据客观事实和规则来做判断，通过逻辑分析来做决策。逻辑分析对于他们来说是至关重要的，目的就是要尽可能接近最客观的事实。在分析问题时，他们倾向于从局外人的角度来看待、分析问题，因为他们认为这样会更客观，不会仅仅看到自己眼前的利益，会从更长远的角度来考虑问题。这类人群有时显得过于冷漠、不近人情，不容易和周围的人协调。倾向于情感的人讲究合情合理，依据情感来做决定，倾向于通过个人的价值取向、内在感受等主观评价来做决策。个人的信念在决策中起到比较重要的作用，他们更注重关系及和谐。分析问题时他们多从自己的角度出发，并着重眼前的利益，善于理解别人，但思维不是很清晰，容易破坏规则。

三、行为模式和典型行为表现

人格特质、人格水平、动力层次等因素与外界环境因素相互作用，逐渐发展出了与内在人格相适应的、独特的行为模式（特征），如"内倾-外倾""支配-顺从""严谨-随意""冒险-退宿""适应-焦虑"等。根据行为模式的突出程度可以将其分为不同的等级，以标识个体的人格特征。如在"支配-顺从"维度可以把人分为五个等级，一端是典型支配，另一端是典型顺从，中间是独立，介于中间点与支配端的部分则是比较支配，介于中间点与顺从端的部分则是比较顺从。如果能够洞察个体的动力结构，就能更科学地预测其未来的行为表现。

（一）从卡特尔人格理论分析行为模式

每种因素的意义及重要性，有赖于其他各因素的特征，或全体因素的组合方式。如外向的、典型支配特征的、敢于冒险的个体在人际交往中可能是有魄力的、积极主动的、具有较强影响力的。

1. 任务模式分析

可以将 G（有恒性）-H（敢为性）-I（敏感性）-E（恃强性）-L（怀疑性）-Q1（实验性）-Q2（独立性）-Q3（自律性）-M（幻想性）-B（聪慧性）几个因素进行组合分析，解读被试者解决问题的行为模式。高 G、低 L、低 M、低 Q1 及低 Q2 预示着服从安排、踏实肯干、务实的做事风格，这类人群一般愿意接受领导安排，在团队合作中颇受欢迎；如果结合低 H，一般不敢冒险单干。如果是低 G、高 M、高 B、高 H 的组合，预示个体不愿意踏踏实实的，而是喜欢冒险的、抓住机会的，也不喜欢没有挑战、按部就班的工作模式。在 G、H、Q1、Q2、Q3 上得多个高分且在 I、M 上得低分的人做事独立果敢、沉着理性，敢于担当风险，决断力、执行力都比较强，适合独当一面。好强固执（高 E）、冒险敢为（高 H）、意气用事（高 I）或理智冷静（低 I）、矛盾冲突（低 Q3）等，这类人讲义气、胆大妄为，可能会禁不住诱惑而出现越轨、冲动行为。

2. 人际交往模式分析

可以将 A（乐群性）-E（恃强性）-F（兴奋性）-I（敏感性）-L（怀疑性）-N（世故性）-Q3（自律性）几个因素联合分析。A、E、F、I、N、Q3 中多个高得分且 L 低得分者人际关系不错。他们在人际交往中占主导地位，乐群外向、注重情感、信赖他人、待人得体、愿意承担。A、E、F、I、N、Q3 中多个低得分且 L 高得分者，则很难建立健康良性的互动关系，可能会人际适应不良，甚至在团队中有一定的破坏力。

3. 决策模式分析

将 H（敢为性）-I（敏感性）-M（幻想性）-Q2（独立性）几个因素联合来看，高 H、高 Q2 预示着敢于决策、敢于坚持自己的主张，I 说明决策的理性程度，M 说明决策的务实程度。综合来看，若为高 H、高 I、高 M、低 Q2 组合，则说明生活中决策过于理想化、情绪化，习惯草率决定、事后懊悔，决策不够科学，风险很大。

4. 人格水平及自我力量分析

综合 F（兴奋性）-H（敢为性）-N（世故性）-Q1（实验性）-Q2（独立性）-Q3（自律性）几个因素来看，高 F 说明愿意开放，防御强度低。高 H 说明内在确定感强，自信，有力量并愿意表达自己的意愿；低 H 则是不自信的、羞怯的、退缩的，没有力量感。N 得分太低说明只关注自我需要和感受，忽略别人，人格水平偏低；得分太高则要区别看待，是兼顾了自我和他人后的平衡状态还是忽略自我迎合他人的讨好模式。Q1 低分说明服从权威和领导，如果 Q2 得分也低，则可能不敢真实表达自己，人格力量较弱。Q3 高分说明内在需要层次相对合理，即使面临冲突也能恰当应对；低分说明内在需要太多太杂、强度太大，这种欲求不满使得自身矛盾冲突并可能与外界产生冲突，人格水平偏低。综合相关因素得分高低可以对被试者的人格水平进行评估，推断其社会适应性。譬如有些严重缺乏安全感的人，分数显示为冷静寡言（低 F）、畏惧退缩（低 H）、天真幼稚（低 N）、保守传统（低 Q1）、依赖迎合（低 Q2）、矛盾冲突（低 Q3），不敢独立面对生活难题，却又极端支配、怀疑他人，因而生活适应可能存在问题。

（二）从艾森克人格理论分析行为模式

将 E（外向性）和 N（神经质）结合起来进行综合分析，可以得到四种气质类型，再结合 P（精神质）的特征，探索整体人格特征及行为模式。

N 主要测查情绪的稳定性，得分越高，说明个体越容易受外界干扰，遇到诱发事件时情绪反应越强烈，表现为愤怒、焦虑、抑郁倾向等特征；情绪一旦升温，在宣泄的过程中可能会有潜在风险，出现攻击破坏行为。内向不稳定型属抑郁质特征，极端内向、孤僻、冷漠、情绪不稳，容易自我攻击而产生郁闷情绪及自伤、自残甚至自杀行为。外向不稳定型属胆汁质特征。这类人可能有潜在攻击倾向，容易冲动爆发产生攻击破坏行为。内向稳定型属黏液质特征，沉着冷静，足智多谋，善于策划。外向稳定型属多血质特征，外向热情，积极主动，善于组织。

（三）从莫瑞的需要理论分析行为模式

莫瑞认为人类有 20 多种重要的需要，包括意识层面的和潜意识层面的，形成个体独特而稳定的需要结构。爱德华兹从莫瑞的 20 多种需要中选择了 15 种需要编制了量表，通过测查人的 15 种需要，进行综合分析和总结，可以推断个体独特的行为风格。

（1）"谦逊-顺从-省察-秩序-坚毅"几种需要占优势。这类人是很好的执行者。他们自我定位较低，谦虚谨慎，愿意通过自己的努力打拼去获得社会认可，学习努力，工作踏实，主要靠实干来支撑自己的发展。这类人往往依赖团队，信赖权威，希望得到有力的指导；对外的功能不足可能会影响其独自创业。

（2）"成就-自主-变通-表现-支配-攻击"几种需要占优势。这类人果敢、强势、有魄力，他们以结果为导向，希望获得成就，不甘平庸，想方设法获取成功。他们在人际关系中一般居于主导地位，具有很强的支配欲，希望成为团队核心并带领团队成员实现自己的计划；如果结果不如意，他们容易怪罪他人。

（3）"省察-亲和-求助-谦逊-慈善-顺从"几种需要占优势。这类人注重人际关系，并喜欢通过人际关系去解决问题，愿意跟人建立好的关系，重视别人的需要，遵从别人的意愿和感受，乐意帮助别人，喜欢反省自身不足并改进人际关系，是家庭、团队的润滑剂。他们的缺点是不愿意直接面对困难，独立解决问题的能力不足、意识欠缺。

（4）"自主-变通-坚毅-秩序-省察"几种需要占优势。这类人自信果敢，喜欢独立自主地解决问题。他们专注做事，独立积极，处事灵活，敢于开拓，忽略人际关系。

（四）从荣格的人格类型理论分析行为模式

布里格斯及其女儿迈尔斯根据荣格的人格类型理论将人群分为 SJ、SP、NF、NT 四种基本性格类型，每一种都对应其独特的行为模式，其中也会有些相似的地方。NT 和 NF 类型人群都习惯用直觉来感知客观世界，只是 NT 型人群更喜欢通过客观分析来做出逻辑判断，而 NF 型人群更偏爱以主观感受进行综合判断，且力求避免冲突。SJ 和 SP 类型人群都习惯用感觉来认知生活，SJ 型人群喜欢井然有序、规范化的世界，而 SP 型人群追求留有余地、宽松自由的生活方式。

1. SJ 型人群的行为模式

SJ 型人群是四种类型中最传统的一类，他们坚定、可靠、可信。他们相信事实、已证实的数据、过去的经验和五官所带给他们的信息，喜欢有结构、有条理的世界，是既现实又有明确目标的一类人；重视法律、秩序、安全、规则和承诺；尊重权威、等级制度和权力，而且一般具有保守的价值观。他们很有责任感，而且经常努力去做正确的事情，这使他们可以信赖和依靠。在工作中他们对自己要求十分严格，而且希望别人也如此。他们喜欢那些与他们一样具有奉献精神、尊重权威和尽自己的本分的同事。他们做事讲究计划和条理，喜欢稳定清晰的组织结构、目标明确的岗位，不喜欢不断变化和杂乱无章。

SJ 型人群喜欢规范自己和他人的行为，使其符合要求，任何东西都应该放在最合适的位置，每个人都应当做别人认可的事情，并受到公正应得的赏罚。他们认为每个人的行动都必须接受严格的监督，所有产品都需要经过彻底的检查，所有合理要求都应当很快得到满足，对于被核准的冒险行为应当谨慎地确保安全。

2. SP 型人群的行为模式

SP 型人群关注五官感受到的具体信息，相信那些可以测量和证明的东西，同时喜欢面对各种各样的可能性，是反应灵敏和自发主动的一类人。他们为行动、冲动和享受现在而活着，富有冒险精神，一想到某件好玩的事情就有立即去做的冲动，而且喜欢一气呵成，排斥长时间地做同一件事。他们不喜欢规则和限制，崇尚自由和随遇而安；喜欢有技巧的活动，在这样的活动中，他们妙趣横生、足智多谋、兴奋不已。

SP型人群思维活跃，行动敏捷，适应力强，注意观察，以便随时做出可行性妥协，重视周围正在发生的事情，并且能够明白此刻的需要；行动上倾向于经济实惠，保存有用的事实论据，不多运用理论。他们容易相处，有承受力，有艺术气质，没有偏见，并且善于游说。他们在使用工具和操作机器方面颇有天赋，对颜色、线条和结构很敏感。

3. NF 型人群的行为模式

NF型人群偏向于理想主义者，是四类人群中精神上最具哲理性的。他们天生能够理解别人的情感，关心他人的需要，本能地喜欢帮助别人成长和进步，善于容纳他人。他们乐于接受新的思想，洞察力比较强，认识问题深刻，感兴趣的是事物的意义、关系和可能性。他们永远在寻找生存的意义，认为工作应该很有意义而不是简单的常规工作或谋生手段，会被那些促进人性价值的组织或那些允许他们帮助别人完成工作的职业吸引。他们崇尚和谐，喜欢民主，能够激励各种层次的人们，并基于其个人的价值观念做决定。

4. NT 型人群的行为模式

NT型人群偏向于理性主义者，强调所做的事和所说的话都应当有意义。他们在判断何种技术能有效地解决某个特定问题时，显得十分坚毅，行为保持长久而调和的理性。他们智慧、自信，主张做什么就要做到最好，坚持按自己心中的准则出牌；独立积极，不容易被冷漠和批评干扰。他们工作原则性强、标准高，不仅对自己严格，也对他人严格；有好奇心，看问题眼光长远，习惯全面、概括地思考问题；有想象力，善于发现事物的不同可能性；喜欢逻辑分析，喜欢能够提供自由、变化并且要求较高智力才能完成的工作。

四、人格评估的方法

人格是内隐的，就像我们身体内部的器官和组织结构一样，不能直接观察到，一般只能依赖于个体当下或以前的典型表现，由表及里地推断，评估其人格状况。常用的评估方法有观察法、访谈法、测量法等。

（一）观察法

观察法是在一定条件下，通过感官或录音录像等辅助手段，有目的、有计划地观察被试者的表情、动作、语言、行为等，来推断其心理活动规律和内在人格状况的方法。

将观察内容细化为多个可以评价的项目，选定重点观察的内容和应收集的材料，如依据特质内涵形成操作定义，将操作定义细分为几个核心维度，以不同水平的典型表现为分级标准，构建可量化、易评价的指标体系。尽量将观察项目具体化，确保所确立的观察项目与人格评估有本质上的联系，能较全面地反映个体某些特征的变化，便于分析处理。对定性的材料进行归纳与分类；对于定量的材料，要考虑所选用的统计处理方法。不惊扰观察对象，要与观察对象建立和谐良好的关系，以免观察对象产生戒备心理。

实施观察要注意看、听、问、思、记等方式的互相配合。第一，观看。视觉信息是最主要的信息源，仔细观察外显的认知、情绪情感、动作行为以及生理反应，现场查看与观察目的有关的资料等，如孩子因为愤怒而摔门、因为郁闷而划伤手臂，要查看门的受损程度、手臂的伤口等。第二，倾听。用心倾听观察对象的言语表达以及对别人言语表达的反应，如母子争吵等。第三，询问。内部观察时，观察者可面对面询问观察对象有关问题，如内心的想法、感受等。第四，思考。在现场获取信息时就要开始思考、分析，随着观察活动的深入进行、观察资料的积累，对信息进行整理分析，逐步形成自己的初步观点。第五，及时做好记录（追记）。记录要准确、客观、简洁、全面，尽可能将全部情况都记录下来。常用的观察取样方法如表 7-2 所示。

表 7-2　常用的观察取样方法

取样方法	描述
对象取样	选取特定的对象进行观察，如筛选出来的需要进行危机干预的学生
时间取样	在特定时间内观察所发生的行为
场面取样	选择一个典型的、自然的场面，便于观察对象有更丰富的呈现
事件取样	观察一个事件的完整过程，如夫妻争吵
阶段取样	选择某一阶段（如期末复习阶段）进行有重点的观察
追踪观察	对观察对象做长期的、系统的观察，以评估其防御机制

（二）访谈法

使用访谈法，一是要注意建立关系，取得被访者的信任，减少其防御，以获取真实、丰富、充足的资料；二是要制订访谈计划，依据被访者的具体情况和目标确定访谈提纲，使谈话规范有序；三是要合理应用访谈技巧，认真倾听，恰当共情。访谈技巧是访谈顺利推进的基本保障，新手访谈者需要在访谈前进行培训。

1. 会谈法

会谈的形式包括自由式会谈和结构式会谈两种，心理访谈的形式一般介于这两者之间。自由式会谈往往只有主题，具体内容是开放式的，较少受到约束，气氛比较轻松，被访者有更多的机会表述自己的想法。其不足之处是比较耗时，会谈内容比较松散，影响评估的效率。结构式会谈是根据提前制订的访谈计划和提纲进行访谈，谈话内容有所限定，有些被访者会感到拘谨和受限，处理不当会让双方都感觉生硬而冷场。结构式会谈的优点是节省时间，效率高。被访者自身的开放程度对访谈的影响较大，会谈效果还受环境、性格特征、双方的匹配度及主题的敏感性等多种因素的影响，访谈结果的分析还会受咨询师的主观印象、价值观念的影响。

2. 360°访谈

"不识庐山真面目，只缘身在此山中"，被访者有时候不一定真正看得清自己，因而可以通过别人眼中的他做一些验证性工作。从熟悉的身边人那里全方位了解被访者在学习、工作和家庭生活中的表现，可以获得更加丰富、相对客观的信息，从而使得对被访者的认识更加贴近他本身。360°访谈的对象可以是被访者的家人、同事、领导、朋友、同学及恋人等，可以面对面直接访谈，也可以通过微信、电话等间接方式访谈；可以个别访谈，也可以集体访谈。

（三）测量法

借助人格测验工具探测被试者的性格、态度、动机、需要、品德、价值观等内在人格要素。通过对人格测验的综合分析推断被试者的行为模式、人格结构等。测量法有投射测验和自陈测验，投射测验有罗夏墨迹测验、主题统觉测验、绘画（房树人）测验等；影响较大、使用较广泛的人格自陈测验有 16PF、DISC 个性测验、爱德华兹个人爱好量表（EPPS）、艾森克人格问卷（EPQ）等。

任务二　理解人格的发展变化

一、人格发展的一般规律

（一）人格发展具有连续性

人格发展是连续不断的过程，在人的一生中人格都在发展变化。人格都是在前一阶段的基础上继续发展的，不可能与过去的发展状况割裂开来。各个阶段有其独特性，面临不同的发展主题及相应的矛盾与危机，某一阶段的发展主题没有处理好，就可能会影响后一阶段的发展；但后一阶段如果得到足够的支持，该阶段的发展成果会有利于缓解以前遗留的问题。人格发展受发展内容的多维性、个体主观的能动性、外在客体功能的可替代性等影响，个体通过趋利避害的发展原则总能寻找到有利的资源促进自己的整合与发展。

（二）人格发展具有顺序性

在正常的发展条件下，人格发展总是指向一定的方向并遵循一定的先后顺序，而且这种顺序是不可逆的，也不可逾越。埃里克森认为自我过程主导着个体与周围环境的交互作用，促进人格向前发展。自体（个体的自我）从结构简单、功能水平低的状态向结构复杂、功能水平高的方向发展。

（三）人格发展表现出不平衡性

人格发展的不平衡性主要表现为在发展的不同阶段、不同方面，发展的速度、到达某一水平的时间以及最终达到的高度等都表现出多样化。有人在人际交往中轻松自在，但在解决现实难题方面却焦虑不安；有人在独立自主探索世界方面颇为自如，但在金钱支配上吝啬过度。

（四）人格发展的个体差异性

个体的人格发展在遵从共同发展基本规律的前提下，表现出个体发展的独特性。天下没有完全相同的两片树叶，人格具有独特性，人格的发展过程也具有独特性。同一个客观世界被内化成千千万万个不同的现象世界，个体不同的现象世界又在个体与外界环境的交互作用中起着差异化作用，如此反复，没有两个个体的发展是完全一样的。

（五）人格发展的条件性

人格发展的条件性，即外在制约性。个体人格的发展虽然受自体主导，但也依赖着外界环境，且人越弱小，对环境的依赖性越大。稳定的、可用的客体容易营造促进性环境，给予个体温暖的回应和有力的支持，这些有利于人格的发展。忽略的、冷漠的、批评的、虐待的环境会阻碍人格的健康发展，导致人格缺陷甚至人格障碍。

二、影响人格发展的因素

人格的形成与发展离不开先天遗传与后天环境的作用，是在遗传与环境的交互作用下逐渐形成并发展的。

（一）遗传因素

遗传是影响人格发展的基础性因素，对人格的作用程度随人格特质的不同而不同。通常在智力、气质这些与生物因素关系密切的特质上，遗传因素的作用较重要；而在价值观、信念、性格等与社会因素关系密切的特质上，后天环境的作用可能更重要。

（二）环境因素

环境因素是多种多样的，小到家庭因素，大到社会文化因素。这些因素对人格的形成与发展都有重要的影响。

每个人都处在特定的社会文化环境中，文化对人格的影响极为重要。社会文化塑造了社会成员的人格特征，使成员的人格结构朝着一致的方向发展，这种一致性具有维系社会稳定的功能，使得每个人都能稳固地"嵌入"整个文化形态中。

家庭环境因素如家庭结构、经济条件、居住环境、家庭氛围、教养方式等对人格发展有重要影响。人生越早期发生的事情对人格的影响越重大。父母过于支配、控制，孩子容易形成消极、被动、依赖、服从、懦弱，做事缺乏主动性的性格特征，有的甚至会形成不诚实的人格特征。父母溺爱，孩子多表现为任性、幼稚、自私、野蛮、无礼、独立性差、蛮横胡闹等。父母尊重孩子，给孩子一定的自主权和积极正确的指导，孩子多活泼、快乐、直爽、自立、彬彬有礼、善于交往、富于合作、思维活跃等。

任务三　人格的改变

人格是发展变化的，我们通常把这种发展变化理解为人格的成长。人格水平的不断提升是向好的发展，这是人格发展的常态和主要方面；但人格改变既包括发展，也包括破坏，既有人格水平的提升，也有人格水平的下降。个体出生时人格结构就有了一定的基础，虽然这个基础很脆弱，但依然承载着一定的功能，保障个体在生存与发展中与外界互动，以维系个体基础需要。

人格是向好发展还是被破坏，依赖于个体与外界的互动。外界综合效应是个体获得了关注、爱、温暖等，就有助于个体人格的发展；如果外界综合效应是忽略、攻击、冷漠等，个体人格就可能停滞、退化、瓦解。在人生的不同阶段，个体都可能会遭遇挫折、攻击、抛弃，对当下的人格造成压迫、冲击、破坏，致使人格成长受阻、人格结构破坏、人格功能受损，如持续的否定性评价、严重的校园暴力、巨大的家庭变故、极端的人身威胁等，对个体人格的发展都是不利的。个体遭遇重大创伤，如果得不到及时的关爱和救助，其人格发展就会滞后，久而久之，个体人格功能受损又带来继发性冲突，恶性循环，造成人格分裂。

人格破坏与生理因素高度相关，大脑结构性损伤及功能性失调是常见因素。脑外伤、各种长期炎症、各种递质分泌或代谢异常等，都可能导致人格的破坏。

内在人格改变与外在适应存在因果关联，人格破坏会导致个体适应不良，出现各种冲突、症状和疾病；个体适应越来越好，自身内在与外界相处会越来越和谐。

项目八

人格水平的等级

许多心理咨询师认为，早期心理发展阶段中的未尽事宜，将根植于人格深处，阻碍个体的人格发展，且发育受挫越早，人格结构整合越差，对以后的影响越大，人格水平越低。内在人格结构可以看成一个从微观到宏观的整合体，从人格结构最基本的材料——人格结构单元开始聚集，形成具有一定功能的人格特质，不同的特质、维度、偏好等常常集结成群，组合为相对综合的人格结构块或人格类型，最后有机整合起来，成为相互关联的整体人格结构。人格结构是基础，决定着个体人格的功能，表现为适应生活的状况。根据人格结构及功能状况，可以将人格分为由低到高的四个等级，包括精神病水平人格、人格障碍水平人格、神经症水平人格及正常水平人格。其中，正常水平人格具有较好的灵活性和适应性，前三种则呈现出病理性的性格特质。

任务一　评估精神病水平人格

一、人格结构特点

个体在早期心理发展阶段可能遭受"震惊式"创伤，人格发展固着于分离-个体化阶段之前。人格组织分裂成碎片，连核心人格结构块都没有形成，人格没有整合为一个整体。人格结构单元"客体表象-情感倾向-自体表象"的基本性质为负向的，自体表象和客体表象没有分化以至于很难区分主观和客观。

二、适应状况及典型表现

个体如果早期生存环境不安定，充满分离和丧失，会使幼小的个体胆战心惊。婴幼儿期很少体验爱与被爱，极端地缺乏安全感，很难形成早期全能感，也无法相信后期会有全能型重要他人会保护自己。主要防御机制是全能控制、投射性认同、解离和付诸行动。内在匮乏得以淋漓尽致地反向表达，用夸大来掩盖虚弱和嫉妒，个体有着脱离现实的自命不凡，强烈渴求对他人产生影响，操纵他人。超我功能缺陷，缺乏对他人的依恋，缺乏通过对话理解他人的心理能力，难以安抚或镜映他人情感，经常攻击和施虐。自我分裂，极端不稳定，在全能控制和失控的极端恐惧之间切换，极端害怕被危险吞噬，动力聚焦安全感并被恐惧消耗。缺乏与现实的基本联结，以幻想的方式生活，与现实世界格格不入，分不清现实和主观，将主观与现实分裂开来。

任务二　评估人格障碍水平人格

一、人格结构特点

早期心理发展阶段遭受"耗竭式"创伤，分离-个体化以及更高级的身份认同阶段出现了人格固着问题。人格组织形成了核心人格结构块，但是缺少重要的辅助结构，结构有明显的缺失，无法整合为协调的整体。单个基本结构单元或亚结构发展过度或不足，使内部结构存在冲突、不协调，有些结构发展过度，有些结构发展不足；或者单个亚结构正常，但与其他结构无法有机结合，人格在整体层面显得异常。

二、适应状况及典型表现

缺乏自我认同的整合，在未完全丧失现实检验能力的前提下，过度应用原始防御机制，如理想化和贬低。个体体验到的是非此即彼的两极状态，一端为羞耻、自卑与嫉妒等感受，另一端为浮夸、自傲和虚荣，很难有整合性体验。自我处于极端不稳定状态，觉得或担心自己不够优秀，认为自我价值极其重要，沉溺于比例失调的自我关注，担心自我表现不好，害怕被否定、被排斥、被抛弃。一方面通过自我理想化确立自尊，另一方面对自体客体极端依赖，依赖外界好的回应来寻求自我的确认，他们无休止地从外界索取，却没有力量去关照周围人的需求和感受。动力聚焦在自我意识和拉扯不断的关系上，与外界纠缠，既想享受依恋，获得亲密关系，又害怕被关系吞噬而丧失自主与独立。无法从担心自我形象中解脱出来去关注外面的世界，无心做好当前任务，常常把他人当成工具来支撑自己的自尊，维持内心平衡。常见反应是攻击、抑郁、"躺平"、"摆烂"。各种人格障碍对比如图 8-1 所示。

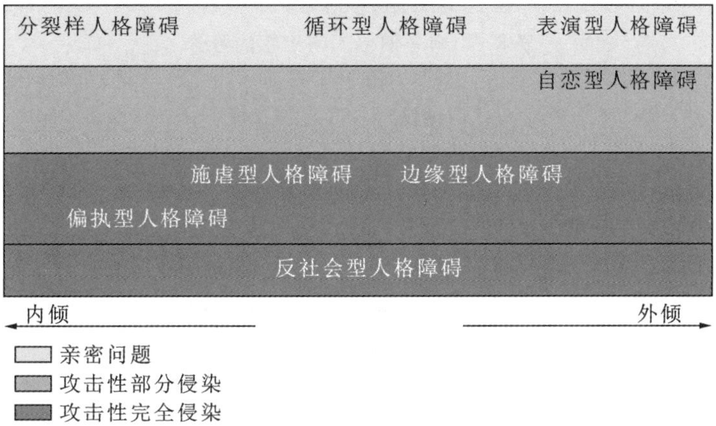

图 8-1　各种人格障碍对比

任务三　评估神经症水平人格

一、人格结构特点

早期心理发展阶段没有明显的严重创伤，安全感得到较大满足，可能存在某些特定的剥夺。真自体结构和假自体结构都得到发展，但两种结构常出现冲突。人格结构单元"客体表象-情感倾向-自体表象"的基本性质是正向的，自体表象和客体表象分化良好，边界清晰。各特质群相辅相成，核心人格结构块和重要辅助结构整合为协调的整体，但局部存在细微缺憾，显得不完善，发展较好的人群其整体结构完善而富有韧性。

二、适应状况及典型表现

自我相对稳定，边界清晰但略显僵硬，寻求确定的满足感，担心行而无果，动力聚焦于得失，常陷入趋避式冲突，饱受精神拮抗冲突折磨，看重外界对自我确定的回应，害怕意外和"万一"，得偿所愿时害怕得而复失，一切顺利时害怕潜藏危机，担心一人所得给家人带来恶报等。常见反应是患得患失、自卑、焦虑。

部分发展较好的人的安全感和自主性有充分的保障，其内在自我及与客观外界的关系很确定，边界清晰且有弹性，充分信任外界的接纳和善意，不担心外界对自我的态度有恶意，从积极的视角理解外界与自我的互动，动力聚焦于内心宁静，能有力地面对外界刺激带来的内心冲突，常见表现是生活淡定，"不以物喜，不以己悲"，"随心所欲不逾矩"，"我型我秀"而又融洽互动，自我实现。

柯恩伯格人格组织的区分如表 8-1 所示。

表 8-1　柯恩伯格人格组织的区分

神经症性人格组织	身份整合：自体和客体有清晰的分界；具有稳定、一致的自体感。
	防御机制：压抑及高层次的防御机制，如反向形成、隔离、抵消、合理化、理智化。防御使个体不受内部冲突的折磨。解释可以改善功能。
	现实检验：现实检验能力保持完好；自体和非自体分化开来，能区分刺激和知觉是来源于内部还是外部；有现实而深刻的评估自体和客体的能力

边缘性 人格组织	身份整合：身份认同紊乱，自体和客体中相互矛盾的各个方面整合不良，且相互分离。 防御机制：分裂是主要的防御机制，还包括其他低层次的防御机制，如原始理想化、投射性认同、否认、贬低。 现实检验：现实检验能力基本完好（偶有扭曲）
精神病性 人格组织	身份整合：要么自体和客体的边界不清，要么存在妄想性的身份。 防御机制：极端分裂、原始否认、幻觉。 现实检验：现实检验能力丧失

人格水平评估

人格是连续发展变化的，人群总的人格水平是一个由低到高的连续谱。个体人格水平一般会随着年龄的增长而提升，随着经历、体验、领悟的增多，不断趋于协调与完善；也有部分人因为遗传、童年创伤等而导致人格发展受阻，停留在一个较低的水平；还有部分人群因脑外伤、药物等因素导致大脑退行性改变，人格组织遭受严重的破坏，人格水平由较高水平降到较低水平。心理治疗的最终目的就是促进来访者人格的发展和人格水平的提升，发挥人格的功能，从而更好地适应现实生活。

究竟如何评估人格水平的高低呢？因为人格的内隐性、复杂性、发展性，人们在认识人格时还存在诸多困难，只能借助人格的功能及其外显的行为表现进行间接的、适度的推断。

任务一　根据现实适应状况评估内在人格水平

个体人格水平决定了现实适应水平，通过个体现实适应方面的不同表现，可以推断内在人格水平。个体的适应状况有五个层次。

一、恐慌

个体内在的无能感和失控感投射到外界，觉得现实是糟糕的、麻烦的、无法面对的，惊慌失措，对环境变化敏感、警觉、戒备，随时都想逃离危险，逃无可逃或遇到阻碍时会激发对抗、攻击行为。

缺乏积极的自我观念和应对环境变化的能力，对现实判断严重失真，失去了对自己和环境的控制，惶恐不安，内心被焦虑、忧郁情绪笼罩；害怕不好的事情发生，行为退缩、回避、推诿，被逼迫时可能有冲动行为，很可能伤害自己或他人，需要严密的保护和管束。

内心安全感缺失，觉得自己与外界的关系很糟糕，外界是敌对的、危险的、危机四伏的；觉得几乎所有人都极端不友好，要么不怀好意，要么明哲保身；觉得自己的处境十分恶劣，有人想谋害自己，他们手段毒辣，自己得不到帮助。所有精力都用来逃避威胁，不敢有丝毫马虎。

二、迟钝

缺乏主动适应生活的自发性和责任感，凡事缺乏动力，习惯逃避，对失衡状态不敏感或视而不见，需要督促才肯面对。

个体动力系统遭到破坏，内在自主需要不足，缺乏目标和组织，行为退缩、懒散随意。习惯在外力帮助、督促下被动应对问题，只满足于消除眼下的危害因素，摆脱困境和麻烦，无视潜在危险。安于现状，没有未雨绸缪的前瞻意识，不求经验的积累、能力的提升及资源的储备，没有从父母和家庭的庇护中独立起来，通常需要依赖他人。

像一个永远长不大的孩子，得过且过。丧失独立思考、独立生活、自我经营的能力，逃避责任，对家庭过分依赖，被外力推着走。习惯于家庭对自己人生的规划和安排，常常被动地接受家庭其他成员的安排和督促，小到衣食住行，大到学业、感情归属、就业选择等。

三、努力

边界意识增强，开始由被动转为主动，选择应对生活中的各种难题而不是逃避，尝试自主解决自己的问题。生活的节奏被一个又一个问题影响，自己只有努力才能有效应对；忙于识别危机，摆脱危险，化解难题，无暇进一步发展，缺乏积极争取、竞争、征服等扩张性行为。

缺乏安全感，对危险很敏感，本能地、主动地、积极地、努力地化解生活中的威胁，个人能控制恐慌、焦虑、烦躁等不良的情绪反应。敢于面对困难，在现实困难面前不逃避，但瞻前顾后，做决策时犹豫不决，纠结于结果是否有把握、选择是否正确、方案是否最优、风险是否过大、别人怎么评价等，行为尽量稳妥，但效率低下。

生活有目标，但目标水平太低，主要关注生活中难题的应对而无暇顾及个人的发展。行为有一定的计划，但计划单薄，对细节关注有加，对更高目标、更好效果、更高效率及更多资源不敢奢望。做事情多限于自身的努力，不敢寻求帮助，不太动用周边资源，有些逆来顺受、听天由命。自我评价低，特别在乎别人对自己评价，渴望好的成绩，严格自律。人际被动、羞怯，生怕给别人增添麻烦，习惯讨好迎合。

四、应对

个体目标明确，计划长远，积极向上，成就动机强烈，行动高效。常常雄心勃勃，渴望事业有所成就，竞争意识强烈，希望战胜对手、打败别人，甚至保持绝对的优势地位。希望出人头地，成为佼佼者，不甘平庸，把生活中的问题看作挑战而不是危机。目标远大，行为刚毅、果敢、勇猛，有克服困难的毅力，不达目的誓不罢休。

沉浸在丰富多彩的现实任务、活动、游戏和竞赛中，经常为自己确立大大小小的目标并投入其中，获得一些成绩，达成既定目标。看起来充实、积极、进取，但不确定自己真正想要什么，重视什么需要、参与什么活动、完成什么任务容易受到客观环境和周围人的影响，随波逐流。总拿自己跟别人比较，不允许自己落后，不接受别人比自己强，在打败别人、取得优势的时候寻找存在感。

心灵深处确定感不强，"这山望见那山高"，努力获取的优势转瞬即逝，焦虑感驱使自己不停地投入下一次竞争中去。因为不知道自己真正需要什么，不能确信自己的成功，行为的动力聚焦于向别人和自己证明自己的成功，而成为背负成功包袱的成功者。

五、熟练

自我接纳，内在确定，对自己和外界有清楚的认知。活得明明白白，内心想和不想、要和不要、做和不做都有清晰的觉察和判断，自信、自主、自由。

成功来自自我目标的逐步实现和自我人格的不断完善，最终达到自我实现。人生中的关系稳定，自己是人生的主角，别人承担着配角的任务，自主决策时遵从自己的边界，自己对自己负责，想要的会积极争取，不要的会淡定放手。通常不让自己受委屈，根据自己的需要和感受自主行动，同时会照顾别人的感受。现实自我认识准确，理想自我定位清晰，在成为自我的过程中经历自己的人生，不因打败别人就显得优越，也不因落后于别人而自我否定。每个人都在同行的路上，能够体验自己的独特，也能接纳别人的成绩；不因别人的成功而倍感压力，能发自内心地欣赏别人的美好，能被他人认同，也能认同他人；不在与别人的比较中寻找发展的目标，也不在借鉴别人成功的经验中寻找归属。

个人目标笃定，动力聚焦，行为稳定。将人生的远大理想和抱负作为行动指南，将每一个当下具化为独特的经历，沉浸其中，探索自我，顺其自然地进入下一个人生阶段。在人生理想或目标的引领下有效行动，因为目标长远、动力聚焦，不会被一时之得失左右，能享受日积月累的积淀。对现在和未来规划清晰，人生目标寓于生活本身，随性而不随意，不为无谓的小事而分心，行动自觉自发而有毅力，偶尔失败也不丧失积极的自我观念。

安全感十足，不被过去束缚，不为未来忧虑。自我接纳，很少感到不适，是永远享受生活的淡定者。

任务二　根据社会功能状况评估内在人格水平

人格的内在结构是个体社会适应及功能状况的基础。人格结构稳定、协调会保障个体在学习、生活、工作和人际交往的方方面面合理应对；如果人格结构不协调、有缺陷，则会限制个体社会功能的达成。内在人格结构和外在社会功能状况之间是因果关系，是源头和表象的关系，因此从外在社会功能状况可以反推内在人格水平。

一、学习和工作

学习和工作是伴随个体发展的两大主题，成年之前以学习为主，成年之后逐渐过渡到以工作为主。学习和工作是个体获得自我发展进而适应社会的主要途径，不同的人学习和工作的形式千差万别，效果也有着天壤之别。

青少年时期人格水平较低的人，对自我的认同感不足，行为的稳定性不够，动力的聚焦性不强，无心专注学习主业，学习动力不足、兴趣不大，上课无精打采，作业无法完成，偶尔也会有某一学科、某一时段的良好表现，但无法持久。也有人学习经常迟到、旷课、逃学，无视家教、校规、社会道德礼仪，被学校除名或被公安机关管教，无现实阻碍的情况下学业断断续续或辍学，学历水平低，专业知识和技能欠缺。甚至有部分人经常吸烟、酗酒、外宿不归、欺辱弱小、斗殴、赌博。

青少年时期人格水平较高的人，能认同自我，不需要管束、激励就能寻找学习的意义，学习自主，沉浸其中，不为琐事分心，遇到学习困难也能意志坚定。心态开放，能与同学、朋友讨论学习和学校生活，有时会因学习成绩而开心或郁闷。随着年龄的增长，能更深刻地理解学习与自我发展的关系，从而接纳自身现状，纯粹投入学习中。

成年后人格水平偏低的人，工作缺乏动力和目标，随波逐流，工作没有胜任能力，效率低下。抗压能力差，遇到压力就纠结，内心想逃却又被迫面对，担心完成不了任务或自己的工作出现纰漏。不敢真实地表达自己，不敢做决策，不敢行动，不敢承担风险，不敢面对挫折和失败。以被害者身份看待工作分配，担心、猜疑别人将困难的工作扔给自己，经常抱怨工作难做，或以此为借口为失职开脱。岗位适应困难，工作的连续性不足，"三天打鱼，两天晒网"，一份工作坚持不到半年就辞职，经常调换岗位或被解聘；甚至"啃老""躺平"。有的因现实回报无法满足内心欲望还会故意破坏、偷窃他人财物或公共财物，经常撒谎、欺骗，以此取乐或获利。

成年后人格水平较高的人，面对工作领域和职业发展时会兼顾个人与家庭、现实与理想、当前与未来等因素，立足现实，面对现实困难和内心冲突，会努力提升专业技能和综合素养，在工作中探索自我、发展自我、满足自我、实现自我。从职业生涯的历程来看，工作具有持续性和稳定性，不忘初心，怀揣理想，以切实行动保障自主感，获得满足感，提升幸福感。

二、家庭生活

"幸福的家庭都是相似的，不幸的家庭各有各的不幸。"家庭不仅是肉体的住所，也是心灵的归宿；家庭是我们出生与成长的摇篮，也是我们命运的重要依托。一个美好的家庭能给人以温暖、关爱、包容和安慰，一个不幸的家庭会让人疲于应对家庭生活中常见的纠纷、挑战或冲突。

（一）亲密关系和谐程度

家庭成员的角色认同与关系融洽是和谐家庭的核心内容，包括夫妻关系的亲密与包容、亲子关系的亲近与温暖。

低人格水平的母亲内心匮乏，生活和工作没有色彩，缺乏激情，无法关心孩子的需要、照顾孩子的感受。内心缺乏稳定性，待在自己的情绪里，心情好时家里一片和谐，心情糟时家里争吵不断，使孩子的心情像坐过山车一样。在外不敢真实表达自己，回家后放任情绪，随意发泄，制造内疚感、罪恶感，并把紧张感和不安感传递给家人。可能专横跋扈、占有欲强，常厌恶自己的孩子，母子关系存在严重的困扰。

低人格水平的父亲在父子关系中破坏性更多。他们扮演独裁者、嫉妒者、冷漠者、缺席者、被动者等角色。专制而固执，与妻子发生持续的冲突。嫉妒孩子，认为孩子夺走了妻子的爱与关心，和孩子过不去，对孩子抱有敌意。生活中表现得冷淡而疏远，让人难以接近。他们的生活很失败，以各种借口不归家，孩子的生活中没有父亲的身影。思想消极、行为被动，言行举止像孩子一样，没有父亲的成熟与稳健，对孩子的身份认同造成不良的影响。

低人格水平的孩子可能是退缩的、自律的、撒谎的、叛逆的。

（二）自主生活健康程度

人格水平高的人，生活节奏有规律，遵从生物节律。饮食上遵从时间节点，不因情绪而暴饮暴食，也不因体像障碍而过度节食。睡眠节律健康稳定，早睡早起，累了困了能酣然入睡，醒了能立刻改变状态，投入活动中去。不会过分沉迷游戏、娱乐和工作而耽误睡眠，也不因内心焦虑、恐慌、抑郁而无法入眠。讲究个人卫生，刷牙、洗澡有规律，勤换洗衣物。家庭角色边界清晰、功能良好，形成基本的生活习惯，能安排好睡眠饮食周期、工作学习周期等，并根据自身意愿和客观条件做调整。

人格水平低的人，生活节奏紊乱，饮食不规律，长期失眠或嗜睡，影响个体生理状态和精神状态，致使学习精力不足，工作效率低下，生活缺少精气神。行为懒散，缺乏意志，个人卫生堪忧，不修边幅。严重者生活起居都需要督促，无法保障学习、工作，导致学业搁置、经常旷工等。

（三）家庭活动参与程度

人格水平高的人维护家庭和睦，关心父母长辈，关爱子女晚辈。注重环境卫生，积极参与家务活动，为家人分担家务。关注家庭事务，根据年龄状况、认知水平及能力大小参与家庭事务的决策与执行，共同建设家庭。

人格水平低的人陷在自我迷失状态，无法顾及外界，跟家庭成员链接较少，漠视家人，行为退缩；若有链接，更多表现为敌对。

三、人际交往

人格水平高的人能够建立稳定的关系，传送信息，交流情感，协调人际关系，形成生活同盟，顺利时乐意与人分享，逆境时愿意寻求帮助，必要时主动替人分担。在关系中能看到我、认可我、成为我。

人格水平低的人无法建立和维系人际关系，无法在同事、同学等人际关系里发展出友谊，因而缺少稳定的人际关系，没有闺蜜，没有朋友。常离群独处，跟同学不交往，跟同事少交流，跟家人不怎么联系；或者因把控不了边界，一旦有交集，交往一段时间，会因为这样或那样的琐事引发不愉快，导致自己主动退出或者对方疏远自己。

任务三　根据确定感评估内在人格水平

一、自我意识的确定

（一）自我意识的概念

自我意识也称自我，指个体对自身的意识，是个体对自己的各种身心状态的认识、体验和愿望。自我意识是人格结构的重要组成部分，是人格结构中的自我调节系统，对人格的形成、发展起着调节、监控和矫正的作用。良好的自我意识对人格的形成起着至关重要的作用。

自我意识表现为自我认知、自我体验和自我调控。自我认知是自我意识的认知成分，指个体对生理自我、心理自我和社会自我的认识。它包括自我感觉、自我观察、自我观念、自我分析和自我评价等层次。自我观念和自我评价是自我认知中的主要方面，集中反映了个体自我认知乃至自我意识的发展水平，也是自我体验和自我调控的前提。自我认知主要解决"我是谁"的问题，将生理自我、心理自我和社会自我整合为一个统一的整体，并在此基础上进行自我评价。自我体验是自我意识的情感成分，在自我认知的基础上产生，反映个体对自己的态度，包括自我感受、自爱、自尊、自信、自卑、自豪感、成就感、自我效能感等，其中自尊是自我体验中最主要的方面。自我调控是自我意识的意志（行为）成分，指个体对自身心理活动和行为的调制，包括自我理想、自我监督、自我塑造、自我控制、自我教育等，其中自我控制和自我教育是自我调控中的主要方面。

（二）自我意识的水平

自我意识是在人成长过程中逐步形成和发展起来的，一个人自我意识水平的不断提升，是人格发展的核心内容。

（1）遵奉者水平。遵奉者就是按规则行事的人，个体的行为服从于社会规则，如果违反了社会规则，就会产生自责感。这是由于处在这个水平的个体具有强烈的社会归属需要。处于这个水平的个体自我意识不强，往往隔离自己的真实感受，根据权威价值和传统规则行事。

（2）公平水平。个体将社会的、外在的规则内化为个体自己的规则，形成了自我评价的标准，以此作为行动的依据，约束自己，评价他人。具有自己确定的理想和自己设立的目标，期望成为社会称许的完美自我。在生活中意识到现实世界的复杂性，但囿于思维的机械性，整合能力不强，尚无法包容不完美的、非理想化的行为，倾向于用分裂的机制适应外界，如要么具有独立性，要么具有依赖性。

（3）自主水平。对规则进行深度思考，透过行为现象关注人的整体性，不再以理想化的标准衡量现实，认识到问题无处不在，在自我评价与社会规则之间、个人需要与他人需要之间会出现各种矛盾和冲突，不会总是和谐一致的。能成熟地面对现实，承认并接受人际关系和社会关系中的矛盾和冲突，对这些矛盾和冲突表现出高度的容忍性，能认识到既要充分尊重个人的独立性，又要看到人与人之间的依赖性、合作性。

（4）整合水平。这是自我意识发展的最高水平，既能怀揣梦想，又能适应现实。个体不仅能正视内部矛盾和冲突，还会积极地去解决这些冲突，综合分析，科学决策，务实地化解生活难题，善于放弃那些不能实现的目标，而进行新的选择。

二、确定感的程度分级

（一）自我否定

自我不接纳，极端自卑，看不到自己的优点，固执地认为自己不好。觉得自己糟糕透顶、一无是处，生活中的选择都是因为被逼无奈。被批评时诚惶诚恐，习惯说"都是我的错"，丝毫不敢替自己辩解；觉得自己不配，被善待时惴惴不安，好岗位、好待遇、好结果、好关系、好运气会激发内疚与惶恐，不能坦然接受。不放过自己，生活中注意力聚焦于自身不足，纠结错误，过分放大自己的缺点，认为没有人会喜欢自己，与人相处过分讨好，以免被人嫌弃；害怕出错、无所作为。

（二）不确定

自我意识模糊不清，受外界暗示而摇摆。不知道自己是谁，怀疑自己不优秀。得到外界的回应、获得外界的认可时觉得自己有魅力、受人喜欢，生活充满阳光。有时候又感觉自己的生活糟糕，感觉无助、无力、无奈，放任自己随心所欲。自卑，不自觉迎合、讨好他人，希望得到别人好的评价来克服自卑。迷恋朋友圈，不停地秀恩爱、秀成绩、秀美好生活，给自己和别人营造一个美好印象，掩饰内心的虚弱。自负、固执、夜郎自大，在外人面前极力回避自己的问题，小心翼翼地保守自己的秘密，否认自己的缺点，一旦被拆穿，则羞愧难当，或者暴跳如雷。

（三）比较确定

通常知道自己是谁，能自如地表达自我，但关键时刻掉链子，在高压面前容易崩盘。平时学习优秀，成绩理想，面临大考却一塌糊涂；工作时兢兢业业、尽责高效，接受检查、竞职演讲时却头脑一片空白；日常事务中与人交往得体，与异性单独相处时面红耳赤；通常遇到问题时能理性分析，有效化解，一旦涉及关系重大、解决不好可能损失严重的问题，就犹豫不决、畏手畏脚。

（四）确定

自我意识清晰，有着独立于客观外界的清晰的内在自我认知。具有深刻的洞察力，往往能在本质、规律和意义层面交流。自我定位清晰，有适度的弹性空间，注重发展的可能性。行动上独立而自主，不因高压而变形，不受环境暗示。自我与他人和环境互动时既有边界又能融通，不担心被淹没，也不固守自我。

自我确定感强的人，自我认知清晰，人格水平高。在正确的自我认知基础上，客观地进行自我评价。知道自己是谁，自己想要什么、在做什么、要到哪里去。能够自我悦纳，辩证地看待自我，觉察完美主义倾向，体会自己的独特性，喜欢自己的长处，欣赏自己的优点，放下自己的不足，独立意识强，受暗示性差，对外界评价的依赖性较小。

自我确定感强的人，有积极的自我体验。自尊自爱，自信从容，体验价值感、幸福感、愉快感与满足感。"我"是谁，"我"如何选择、如何行动跟外界评价关系不大，不因别人的褒奖而盲目，也不因别人的贬损而菲薄，充分看到自己的价值，享受自己的存在感。

自我确定感强的人，能有效地自我调控。自制力强，表现出自觉、自立、自主、自强、自信、自制、自律，在任何阶段都有明确的追求目标，能够很好地克制自己的情绪，行为主动而有节制，有责任感，遇事沉着冷静，果断而坚毅。克服自我障碍，不纠缠、不焦虑、不自卑，进行积极的自我提升与自我尝试，注重发挥自身优势，打磨核心竞争力，扬长避短而不执着于取长补短。内在需要确定，动力聚焦而持久，"需要—决策—行动—结果"的每一个环节都有相对的确定感。内在规则确定，能就是能，不能就是不能；要就是要，不要就是不要。不怕外来诱惑，不因外来诱惑巨大而惶恐不安，过分防御，不当拒绝。

任务四　根据边界清晰程度评估内在人格水平

一、边界的概念

每一个人都拥有属于自己的生存空间，生存空间分为两类，分别是物理空间和心理空间。既然有了空间的存在，那么空间与外界一定有交界线，这里的交界线就是所说的边界，这里的边界特指心理空间与外界的边界，也就是心理边界。

个体的成长过程就是逐渐地跟外界建立生理与心理边界的过程。婴儿出生与母亲分离，以皮肤为标志形成了自己基本的生理边界。心理边界是一座"心理围墙"，也被称作"个人边界"，是个体所确立的实现心理控制功能的心理范围。个体可以在这个范围内探索内部世界和外部世界，得到"非我"和"我"的体验。知道什么是"我"的，需要理清楚什么是属于边界内的，"我"应该对什么负责任，"我"不应该对什么负责任，哪些是不完全由一个人负责的；还要清楚什么是合理的、安全的和被允许的行为，以及当别人越界的时候，自己该如何回应。可以说，一个人的心理边界确立得如何，对其心理健康程度和社会适应行为起着不可忽视的作用，决定了个体能否最终走向独立自主。

边界的建立是人格结构层面的建构，边界的维护是现实适应层面的表达，两个层次都会影响人际互动中的边界感。内在人格结构的稳定性决定着外在行为的恰当性，人格结构不清晰、不稳定，行动就容易突破边界。每个人都想获得自恋的满足，会在自恋满足的驱使下扩大自己的边界，以便将有利资源变成自己的，或将别人拉进来替自己承担责任。与之对应的，在重大压迫面前人们的边界会缩小，采取丢车保帅的策略，将自己的部分利益让给别人以保障紧要资源。

二、边界的层次

（一）边界不清

人格水平低的人在自我结构上有缺失，自我不稳定，对自我的认识模糊。"我是谁？""什么是我的？""我想要什么样的生活？"这些基本问题不确定，人际互动时就表现为边界不清，行为在不知不觉中就跨越了心理空间的边界，自己还没有觉察。将一些原本不属于自己的事情也承担下来，直接以处理边界内事务的方式去处理，这样的行为其实就越界了。如女生因与室友吵架而烦躁，她寄望男友给自己安慰，化解自己烦闷的心情，还期待男友为自己出谋划策甚至决策，如何去与室友沟通。女生想的是通过引导男友，让他来替自己分担甚至替自己决策，这其实不仅是在要求对方越界，也是自己在越界。如果男生不愿意干涉女生的心理空间，要维持好心理边界，女生可能会气急败坏，从而影响两人的亲密关系。

边界不清的人，受趋利避害的本能驱使，有利的就要，有害的就推，习惯享受舒适，见到困难就躲，遇到麻烦就逃，分配任务时拈轻怕重，将自己的任务甩给别人，分配劳动成果时当仁不让，唯恐被人蛮横盘剥。担心自己受威胁、受伤害、受委屈。希望成为关注的中心，不能忍受被忽略、被嘲讽。只从自我需要、自身感受和价值观念出发，眼里只有成功和赞许，心里装不下批评和失败。

边界不清的人常常采用分裂的防御机制，将世界分为全好的或全坏的，将人分为好人和坏人，全身心对自己好的人才是好人。偏爱只有获取没有付出、只要权利不要义务、只要表扬不要批评。

边界不清的人缺乏安全感，对安全的渴望和对危险的恐惧驱使个体认同权威、远离弱小、觊觎权位、忌恨忽视，通过从外界不停地抓取来填满空虚的内在。边界不清，

"我的是我的，你的也是我的，所有都是我的"，遇到诱惑无法自制，向外攫取，没有觉察。遭遇强敌、面临竞争，自己的边界被突破时会激发强烈的愤怒，敌对攻击，鱼死网破；或者因害怕毁灭性打击而退缩，在忍气吞声中积攒怨气。边界不清一般有以下几种表现形式。

（1）支配与控制。迷恋掌控感，自我、固执、害怕失控，希望别人按照自己的意愿去做。喜欢别人对自己顺从，不愿听到建议和意见，自信满满，刚愎自用，推诿客观。处于支配地位的人将别人工具化，否认对方的能力，打击对方的自主性，使对方服从，从而达到驾驭的目的。控制可以分为硬控制、软控制和无形的控制三种，教育、命令、批评、惩罚、指责、羞辱、监督、跟踪、限制人身自由属于硬控制；讨好、迎合、撒娇、利诱、苦肉计、要挟属于软控制；信用、承诺、保护、恩赐、威望等属于无形的控制。反社会型人格障碍患者喜欢控制别人，常用的方法是硬控制。表演型人格障碍患者也喜欢控制别人，常用的方法是软控制。边缘型人格障碍患者常常软硬兼施。自恋型人格障碍患者则习惯硬控制和无形的控制并用。

（2）拯救。把别人的事当成自己的事，越界承担，过分给予，喜欢瞎操心，对别人无微不至地关心，包揽大小事务。亲子关系和亲密关系中容易出现这类现象，父母过分插手孩子的学习、生活、工作、交友、恋爱、婚姻、职业发展、养育下一代等；亲密关系中恋人、配偶双方容易形成父女关系模式、姐弟关系模式和母子关系模式，一方以拯救者角色自居，不断地付出。

（3）依赖。依赖是与拯救相对的，在一段关系中，一方是拯救者，另一方就是依赖者。拯救会强化依赖性，同样，依赖会激发对方的拯救情结。依赖就是软控制。依赖者用依赖控制对方，使对方心甘情愿地扮演拯救者。拯救者把别人的事当作自己的事，依赖者把自己的事推给别人，让别人替自己做。

依赖者在生活、情感上过度依附别人，无法独立自主。渴望得到关爱，寻求庇护和帮助，害怕孤独，有强烈的不安全感，过度依赖从别人那里得到身体愉悦或情感满足，时常埋怨，常觉得别人对自己不够好。拯救型的父母常常培养依赖型的孩子，导致孩子无法独立自主。

（4）讨好、迎合。讨好主要表现为渴望得到别人的认可、赞扬和尊重，为此揣摩别人的心思，迎合别人的需求，做一些能够让对方开心的事。讨好别人、迎合别人，必定会长期压抑真实的自我，忽略自我需要。讨好型的人是自卑的，他们不接纳自我，看不到自己的价值。讨好的最终目的是让别人对自己好，通过讨好别人来获得关系，得到帮助，化解难题。用讨好换来的关系缺乏对等性，得到的接纳与尊重也是虚假的，无法消解自卑，讨好者仍得不到独立与自主。

（5）侵犯隐私。隐私是相对与绝对的统一，夫妻之间应该坦诚相待，朋友之间应该真诚相处，但都不应是绝对的。窥探隐私打破了人际界限，侵犯了别人的心理空间。窥探别人的隐私是人际界限不清的表现；同样地，跟关系一般的人分享秘密、谈自己的感受、暴露自己的想法，也是人际界限不清的表现。这方面的表现有很多，如打探别人的私生活、偷看别人的聊天记录、随便进入别人的卧室等。

（6）回避竞争与压力。害怕竞争，遇到强力就变形，对方的威胁、霸道等都会让自己屈从。通常无法拒绝别人，只要别人开口，无论要求是否过分都无法拒绝，尽量满足别人的意愿，甚至被道德绑架。

实际上，这些表现形式不是单独出现的，而是交织在一起呈现出来的。

（二）建立边界

建立边界，或者说是树立疆界。人格水平偏低的人虽然建立了边界，但缺乏柔韧性，非常机械。他们坚信"拿了别人的手短，吃了别人的嘴软"，害怕建立联系后碍于情面而无法拒绝，索性把自己和别人彻底分离开来。

建立边界，是因为担心没有力量守住自己的边界，害怕别人突破自己的边界，时刻提防被人钻空子而蒙受损失。整个人处于戒备状态，不敢与人合作，坚决与别人划清界限，凡事独自解决。自己的利益，一丝一毫都不愿意分享；自己的难题，解决起来再吃力也不愿麻烦别人，宁肯放弃也不愿求助别人。同样地，即使别人非常乐意分享他的利益，自己也不去碰，往往生硬地拒绝；对于别人的求助，即使自己举手之劳就能搞定也不愿意搭手，害怕别人得寸进尺，从而带来麻烦。当有人强行突破自己的边界时，会激发过度防御，强烈地捍卫自己的利益，让对方知难而退、无法得逞；有时候被对方"绑架"后，内心极度不满，会反复诉说自己的代价和损失，激发对方的内疚。

建立边界是缺乏安全感的表现，可能因为从小到大没有得到很好的支持和保护，甚至边界总是被打破，如私人物品未经允许而被随意挪用，个人隐私得不到尊重，自己的私密空间常常被打扰。自我边界意识被冲击，想要跟人保持边界却又不清楚界限该如何确定，往往被关系和情感干扰，如在和母亲之间的边界划分中会被"她是我妈妈""我是妈妈的儿子"这类关系干扰，尤其是边界被对方强势打破、无形入侵等反复发生后，边界感越来越差，维护边界变得越来越困难，丧失了对自我边界的自主意识。于是，个体就剥离一切关系，在孤岛中维护自我。

建立边界的人会陷入强迫性重复的怪圈。因为过度拒绝而倍感孤独，内心深处渴望关系，希望得到关爱、理解、支持但又害怕他人在自己的世界为所欲为。一方面拒绝绝大多数，不让人轻易靠近，但也会在"被看见"中慢慢放下防御，打开自己；另一方面又感觉自己在对方的主动中破防，于是节节退让，无法适应，懊悔不已，最后又竖起篱笆、关上大门。

（三）边界清晰

人格水平高的人边界清晰，柔韧而有力。对外界诱惑有自知之明，能觉察和调控自己的欲望，对外界压力能有力应对，具有充分的意志自由和自我调控自由。

（1）对自我和外界认识深刻，内在确定感强。对"我是谁""我想要什么样的生活""我如何达成我的需要"这些关于自我的探索清晰明了；外界与自我的关系以及自我生存发展的意义被充分关注，对客观规律的认识深刻，在充分尊重客观规律的前提下能合理利用规律为自己服务。自己的就是自己的，别人的就是别人的，知道自己和别人的边界，行事有明显的规则和边界。不因失败、挫折、困难而推诿，一般不被利益、好处引诱，不因强权、暴力而退缩，不被舆论、评价左右；可能会被扰动，也可能会被引诱，但有觉察，有调整，整体风格淡定从容。开放而自省，不机械固守个人所得，可以拿出自己的（一部分）利益与人分享，也愿意表达自己的需要，乐意与他人合作和互动，坦诚表达希望得到外界给予、分享、互换的意愿，在尊重自我和他人边界的前提下达成，也能正视自己的意愿被拒绝、忽略等。

（2）有充分的安全感，开放程度高，防御性低。人格水平高，能有力地维护自己的边界，不害怕被外力挤压而丧失边界，不担心自己的东西被外界掳走，不因拿不到额外的利益而懊恼，不因维护不了自身利益而愤怒，不因控制不了局面而气馁，不因意志自由被剥夺而郁闷，不因过去的琐事而纠缠，不因未来的不确定而焦虑……把自己放在一个合理的位置，顺其自然，为所当为。合理应对短暂的情绪波动，能分辨哪些是别人的问题，哪些是自身的不足，能够区别对待。

（3）自主地利用自身资源。"我的就是我的""我的地盘我做主"，享有充分的意志自由，能根据自己的意志做决策。自己的资源可以自己享用，也可以分享给自己认可的某个人，也有权拒绝任意一个未经自己允许而欲动用自己的资源的人。遵从自己的意愿，自如地处理边界，而不是屈从外界压力。能坚定而温和地维持边界不变形，在压力面前依然从容淡定，拒绝胁迫。相信自己能处理好自己和别人的需求，对违背自己意愿的他人行为能给予反馈或拒绝，不让边界向内凹陷，当别人越界指向属于自己的资源时，有足够的力量不被"绑架"。

（4）坦诚交换资源。能在自己的边界之外寻找合理的资源，让边界内外的资源流动起来，更好地适应生活。如果自己需要别人的帮助，愿意表达自己的意愿和想法，请求别人的帮助，但也尊重对方的意志自由，不胁迫、不纠缠、不攻击，柔韧地坚持，提供合理的交换情境，达到双赢或多赢。不因对方的拒绝而猜忌或心存芥蒂，也会感激对方施以援手。维护自己的边界，也不破坏别人的边界，尊重别人的意愿，能好好商量。

任务五　根据防御机制评估内在人格水平

个体在婴幼儿时期存在一对基本的矛盾：保障生物个体生存的生理需要与自己无法满足这些基本需要之间的矛盾。这种婴幼儿时期需要得不到恰当满足所带来的生存焦虑是现实焦虑的源头。随着个体的发育，在个体面临各种现实危险时，便会诱发原始性焦虑，为抵御这种焦虑的行为模式就是防御机制。防御机制存在不同层次，个体的人格水平决定其常用防御机制的成熟度。人格水平和防御机制之间存在千丝万缕的联系，因此根据个体经常的、核心的防御机制也能推断人格水平的高低。人格水平高的人，低水平防御较少，开放程度较高，愿意面对问题并解决问题而不是掩耳盗铃。"越开放，越成长"，形成良性循环。人格水平高的人在人际关系上愿意跟人交往，有情感流动和相对稳定的联结。

一、自恋性防御机制

个体人格发展固着在分离-个体化之前，通常处于精神病水平，他们无法分辨内在主观与外在客观之间的差别，个体不得不通过幻想等防御机制改变基本现实，在主观世界营造一个符合自身意愿的"客观世界"，自我满足与陶醉，但与现实格格不入，无法得到绝大多数人的理解与引起共鸣，看上去像"疯子"或"狂人"等。这种防御机制常见于精神分裂症患者。

二、不成熟防御机制

不成熟防御机制常见于人格与情感障碍患者。个体人格发展固着于分离-个体化阶段，要么希望混迹人群但又不甘人微言轻，要么隔绝他人但又无法忍受形单影只。不成熟防御机制通常是由于受到人际关系过于亲密的威胁或害怕这种关系的丧失而做出的改变，包括疑病、被动攻击、见诸行动等。其表现形式通常为不被社会接纳的偏离行为，如分裂，将人分为好人与坏人、有用的人与无用的人，遇到挫败就自我否定，获取成功就得意忘形。

三、神经症性防御机制

神经症性防御机制常见于各类神经症患者，也可见于成人的应激性反应中。个体人格发展已经完成了分离-个体化，但因刺激事件而陷入趋避冲突。使用这类防御机制的目的在于改变自身的感觉或本能表达，常常以个性化的方式表现出来，难以被常人理解。

四、成熟的防御机制

成熟的防御机制有益于协调对主观与客观、自我和他人的认识，通常见于10岁以后的正常个体，整合了自我观念与外界评价、自我需求与现实资源、自身意愿与他人感受等多维相关要素，使个体在协调而非对抗的氛围中达成自主与满足，出现于恰当的场合。这一水平的个体通常人格正常，常用的防御机制包括升华、利他、幽默等。

任务六　根据动力系统评估内在人格水平

　　动力系统是以需要为核心，包括动机、需要、兴趣、爱好、价值观和信仰等在内的个体内在动力结构，是个体所有行为的发起者和人格发展的动力源。动力系统决定了个体行为的表现，并在一定程度上影响人格发展的状况。对个体动力状况进行评估，有利于发掘成长的积极动力并加以保护和利用，同时化解成长的阻力；还有利于将个体的动力引导到适应社会的现实领域中。动力系统评估主要从动力的聚焦性、动力的持久性、动力的强度等维度进行。

一、动力的聚焦性

　　动力的聚焦性是指动力的专注程度，即个体能否屏蔽无意义刺激而专注于特定对象，指向一定的活动领域、主题或内容。以个体为分界可以将动力指向分为指向内（如聚精会神）和指向外（如漫不经心、朝三暮四）。

　　动力聚焦的前提是内在需要的确定，表现为自身内在需要结构的清晰程度，清楚哪些是优势需要、哪些是核心需要、哪些是不重要的需要等；个体内在需要结构是发展的，是变化与稳定的统一。一般而言，人的前半生动力多指向外界，欲望不断增多增强，需要结构呈加法趋势；人的后半生动力转向自身，因满足而知足，因悟道而放下，需要结构呈减法趋势，聚焦性明显，知道自己要什么，也知道自己不要什么。内在需要不确定时，动力无法聚焦。因担心失去的是极端重要的或最有价值的，或担心失去会带来无法承受的懊恼感、危机感等，个体的第一反应是疯狂攫取，什么都要，没有重点，不懂取舍；别人要的自己就抢，别人不要的自己也不太看重，一旦得到却又不知道其真正的价值，不珍惜；偏重物质和现实资源的占有，对外在资源过度控制，什么都不想放手。

二、动力的持久性

　　动力的持久性是指个体动力专注于目标的时间长短，如需要的确定性、动机的明确性、兴趣的持久性、观念（立场）的坚定性等。随着人格的发展，以需要为核心的动力系统趋于稳定，个体动力聚焦于有效目标的时间更长久。未完成情结让人持久执着，但如果缺乏有效的行动来满足未达成的需要，动力就进一步固着。正常的动力持久状态会促发相应的行动，产生积极的结果来满足需要，从而体验快乐与喜悦，形成良性循环。人格水平的高低不同，动力的持久性千差万别，如有的人做事持之以恒、孜孜不倦，有的人做事虎头蛇尾、半途而废。当动力受阻、需要得不到满足时，不同人格水平的人反应也不同，有的人表现为自恋性暴怒、强烈攻击，有的人则深刻反省、默默坚持。

三、动力的强度

　　动力有强弱之分，表现为需要的满足程度诱发的情绪激烈状态。动力的强度源于动力系统的结构，如果个体需要结构被严重破坏，动力就会很弱；如果个体需要结构稳定，动力就很强。如动力系统被严重破坏时的抑郁状态，需要长期没有得到满足时的"躺平"状态或偏执状态，自恋受损时的暴怒状态或激情状态等。个体动力系统的结构是成长过程中多种要素长期相互作用的结果，可能是整体都比较强或都比较弱，可能是局部某些动力比较强，另外一些动力比较平和。动力层次的丰富性及合理性决定了动力的分配，有人被原始欲望控制，有人贪图物质欲望，有人偏重精神需要，绝大部分个体对物质需要和精神需要是同样看重的。动力的强度与行动力、动力的聚焦度、外界的支持度等协同作用促进个体适应外界。动力达到一定的强度并聚焦于有效目标，才能激发有意义的行为，维系行为的持久性，从而在适应中发展，在发展中进一步提升适应力。动力太弱或者动力被无谓地消耗，则无法激发自主的、有效的行为，个体的发展和适应就会滞后。如果个体动力强，但缺乏积极行动和必要的支持，目标和期望的达成不能如愿，则可能导致焦虑，并以内卷的方式应对焦虑。

模块三 | 个案概念化

个案概念化理念

任务一　掌握个案概念化基础

一、个案概念化的概念

所谓个案概念化，是指心理咨询师依据来访者当前的表现，参考某种心理学理论，对来访者的问题及其形成过程提出假设，分析内隐的和外显的各种力量的相互作用，从而理解来访者的过去，预测其未来的持续发展趋势。

个案概念化是一种思维方式，是理解来访者的工具或途径。来访者到来时，心理咨询师看到他们此时此刻或现阶段的表现，透过这些表象来归纳来访者的行为模式、情感反应、认知特点，探究其动力状况，评估其人格水平。以此为结果，向前追溯问题发生的原因及演变过程，理解各种力量在来访者身上的影响程度，尽可能地理解来访者的过去、现在，预测其将来。

个案概念化的目的是更好地解释来访者是如何成为现在的样子的。个案概念化不仅有利于心理咨询师认识来访者，也有利于来访者自己觉察、探索、领悟和成长。对来访者曾经的发展变化过程提出假设，在假设的前提下进一步收集信息并进行验证、整合，反过来修正前期的假设。如此反复，不断调整和修正假设，当"他如何成为现在的他及他为什么出现了现在的问题"的答案越来越清晰时，心理咨询师所知道的就越来越贴近事实了。但细节无法穷尽，感受具有瞬时性和模糊性等，心理咨询师没有与来访者共同经历和感受成长的过程，也无法与来访者一起回到过去的情境，因而始终无法完全还原事实。

假设的理论依据有很多，从不同的理论视角出发会形成不同的个案概念化模式，如认知行为治疗模式、精神分析治疗模式、家庭治疗模式。通过每一种模式对来访者所形成的理解都可能不同，实施心理治疗的计划就会不同。

二、个案概念化的工作步骤

个案概念化的工作一般包括认识现状、回溯过去和提出假设三个步骤。

（一）认识现状

此环节的核心任务是充分收集信息，抓住来访者的核心特征，认识当前的来访者是"谁"。心理咨询师与来访者建立良好的咨询关系，形成治疗同盟，认真倾听来访者的描述，对相关资料进行核实、分析、整理。了解来访者的生存状态、社会支持系统；理解其矛盾冲突、情绪反应、内心体验、痛苦纠结、认知特点、价值观念；关注其行为习惯、饮食起居、睡眠状况；通过分析来访者家庭生活、人际交往、学习和工作等方面资料评估其社会功能状况。

认识现状不仅仅要收集重要事件及情绪困扰，还要从一件又一件事件及其激发的情绪状态出发，通过来访者的主要问题理解来访者的核心冲突，看到问题背后的行为模式，推测来访者的人格水平，对来访者的适应状况进行总结概括，初步形成对来访者整体的"人"的印象。

（二）回溯过去

一般来说，在思考如何理解和描述来访者的成长过程时，心理咨询师常常在"生物—心理—社会"综合框架下开展工作，尽可能多地了解来访者的信息。试图对来访者成长过程中重要的生物因素（年龄、性别、长相及身体残疾状况等）、气质类型、人格特征、行为模式、重要事件进行收集、整理，在来访者的叙述中寻找重点，将内在感受和外在事件之间建立链接，发掘事件的意义，了解来访者一路走来的爱恨情仇，想象和体验这些因素的交互作用，形成内外交融、前后关联、循环因果的网状图，而不是简单机械地去核实客观事实。

（三）提出假设

依据某一个心理流派或治疗方法，深入理解来访者的问题，并从来访者的成长经历中寻找导致问题的重要因素，将当前问题与过去经历联系起来，推断问题的形成过程。提出假设是以某个心理治疗理论（流派）为指导的系统性思考过程，将来访者成长经历中的诸要素串联起来，挖掘底层逻辑和内在联系。将单个因素的单一性、局部性、表浅性效应置于多因素交互作用、循环因果的长期发展进程中，对来访者整个成长过程做出心理学解释，从而理解来访者为何成为现在的他。

三、个案概念化的基本原则

在个案概念化的过程中，应该遵守以下基本原则：

（一）理论联系实际原则

个案概念化虽然是一种假设，但这种假设是建立在来访者的真实经历基础之上的。此外，为了保障通过个案概念化能更好地理解来访者，指导心理咨询和治疗，还需要掌握充分的资料。因此，在个案概念化工作过程中必须从每个来访者的现实出发，尽量避免先入为主和主观臆断。

同一个个案可以依据不同的心理治疗理论开展个案概念化工作，个案概念化的视角不同，关注的信息也会有差异，提出的假设和治疗思路也不同，但这并不意味着理论可以滥用，对来访者的问题可以随意做出解释。心理咨询师应秉承科学严谨的态度，以理论为指导，结合来访者实际，深入理解来访者成长过程中的缺失和遗憾以及当前行为模式的独特与局限，帮助来访者更好地认清自己、理解自己、发展自己。

（二）动态发展原则

对来访者提出假设，不是简单地推定，得到一个确定的答案，而是要不断地回溯来访者的成长经历，体验事件发生当时对来访者的影响，事件发生以后对来访者的内在世界和人格成长的长远效应，建构起内外交融、前后关联、循环因果的发展脉络。心理咨询师会穿梭于来访者的过去和现在之间，往返于来访者的内在世界和现实世界之间，不断地补充和修订提出的假设。用假设来指导心理治疗，以疗效来验证假设，如此交互推进，无限接近来访者的内在现象世界，从而将其真切地呈现出来。

（三）尊重有利原则

个案概念化是理解来访者的工具，实施个案概念化的目的是"看见"来访者，而不是评价来访者，更不是为其贴标签。每个人成为其自己，都是先天遗传、后天环境相互作用的结果，心理咨询师不能因来访者观念偏激、行为出格、个性缺陷等而心存芥蒂，更不能因负向反移情而阻碍心理治疗；而应从此时此地出发，尊重来访者作为一个独特的个体，理解其成长经历及现实需求，用温暖、理解、支持的态度来面对他们。个案概念化的目标是帮助来访者看见自己、理解自己，这有利于来访者的领悟和成长。是否与来访者分享个案概念化，应遵从有利原则，灵活变通。

任务二　来访者现状描述

一、来访者自我意识与自尊调节

（一）来访者自我意识

自我意识是来访者对自己存在状态的认知和评价，包括对自己生理状态、心理状态、人际关系以及社会角色的认知。自我意识的核心是个体如何看待自己，反映个体自我接纳的程度，自己跟自己关系的亲密程度，受知觉、感受、信念和评价的影响。来访者的自我接纳程度是来访者现状评估的重要内容。

自我接纳包括对自己外在形象、情感、态度、信仰、价值观、身边的人及自己所处环境的接受与适应。自我接纳在程度上是一个连续谱，个体的自我接纳程度分布于接纳和不接纳两端中间的某个点上。自我接纳在内容上也是差异化的，个体一般对自身与主流价值一致的部分接纳程度高，对自身的不足接纳程度偏低。

自我接纳的难点往往集中在对自身不足和缺点的包容上。如果一个人看不到自身的价值，无力接纳自身的不足，就会表现出对自我的排斥和摒弃，比如自我否定、无价值感、敏感、过于在乎外界的评价、自卑、抑郁、焦虑、恐惧等。相反，接纳自我的人内在确定感足，知道"我是谁"，不目空一切、盲目自大，也不自怨自怜、患得患失。接纳真实的自我，不追求自身的完美，不以尽善尽美的要求衡量现实，能理解缺憾，包容失意，从容面对挫败，而不是期待"全好"式的绝对完美。

（二）来访者自尊调节

自尊源于自我价值感，反映了一个人的自信程度。因此，自尊涵盖了自我满意、自我悦纳和自我价值等。自尊调节是一种能力，当自尊受到威胁或自恋被剥夺时，自尊水平、敏感程度、内部反应模式及对社会支持的利用程度等会自然而然地呈现出来。

来访者的自尊水平可以通过个体的稳定性进行观察和评估。来访者自尊受到威胁时敏感程度如何，是淡定的、轻微的，还是明显的、剧烈的甚至歇斯底里的；来访者对哪些刺激敏感，在面对特定威胁时自尊是否会表现得特别脆弱，如崩溃的、因暴怒而毁灭性攻击的、因无地自容而欲自杀轻生的等。来访者自恋状态如何，会用什么样的方式回应自尊剥夺，是骄傲自满、自大自恋、易怒而苛刻、贬低别人和自我吹捧，还是自我挫败、自我贬低，亦或是幽默、升华等。来访者在利用社会支持时是否会索求关注、谋取恭维、讨好、威胁等。

二、来访者冲突及心理状态

（一）来访者冲突

社会适应就是从客观外界获取资源来满足自身内在需要的过程。个体内在需要结构的合理性、外在资源的掌控质量以及优质资源与核心需要的匹配程度等决定了来访者的社会适应状态。来访者处于不同的人生发展阶段时会面临不同的发展主题，如自我发展（学习和工作）、家庭生活、人际交往、抚养子女及赡养老人等，这些发展主题会成为来访者核心冲突的主要来源。心理咨询师要观察和分析来访者对核心任务是否应对自如，存在哪些冲突，冲突发生的频率及严重程度如何。通过分析常见的冲突总结来访者的冲突性质，更好地认清其内在现象世界，从而向内探索其动力系统、人格状况、行为模式（防御机制）等，合理地解释来访者的过去经历是怎样影响现在的状况的，其内部世界（模板）是怎样影响其外部世界（行为）的。

（二）来访者心理状态

第一，弄明白来访者的生活背景、年龄、性别，在当前人生阶段的发展主题以及现实生活难题是什么。一个中学生被父母控制得有些窒息，一个家庭主妇面临丈夫出轨却又无法离婚，一个青年才俊意气风发想要在职业上更进一步，一个中年男人在商场上顺风顺水却身患重疾……这些因素决定了来访者的生活基调。第二，弄清楚来访者对当前处境的看法、应对方式及动力状况如何，情绪反应的性质及强烈程度如何。例如，同样是青春期的叛逆，有的孩子很快就与父母和解了；有的当面顺从，背后对抗；有的对抗剧烈，以死相搏；有的则讨好顺从。来访者面对现实问题的态度也有差异，有自怨自怜的、悲观失望的、怨天尤人的，也有不甘服输的、隐忍稳重的。个体成长过程中动力是否得到表达、需要是否被满足、情绪是否被接纳等状况的影响会一直延续，如形成未完成情结等。个体因得到或失去的反应越激烈，对应的需要越欠缺满足。个体的反应越从容、淡定，则对应的需要越被充分地满足过。第三，弄清楚来访者的社会支持系统如何，有利资源和不利因素有哪些。社会支持系统既影响着来访者当前的心理状态，也反映着来访者过去的生活平台及当前的人格状况和心理状态。

三、来访者的症状

症状是来访者心理健康状况最丰富、最直接的反映，分析症状可以发现来访者潜意识的欲望及需要结构，由此探索欲望的满足状况、满足途径、满足方式等，并明了补偿性机制、情绪体验及认知观念和价值取向等。通过对症状进行关联性分析，形成症状群，能更好地理解来访者的现状及成长历程。

（一）始发症状及核心症状

始发症状是来访者出现最早的症状，是后续症状产生的基础，往往居于症状群的核心地位。始发症状反映了来访者人格缺陷最主要的方面或最主要的内心冲突。始发症状持续时间长，表现程度明显，出现频率高。始发症状往往是核心症状，可能是特征性症状，即某一类疾病的典型的、代表性症状，是临床诊断必不可少的依据。通过始发症状能够判断来访者的核心冲突、人格水平及疾病性质。

（二）主要症状

主要症状是在核心症状的基础上继发的，是来访者主要问题发展到一定程度后必然出现的症状，是诊断某一类疾病必不可少的症状；临床诊断中如果缺乏主要症状，诊断结论可能是不充分的。主要症状不专属于某一类疾病，可以在同一性质的不同疾病中出现。主要症状与核心症状共同反映来访者的问题，是理解来访者的重要线索。

（三）伴随症状

伴随症状能反映来访者暂时的、局部的状况，是主要症状的补充。伴随症状是理解来访者的参考依据，可能与来访者所处的外在环境或一过性刺激相关。

四、来访者社会功能达成状况

来访者的社会功能在很大程度上受制于内在人格状况，反映了人格发展水平。人格结构越协调，内在确定感越足，边界越清晰，社会功能达成度越高，社会适应就越好。相关内容参见本书项目九人格水平评估。

（一）工作（学习）状况

来访者工作（学习）状况与自身职业发展高度相关。初中、高中和大学阶段尚处于职业准备阶段，个体以学习为主，大学毕业之后则由学习为主逐渐过渡到工作为主。学习习惯、学习专注程度、学习方法和技巧、学习效率、学习成绩和效果、工作主动性、精力投入度、工作承受性、工作效率、任务完成度等都可以反映来访者的社会功能状况。可以深入收集来访者学习和工作经历的资料，包括来访者学习的自主性、自觉性如何，学习成绩与同龄人总体平均水平相比如何，是否旷课、逃学，是否完成了义务教育，是否升入高中、考上大学等；工作的稳定性如何，辞职、跳槽的频率高不高，换岗、换工作的原因是什么，工作岗位的重要性以及个体的适应性、参与度和自身体验感如何。

（二）家庭生活状况

家庭是个体生活的核心平台，是亲密关系得到满足的港湾。个体通过家庭获得情感的关爱和经济的保障等。个体家庭生活状况包括亲密关系的维系、与家庭成员情感的交流、饮食起居的节律、家务劳动的分担等方面。离家出走、不愿意回家或长期不与家人联系、不修边幅等状况大都是生活功能低下的表现。

（三）人际交往状况

人际交往是个体赖以生存和发展、保障心理健康的基础，任何个体都不可能离开群体而健康快乐。人际交往状况受到交往双方的影响，通过人际交往状况可以评估个体内在心理状况。人际关系的稳定性、情感体验的亲密程度、人际距离的恰当性、人际互动的顺畅性、沟通内容的深刻程度、关系效应的舒适度等都不同程度地折射出人际关系的品质。如果个体一直没有稳定的社交关系网络，从小到大都没有亲密的伙伴、朋友，与亲戚、同学、同事无法建立联结，孤僻独处，或者关系过于亲密而不稳定，情绪反应剧烈等，就需要重点关注。

一、成长环境

（一）原生家庭的结构及功能

原生家庭又称出生家庭或初生家庭，是指一个人从出生到成年时所处的家庭环境。原生家庭对一个人的成长和发展具有重要影响，它为个体提供了基本的生活、情感、认知和社会支持。原生家庭的质量和特征在很大程度上决定了个体人格的发展水平，个体认知结构、行为模式、情绪体验等可能会打上原生家庭的烙印，影响其处事风格与人际交往。

（1）家庭成员的影响。家庭成员的影响程度与血缘关系远近、情感链接深度、生活接触频率、人格水平高低等因素相关。原生家庭成员通常包括父母、兄弟姐妹等，有时候祖父母、叔伯姑婶、堂兄弟姐妹等也可能对来访者的成长产生重要影响。家庭成员之间的关系和互动是原生家庭的核心，要弄清楚来访者在婴幼儿时期是否建立了安全型依恋，是否在内在世界形成了客体恒常性，是否与主要养育者建立了稳定的、健康的、亲密的关系。

（2）家庭结构的影响。原生家庭的结构可以分为核心家庭（只有父母和子女）和大家庭（包括祖父母、叔伯姑婶等其他亲属）。不同的家庭结构对个体的成长和发展有不同的影响，私生子女、父母一方或双方亡故或者基本不归家、父母过早离异等对个体的身份认同可能影响巨大。结构与功能高度相关，在功能上越有利于或者越不利于来访者成长的家庭结构对来访者的影响越大。

（3）家庭功能的影响。原生家庭的基本功能包括生活照顾、情感满足、教育和社会化等。一个健康的原生家庭应该能够为个体提供稳定、安全、充满爱的环境，帮助个体建立良好的自我认同和自尊，培养良好的道德观念和社会适应能力。了解来访者从小到大的家庭功能状况及变化，有助于探索来访者的内在现象世界。

（4）家庭教养方式的影响。原生家庭的教养方式包括权威型教养、民主型教养和放任型教养等。不同的教养方式对个体的心理和行为发展有不同的影响。权威型教养可能导致个体过分依赖权威，缺乏自主性；民主型教养有助于培养个体的独立思考和自主能力；放任型教养可能导致个体缺乏纪律和责任感。家庭教养方式与家庭结构、核心养育者的性格特征及人格水平高度相关。

（5）家庭氛围的影响。原生家庭的氛围包括亲密程度、合作程度和沟通程度等方面。和谐的家庭氛围有助于个体建立良好的人际关系，形成积极的心理素质。相反，矛盾重重、冷漠无情的家庭氛围可能导致个体出现心理问题和行为障碍。

（二）学校环境

在个体的成长过程中，学校环境扮演着重要的角色。学校不仅是知识的传授地，更是个体塑造个性和培养社交能力的场所。学校环境对个体心理健康有着深远的影响，它可以促进个体的成长和发展，也可能给个体带来负面影响。

首先，学校环境对个体的情绪管理和自尊心的培养起着重要作用。和谐、温暖的学校氛围能让个体感到被尊重和被接纳。当个体感受到来自学校的支持和鼓励时，他们会更加自信和积极地面对困难。如果学校环境缺乏关怀和尊重，个体可能会感到孤独和无助，进而产生自卑和消极情绪。

其次，学校环境对个体的学习动机和成就感有着重要影响。积极的学习环境可以激发个体的学习兴趣和动力。如果学校环境缺乏激励和挑战，个体可能会对学习失去兴趣，产生学习厌恶情绪，从而影响他们的学业表现。

最后，学校环境对个体的社交能力和人际关系的发展也有着重要影响。学校是个体结交朋友和建立社交网络的重要场所。友善和融洽的学校环境可以帮助个体培养良好的人际交往能力，学会与他人合作和沟通。如果学校环境存在欺凌和排斥现象，个体可能会受到伤害并产生社交焦虑，影响其人际关系和社交能力的发展。

询问来访者的学习经历，收集来访者在学校期间的行为表现，可以评估来访者对学校环境的适应状况。要弄清楚来访者在中小学及大学期间的学习习惯、学习成绩如何，有没有担任学生干部等；在老师心目中的印象如何，与同学交往如何，是否被接纳，是否努力升学进入理想的学校；学习是否顺利，是否被学习困扰并影响到工作和就业等。

（三）社区环境

社区环境也是个体成长的重要平台，属于次属群体。社区亚文化、价值观念以及社区人群的行为示范等对个体价值观念、行为习惯有着潜移默化的影响。良好的社区环境可以提供社交支持和社会参与的机会，有助于个体建立积极的人际关系和社会支持系统。安全的社区环境能够减少人们的紧张情绪，增强幸福感。丰富的社区资源和社交活动能够增加社交支持，减轻心理压力。没有噪声和污染的社区环境有助于集中注意力和提升专注度。

社区中的公共服务设施和资源也对个人的心理健康有重要影响。如果社区存在严重的违法犯罪问题、社会失范行为等负面因素，个体可能会感到不安全和焦虑，这种环境会对心理健康产生不利影响。

（四）社会文化环境

社会文化塑造了人们的身份认同、行为准则和价值观，进而对心理健康产生影响。

社会文化在个体社会化进程中起着重要作用，有助于个体的身份认同并获得自我价值感。人是社会性的动物，个体的身份认同和自我价值感往往是在社会文化中形成的。社会文化通常通过传统习俗、价值观念和行为准则来定义一个人的角色。当个体与所处社会文化的预期存在冲突时，可能会出现身份认同的困惑和自我价值感下降。例如，有些社会文化对男性强调力量、竞争和独立，对女性强调温柔、包容和依赖。当一个人的性别身份与这些刻板印象相冲突时，可能会感受到身份认同的困惑。一些亚文化注重家庭关系，提倡邻里互助等；在另一些亚文化中，个人主义较为突出，人们往往更注重个人的成就和成功，社会支持较为薄弱。

探究个体对社会主流文化是否认同，是否在追求自身独特性时适应社会文化和制度，在不同的亚文化圈是否切换自如、适应得当，是否能对现实和情怀秉持理解和包容等，有助于了解个体的内在现象世界。

二、亲密关系

人类是一种社会性和群体性的动物，每个人或许都存在想与他人建立亲密关系的内驱力。由于"人类既不由他的愿望出生，又违背他的意愿死去"这一事实，人常常陷入孤独中。孤独造成了人类强烈的焦虑感，而克服孤独的方法就在于建立人际关系，在关系中获得爱、理解与支持。亲密关系是人际关系中最深入、最独特的一种。它不仅涉及两个人的情感联结，还包含了一种共同的生活态度和共享的人生价值观。

（一）亲密关系的品质

每个人都渴望建立亲密关系，希望在亲密关系里既能满足依恋，得到爱的滋养，又能保全自主，享受意志自由。亲密关系受到双方人格及可支配资源的影响，现实中的亲密关系往往存在不同程度的瑕疵。

（1）融洽程度。表现为两人的亲密感，是否发自内心地相互吸引、包容与接纳，是否有较高的默契程度。只接纳对方的优点，挑剔对方的缺点，会消耗双方的亲密感；通过克制换取关系的和谐，刻意不去碰触对方的敏感地带，可能会拉开双方的心理距离；举案齐眉，相敬如宾，看似维护了融洽，但很有可能削弱了双方的坦诚。亲密关系建立在相互吸引、彼此信任的基础上，通过坦诚交流而构建稳定的二联体。如果因为害怕对方不开心或担心关系破裂而不表达自己真实的想法和真切的感受，维护表面和谐，浅浅地卷入，不深入或者不投入，亲密感也将受到破坏。

（2）和谐程度。生活上饮食起居有相同的生物节律和偏好，即使不同，双方也能互相适应和包容。情感上能互相获取慰藉，支持对方的事业，欣赏对方的才华，也能包容对方的缺点。

（3）认知观念。说到关系的建立和加深过程，人们都会说从相识、相知到相爱。心有灵犀、知音难求、"话不投机半句多"都反映了认知观念对亲密关系的重要影响。在双方的人生观、世界观、价值观从有差异到高度一致的过程中，两人相处越来越融洽。关系双方在重要领域的价值取向匹配度如何，审美标准、兴趣、爱好是否一致，决策能否达成共识，双方能否理解对方并相互配合、同步行动，这些都是值得关注的重要内容。

（4）情感链接。情感链接是否紧密可以从情感体验是否深刻、情感回应是否热烈、情感交流是否顺畅、情感投注是否聚焦、情感反应的内容是否准确等方面表现出来。两人相处的状态如信任与戒备、亲密与疏远、尊重与鄙视、支持与忽略等也是情感链接程度的恰当反映。

（5）支配需要的满足。双方关系模式是否协调，是否在关系中获得支配和顺从的满足，满足程度如何。是否太看重对方之于自身的价值，害怕失去而过度占有和控制。双方是否都很强势，都想支配对方而导致冲突不断；或者都很软弱，面对难题时都害怕决策，都想依赖对方等。这些也都是值得关注的重要内容。

（二）亲密关系的稳定性

亲密关系的建立令人愉悦，而亲密关系的丧失则会在生理和心理层面对人产生极大的影响。亲密关系的建立是一大难题，亲密关系的维系更是一大难题。很多人格水平偏低的个体渴望亲密关系，而不顾一切地投入一段关系中，但他们安全感不足，边界模糊，很容易突破对方的边界，不自觉地在关系中制造困扰，将亲密关系推向解体。

亲密关系的稳定性依赖于关系通道本身、关系双方的特质以及环境要素等。如果两人之间的关系通道本身不好，缺乏内在吸引和满足，缺少相互支持和情感交流，在压力和诱惑面前就会动摇。关系双方的特质对亲密关系稳定性的影响表现为关系双方或一方内在确定感不足，将自我、对方及关系理想化或者贬低，理想化时觉得对方就是自己人生中最重要的人，自己的爱情婚姻是天底下最美好的；而心境不好时将对方贬得一无是处，认为自己的爱情婚姻就是个笑话。关系双方与子女形成的沟通网络、生活的亲戚圈和朋友圈对两人的关注等对维系稳定的亲密关系也有很大影响。

亲密关系不是一成不变的，而是在双方相处的过程中不断发展变化的。亲密关系的品质与稳定性可以反映交往双方的动力状况、人格水平、行为模式，这些因素又与童年早期的经历息息相关。如果个体在生命早期与亲人及伙伴建立了稳定和谐的关系，在关系中得到了归属、爱、支配等需要的满足，则个体在亲密关系的建立和维系中会表现为高社会化行为；反之，则表现为低社会化行为。

三、创伤事件及体验

（一）创伤事件

创伤事件是指当事人亲身经历的超出个人承受能力的，影响其心身健康及成长的事件。比如遭遇自然灾害、严重的交通事故、暴力欺凌、性侵等。凡是经历过类似事件的人，通常都会感到巨大的痛苦，从而引起极度恐惧以及无助心理。

创伤体验源于创伤事件的破坏程度与个体承受力的对比，个体身体状况、人格结构、社会支持系统、人生经验等因素会影响个体承受力；事件的强烈程度、持续时间等决定了创伤事件的破坏程度。事件发生的时间越早、与主观期待反差越大、刺激持续时间越长等，给个体造成的心理创伤可能越大。

（二）创伤事件发生时间及频率

创伤事件发生得越早，频率越高，其影响和伤害通常越大。早期创伤可能会损害个体的基础关系系统，较晚发生的创伤可能还有机会通过个体的基础系统得到治愈。

一般来说，在一个人成长历程中，创伤事件何时发生常常与事件的内容同等重要。创伤事件发生在生命早期，与发生在后期所产生的影响非常不同。发生在早期的事件对个体造成的影响往往更严重，更可能导致普遍性问题。例如，个体在1岁时跟母亲分开几个月，很可能会造成多方面的整体影响，而7岁时同样时长的分离就不太可能产生同样程度的影响。

另外，创伤的影响与事件发生的频率也有很大的关联。比如，一个长期被父亲忽略、被母亲控制的孩子，自我边界感会较差；长期遭受性虐待的女孩，可能在性方面会背负一生的负面影响。

（三）过去创伤事件与近期事件交织

童年创伤有多种形式，包括情感忽视、身体受到虐待、亲人突然死亡、目睹家庭暴力、经历自然灾害、在严重车祸中幸存以及其他强烈的情感经历等。

（1）期待性创伤。所谓期待性创伤，是指父母对孩子过高的期待可能会给孩子带来的伤害。比如在母亲怀孕的时候，父母期待是一个男孩或者是一个女孩，而和自己期待的结果不一样时，可能就会区别对待；再比如，期待孩子学习成绩很优秀，期待孩子不淘气且很听话等，一旦孩子不是自己期待的那样，父母就会批评、指责、打骂，给孩子造成心理创伤。这样的事情如果在孩子的整个童年时期持续地发生，那么就会影响孩子的一生，包括孩子对这个世界和对人际关系的看法。

（2）分离性创伤。分离性创伤主要是指依恋关系不够稳定时强行截断母婴关系或其他重要的客体关系，个体情感投注失去对象，陷入孤独、无助、恐惧、缺乏安全感的境地。例如，父母到外地务工，甚至平白无故消失一段时间等，会让孩子在成长过程中时不时地体验关系的缺失。父母过于严苛、理性，过早地让孩子独立承担超出个人承受能力的事情，过度教导孩子摔倒了不许哭、要学会坚强等，这种假性独立也会带来创伤。

（3）忽视性创伤。养育者本身人格力量弱小，更多精力用来应对自身难题，无法承担父母功能，不能维护稳定的关系，无心关注孩子的需要和感受，无力照顾孩子，情绪波动大，甚至让孩子承担自己的情绪。父母为了自身事业和发展，将养育孩子放在次要位置，不停地出差，频繁地搬家，把孩子寄养在亲戚朋友家，孩子的感受、意愿未被真正看到。父母以家长和权威自居，不理解、不尊重孩子。这些父母对孩子情感和生活需要的忽视造成的伤害就是所谓的忽视性创伤。

（4）性创伤。性创伤是一种极其恶劣却又普遍的现象，包括遭受性强暴、性骚扰、边缘性行为、诱奸等事件产生的创伤。一般而言，女性遭遇性创伤的风险比男性高，从小到大听话懂事的"乖乖女"容易遭遇性侵害。遭受性创伤的个体对性过于敏感，对人际交往会戒备，难以信任他人，对职业发展、恋爱、婚姻生活都会产生影响。

儿童在成长中遭受的创伤事件会潜移默化地影响人格成长，进而影响现实适应，导致现实适应不良，引发新的冲突和新的事件。创伤记忆虽然会被压抑到潜意识中，但一直影响着当事人的行为，对当事人适应现实生活产生不同程度的影响。从小缺少父母陪伴的人，可能会比较叛逆；小时候遭受过性侵、猥亵的人，可能会害怕接近异性；在暴力下成长的孩子，脾气会比较暴躁；从小被打压控制的人，可能隐藏着深深的自卑。这些敏感、自卑、固执、焦虑长期伴随当事人，阻碍其人格健康成长，影响其社会功能。如此一来，其现实生活也显得困难重重，进一步放大其不足，影响其自我接纳，导致防御机制进一步升级。现实事件可能会打破当事人的防御，激活创伤体验，使当事人退行，产生不当的情绪和行为。人格发展水平低下与现实适应不良形成循环因果，强迫重复。

（四）来访者对创伤事件的体验与解读

一般而言，经历过创伤的人经常会表现出敏感（警觉性增强）、持续回避、创伤体验与恐惧反应。因担心不幸的事情再次降临，个体会搜索身边的危险因素，放大危机，过于小心谨慎，会尽量避免陷入相似的情境，远离相似的对象。创伤发生后，如果没有得到足够的安抚与补偿，创伤的痛苦体验会时不时地在记忆中闪现，焦虑、恐惧情绪挥之不去，害怕与人交往。

弗洛伊德坚信创伤不仅仅是外在事件造成的身体伤害，更是一种深刻的心理体验，与防御机制紧密相连，过度的刺激就意味着创伤。如果创伤事件发生在人格正在构建的生命早期，创伤体验将会是震撼性的、毁灭性的。创伤的严重程度不同，对个体造成的影响也不同。严重的创伤源自精神内爆，个体自我瞬间碎片化，使精神世界回到了一种混沌的、原始的和未分化的状态，在精神世界造成了一个精神黑洞，这种未知状态会带来极度恐惧。加之内在保护屏障被摧毁，个体处于一种完全暴露和极度脆弱的状态。为躲避危险、防止伤害，个体会慢慢建立独特的防御机制，将真实的自我包裹起来；甚至有些个体会围绕着创伤建立一种以对创伤的防御为主导的人格结构，以防止创伤体验被再次触发。所以，很多时候心理咨询师在接触创伤时，往往触及的是对创伤的防御，而不是创伤体验本身。

创伤的严重程度与创伤事件的严重性、个体应对外界的模式、社会支持系统等因素密切相关。个体在创伤事件的应对过程中不断地开发潜能、滋生期待、切身体验，在较量中靠近自我、相信自我、怀疑自我、否定自我，继而可能感到无助、自暴自弃、悲观绝望。个体将问题化解到什么程度，储备了怎样的经验，决定了其如何看待自己和外界。这个内在模板决定了个体生活的基调是自信的、淡然的，还是戒备的、无奈的。挫折是不是礼物，经历是不是财富，一切以个体再次面对类似创伤事件时的反应为准。如果个体无法从外界得到支持，自身又得不到领悟和成长，创伤将影响一生，只是程度上有差异罢了。

任务四　联系与解释

一、联系

（一）成长历程的总结及效应

根据来访者当前的内在冲突确认其适应状况，对适应程度做出定位。弄清楚来访者在成长过程中经历了哪些重要事件，其先后顺序及关联程度如何，其中对来访者造成重大影响的创伤事件有哪些；来访者亲密关系的品质如何，原生家庭的功能状况怎么样等。总之，将来访者当前的生活状态和一路走来的心路历程勾勒出来，从而认清来访者是谁，把自己的生活过成了什么样。

（二）探索内在现象世界，提炼行为模式

由表及里描绘来访者的内在现象世界。弄清楚来访者的动力结构及人格状况如何，一直以来哪些需要得到了满足，哪些需要没有被重视甚至被忽略了，优势需要是哪些，当前最想要什么；来访者最主要的防御机制是什么，行为模式是怎样的；来访者对哪些经历能坦然面对，对哪些经历耿耿于怀，从而遇到问题就会被激活，激活后会有怎样的行为；其行为模式的优势是在做事方面还是在人际交往方面，在两个领域中的效应如何。总之，要理解来访者长期以来是怎样形成当前的行为模式的，突出的特征是什么。

（三）当前适应状况与行为模式的联系

剖析来访者行为模式的特征，理解来访者行为模式与其适应状况是如何相互成就又相互限制的。当个体擅长人际交往时，他总想通过调动人际资源来解决面临的问题，不想自己亲自动手化解难题；一旦被拒绝，个体将极端被动、一筹莫展。个体如果擅长思考和动手，就会倾向于逻辑思考、行事独立，总以为每个人都应该对自己的任务负责，因而容易在团队合作和理解他人方面遇到难题。因此，任何一种行为模式都会带来某些领域的适应困难，分析来访者当前的适应困难，并与其行为模式进行关联分析，就能更好地理解来访者的冲突为什么会集中在那些领域，以及痛苦过后为什么会强迫重复。

二、解释

解释是个案概念化的核心，一般依据某一个心理治疗理论对来访者的内在心理状况和人格发展做出假设，加深对来访者及其经历的理解。理解来访者是谁，他是如何成为现在的他的，以及将来可能如何发展。

个案概念化是一种思维模式，是引导心理咨询师探索来访者的工具，是一个逐渐清晰化的过程。个案概念化要对来访者的内在心理状况及发展变化过程提出假设，假设的正确性、精准度涉及几个核心工作环节。第一，以当前的来访者为目标，认识来访者是谁。从行为模式、情感反应、认知结构及生理状况等多维度来界定来访者是谁，将来访者的特征充分挖掘出来。第二，充分了解来访者过去的重要经历，包括来访者出生和成长于怎样的家庭环境和社会环境，原生家庭及亲子关系如何，生活的基调是关爱的还是剥夺的；成长过程中哪些要素对来访者的内在产生了影响，是否遭遇过消耗性或者震撼性创伤，来访者的内在现象世界变成了什么样。第三，将成长经历与当前的行为模式及适应状况关联起来，以某一个心理治疗理论为指导，试图解释来访者的心理发展过程。

需要说明的是，假设是可以验证的，也是可以调整的，不是一成不变的。一方面，个案概念化是在还原历史、还原真相；另一方面，内在心理世界无法直观，只能推理和构建，因而假设是不完全确定的，是随时可以调整、修正和补充完善的。

精神分析流派的个案概念化

任务一　理解精神分析的个案概念化

　　精神分析的个案概念化是通过探索个体的无意识冲突、早期经验（特别是童年期）、防御机制及内在客体关系，来解释其当前的心理症状、行为模式及人际关系问题的理论框架。其核心假设是当下的困扰是过去未解决的冲突的重复。

　　精神分析的个案概念化认为无意识的想法和情感是一个人遇到困扰并且前来接受心理治疗的原因。精神分析个案概念化的最终目标是帮助来访者识别过去是如何影响现在的，以及个体无意识的症结是如何形成的。

　　建立精神分析的个案概念化的过程就是一个解开谜团的过程——事情已经过去了，心理咨询师只能通过回顾和一步步地推导来解开谜团。心理咨询师进行精神分析的个案概念化时，首先看到的是来访者的问题，然后通过追溯其个人的过往经验来理解其成长过程。

任务二　精神分析个案概念化的运用

一、个案概念化是心理咨询工作的地图

　　来访者无意识的想法和感受影响着他们思考、感受和行事的方式，心理咨询师运用精神分析个案概念化就意味着要持续不断地调整自己对来访者无意识的想法和感受的理解。然而，心理咨询师如何去理解意识之外的那一部分想法和感受呢？心理咨询师认真倾听来访者所说的话，从中找到能够接近无意识内容的线索。心理咨询师对来访者的话做出反应并进行干预，帮助他们更好地了解自己的想法和感受。

　　在精神分析治疗方法中，心理咨询师在倾听时，遵循"悬浮注意"原则，避免预设方向，专注跟随来访者的叙述。但是，跟随来访者的述说并不意味着在治疗时心理咨询师没有地图。地图就是精神分析个案概念化。在倾听过程中，心理咨询师会有意识地了解来访者问题的起源和问题模式、来访者的个人成长史、来访者为什么以及如何出现了目前的状况。

二、运用精神分析个案概念化的要求

第一，设定目标。

第二，从发展的角度理解来访者的需求。

第三，建构有意义的干预方法。

第四，帮助来访者建立内在一致的自我描述。

有些时候心理咨询师会跟来访者分享经过精神分析个案概念化形成的个案假设，但还有些时候心理咨询师在私下里进行个案概念化，这取决于心理咨询师的治疗策略和干预方法。

三、精神分析个案概念化的步骤

精神分析个案概念化包括三个基本步骤。

（一）第一步：描述基本问题和行为模式

心理咨询师在思考为什么来访者会出现当前症状之前，需要先描述来访者的基本问题和行为模式。在这里，不能只考虑主诉，还要考虑隐藏在个体主导的思考、感受和行为方式背后的问题。因此，可以分出五个基本的功能领域：自我；人际关系；适应；认知；工作和娱乐。

要理解一个人的行为模式，需要对上述领域逐一做出描述。心理咨询师既要倾听来访者说了什么，也要观察来访者表现出来的是什么样的。例如，一个来访者可能说他跟别人相处得很好，但是他在整个评估过程中都在跟心理咨询师争吵。心理咨询师描述来访者与别人的关系时就需要依据多方面的信息。此外，要真正理解来访者，对上述五个功能领域不能只做表面上的描述。

（二）第二步：回顾成长经历

当来访者来见心理咨询师时，心理咨询师一般会用"历史的观点"来理解导致当前问题的事件。但是，为了进行精神分析个案概念化，心理咨询师要做的不止这些。心理咨询师的目标是尽可能了解来访者的一切信息，然后在他们的基本问题和行为模式与成长经历之间建立联系。因此，心理咨询师需要了解来访者的成长经历。

成长经历从出生前开始，包括来访者的原生家庭、胎儿期的发育以及遗传基因。成长经历涉及生命最初几年的方方面面，包括依恋、与看护者的早期关系以及创伤经验，并且持续到儿童晚期、青少年期和成年期，直到当前。因为心理咨询师不知道来访者为什么会发展出他们的典型行为模式，需要考虑遗传和环境两个方面因素，以及二者的关系。心理咨询师既要了解来访者出现问题的发展阶段，也要了解来访者未出现问题的时期。总之，心理咨询师需要尽可能获得一切信息，以便对来访者的基本特征与成长经历之间的因果联系形成假设。

（三）第三步：将基本问题和行为模式与成长经历联系起来

进行精神分析个案概念化的最后一步，是建立基本问题和行为模式与成长经历之间的联系，形成一个发展性的叙事，进而形成来访者如何以及为什么会发展出其思考、感受和行事方式的假设。在完成这一步的过程中，与发展有关的组织思路会起作用。这种组织思路使心理咨询师可以从不同的角度来界定和理解来访者的成长经历。在不同的问题和行为模式中起作用的概念可能不同，主要包括创伤经历、早期认知和情绪问题、冲突和防御、与他人的关系、自体的发展、依恋。这些概念帮助心理咨询师从来访者的经历中提取信息，并思考这些信息是如何导致当前所观察到的问题和行为模式的。

任务三　案例呈现与个案概念化演示

一、案例呈现

王女士，52岁，已婚，职业是教师。王女士两年前得了亚急性甲状腺炎（亚甲炎），最近又检查出患有甲状腺功能减退症（甲减），她常常感觉憋屈、焦虑和压抑。不久前王女士的儿子被单位派去另一个城市的分公司工作，她很想跟丈夫在暑假期间一起去看看儿子一家，但是丈夫要照顾自己的老父亲不能前往。为此，王女士总感到莫名的焦虑。

王女士丈夫家姐弟三人，生活条件都不错。公婆有其他儿女，却只住在王女士家。丈夫不顾事业，在十年前就把自己的公司处理掉，全心全意照顾父母。前几年婆婆去世，现在公公身体越来越不好，言称只有大儿子照顾得好。公公常说："没有大儿子，我可能早就不在人世了，死也要死在大儿子怀里。"他还总夸王女士，说她不嫌弃自己，是难得的好儿媳。丈夫一心侍奉他的父母，从不让王女士操心和做家务，并把家里打理得干干净净、井井有条。

王女士享受着亲戚、家人的赞美，也享受着家里养尊处优的生活。但她总感觉压抑、焦虑、委屈、无助、无力。因为"好儿媳"的标签，她不敢表达公婆总是住在自己家里的不公平，而且丈夫包揽了所有家务，也无法表达对他的不满。因此，王女士出现了睡眠紊乱、焦虑、头晕、头疼以及心悸等症状，时常觉得抑郁并且存在体重方面的问题。

二、精神分析个案概念化的三个步骤

（一）第一步：描述

1. 问题（简单总结案例呈现部分的焦点问题）

因公公婆婆呆在自己家十多年而感觉不公平，以及想在暑假同丈夫一起去看望儿子一家的愿望可能不能实现，想表达又不敢不表达之间的矛盾冲突，引发王女士的憋屈、无力感和焦虑，尤其最近两年得了亚甲炎、甲减，让她更感觉压抑，不能表达。最近几年她一直被躯体化的症状困扰，包括睡眠紊乱、头晕头痛以及心悸等。

2. 行为模式

（1）王女士自我。在外人看来，王女士是一个被人照顾的幸福女人。她认为自己在人生的大部分时间里都是一个要强、上进的人。在她的童年时期，父母经常夸赞她比弟弟们的学习态度好，努力、要强、上进，夸她乖巧懂事，这使得儿时的她感到十分自豪和自信。在她工作的30多年里，除了教学，她还为学校的舞蹈、大合唱比赛赢得了大量荣誉。她从最初的大队辅导员，一步一步走上了副校长的位置，这使得王女士在单位也体验到了强烈的自豪感和自信心。王女士过去的人生历程可以说是顺风顺水，其模式就是努力出成绩，获得别人的认可。但在41岁那年，儿子考上大学，公婆入住自己家里以后，王女士逐渐对工作心生厌烦，拖延、应付，感觉干什么都提不起精神，与领导对抗，情绪时好时坏。她逐渐认为做正确的事、做好人是生存的条件，犯错误或幸福至极都会导致厄运来临。

（2）人际关系。王女士有边缘化倾向，虽然朋友比较多，能够交心的朋友也有两三个，但有时自己会躲避他们，喜欢一个人安安静静地呆着。她对自己和丈夫的关系也似乎存在着不满，似乎想要尝试改变，但似乎又更愿意维持现状。她对那些可能威胁到婚姻关系的想法十分焦虑，担心如果那么做了可能会以孤独一人的结果告终。她依恋丈夫对自己的照顾，安全感差。

（3）适应。王女士生活在一个极度依赖男性的世界，丈夫为她打造了一个舒适圈，但同时这样的生活不允许她有任何无助感或者情绪，以至于她常常放弃自己的感受。王女士常常失去判断力，处在慌乱无法言说的情绪中，不敢追求丰富而充实的生活，被精神虐待却不自知。因此，王女士有很多的防御机制，如压抑、隔离、讨好、投射、反向形成、攻击转向自身、退行、合理化等。

（4）认知。王女士认为自己很傻、幼稚、单纯、固执、自卑，男人是重要的，但依附他人不能独立完成事情。王女士在乎别人的评价，认为被赞扬就是好的，总是设法取悦讨好别人，似乎只有这样她才能在这个世界活下来，她对自己失去认同感，惧怕被他人排斥。王女士认为什么都比自己重要。在设想未来时，她似乎不知道自己希望成为怎样的人，她发现自己似乎总是在应该想要什么以及应该做些什么上犹犹豫豫。

（5）工作和娱乐。王女士目前工作、生活都比较清闲，工作上只要自己喜欢都能做好，不愿意被别人控制，喜欢自由，也害怕闲下来。为了填补焦虑，她努力充实自己，积极参加朋友聚会和各种学习活动。一切看似很完美，但她总有不踏实的感觉。

以上所有因素促使王女士接受心理治疗，日益严重的身体症状和焦虑感也是需要咨询的动机。

（二）第二步：回顾

1. 基因和胎儿期的发展

王女士的母亲是一名小学教师，跟父亲相识时，母亲已经30岁。母亲自小因家里孩子多被送到亲戚家，等母亲长大些回家后因为要照看弟弟们，十几岁才上学。母亲毕业后下放到农村，因为向往城市生活，才嫁给当时离异并有一个9岁儿子的父亲。婚后，母亲发现父亲脾气暴躁，因此非常后悔嫁给他。父亲对此耿耿于怀。母亲是人们眼中的老好人，无论多么刁钻的人，都不会说她一个"不"字。母亲孝顺、博爱，对她来说，什么都比自己的感觉重要，所以母亲自然也不会关注到王女士的感受。母亲的信条就是少掺和闲事，不能和人有冲突，她做的所有事情都是为别人好。母亲在家任劳任怨，重活脏活都是她在做。母亲重男轻女，王女士似乎永远无法获得母亲的赞赏。

王女士是母亲的第一个孩子。母亲说生王女士时，一家人都是非常开心的，月子里得到奶奶和父亲最好的照顾，后来生两个弟弟就远没有那个待遇，诉说奶奶和父亲的种种不是。

王女士同父异母的哥哥62岁，心灵手巧、工作勤奋，能力出众且细心周到。他擅长拉二胡和小提琴，常以此来取悦父亲。奶奶喜欢他、偏爱他，但父亲跟他的关系充满矛盾和纠结。他对王女士的母亲也是爱恨交织，但因为母亲的隐忍与包容，他也因此得到很多关爱和滋养。

王女士的大弟50岁，忠厚老实，心思细腻，记忆力很好，做事认真踏实。他不善言辞，有正义感，喜欢保护母亲。大弟从小被哥哥殴打。王女士认为大弟的性格更像母亲，与母亲关系融洽。

小弟47岁，性格比较放纵，被过度保护。奶奶喜欢小弟，但是他常被父亲和哥哥殴打。

王女士的童年阶段是与两个弟弟一起玩耍度过的，有时玩过家家，有时她当老师，两个弟弟当学生。常常正当他们玩得开心时，哥哥回来嫌他们吵闹，便强迫王女士和弟弟们各自呆在墙角，不准大声说话。

奶奶很包容，对王女士和哥哥弟弟们充满关爱。奶奶的宽厚待人、充满温情，为王女士展现了一种截然不同的女性榜样。

王女士的家庭气氛是拘谨而严肃的。家庭中强调成员要遵守纪律，并保持严格的一致。

2. 婴儿期（0～3岁）

王女士6个月大时，母亲意外怀孕导致无法继续母乳喂养，她便由奶奶照顾。奶奶向王女士传递的信息是"6个月妈妈就不给你奶吃了"，这使王女士从小对母亲怀有敌意，认为母亲不喜欢自己。

每当王女士想要母亲抱时，母亲总会说："你不知道你有弟弟吗？"这让王女士一直觉得母亲重男轻女，偏爱弟弟。她至今记得3岁左右时，母亲和弟弟玩点脚丫游戏，当她也把脚伸向母亲时，却被一把推开，那一刻她深深感受到自己是不被喜爱的。母亲还常在姥姥面前抱怨王女士"事儿多，像她奶奶"，因此每当母亲与奶奶发生矛盾时，王女士总是站在奶奶一边。

奶奶49岁守寡，她个性强势，虽然自己有退休金，却仍要求父亲将工资交给她。奶奶对母亲处处挑剔，但对王女士格外溺爱。这种矛盾的相处模式给年幼的王女士带来了认知上的混乱。

王女士的父亲脾气暴躁，是一名工人。他内心自卑，常感怀才不遇。父亲早年曾是某市歌舞团的独唱演员，后因个性及历史原因被下放。尽管脾气不好，但他也有温柔的一面。王女士很多温暖的童年记忆都来自父亲，如小时候冬天冷，父亲会把棉衣棉裤放在屋内洋炉子的烟囱上烘暖，让孩子们能快乐地起床；每天下班回家，他都会亲吻已在睡梦中的王女士和弟弟们，用胡子轻轻扎孩子们的脸。这些温情的记忆与不时爆发的家庭暴力交织在一起，构成了王女士复杂的童年体验。对于父亲制定的种种规则和标准，王女士总是无条件地敬畏并严格遵守。

这个家庭随时都可能爆发"战争"：倔强的母亲自成一派，奶奶和哥哥结盟，而父亲则像一颗随时可能引爆的炸弹。王女士3岁左右时，曾不小心弄坏了自行车气枪，父亲勃然大怒，一脚将她踢出门外。当时的王女士既害怕又震惊，完全被吓傻了。

3. 幼儿期（3～6岁）

王女士3岁时曾走失，被好心人送到派出所。她至今记忆犹新的场景是：一群人围着自己，内心充满害怕与恐惧。

在这个家庭里，情绪表达是被禁止的。每当王女士哭泣，奶奶就会呵斥："住嘴，我还没死呢！"而当她想表达感受时，父亲总嫌她话多烦人。这种情绪压抑让王女士常常感到"堵得慌"。童年时期，她经常淋巴结肿大，父亲每次带她去医院，医生都建议多吃海带。

6岁那年，王女士觉得剪头发很有趣，便用剪刀给两个弟弟"理发"。结果头发散落得满炕满衣，弟弟们被碎发扎得直哭。恰逢母亲下班回家，看到满屋狼藉和哭闹的孩子们，气得用笤帚抽打王女士的手背，以致被笤帚刺划出血。目睹这一幕的奶奶突然坐地痛哭，指责母亲打王女士就是"变相打她"。

这些矛盾冲突让年幼的王女士陷入认知混乱，完全分不清是非对错。

4. 童年期（6～12岁）

王女士6岁就上小学一年级，比一般孩子早一年。由于年龄小，她感觉学习吃力，而且经常被同学欺负。上课时她总忍不住睡觉，常常被老师发现。她喜欢跳舞，班上男同学给她起了"小舞迷"的外号。她穿着打扮很漂亮，大家都说她在家很受宠，但她自己完全没有这种感觉。这些经历让她感到羞耻、尴尬、无地自容，甚至产生内疚。

8岁时，王女士被选入学校舞蹈队，但没过几天可能因为动作跟不上就被替换了。令她记忆深刻的是老师直接告知"你不用来了"，这让她感到深深的失望和窘迫。

奶奶一直在为王女士寻找"保护伞"。同学们都喜欢来王女士家玩，因为奶奶总会把好吃的分给大家，但条件是有人欺负王女士时要保护她。

王女士对母亲的感情复杂而矛盾。她始终认为母亲无法保护自己和弟弟们——当同父异母的哥哥欺负他们时，母亲虽然心疼，但也不好去制止。这种无力感让王女士对母亲充满怨恨，总觉得母亲很烦人。

5. 青少年期（12～18岁）

王女士14岁考上高中时，一家人都很高兴，尤其是父亲。为表庆祝，父亲决定给她买一辆自行车。父亲带领她和哥哥弟弟一行5人，骑行30公里为王女士买自行车，这让哥哥弟弟们羡慕不已。此后，王女士每天挺着小胸脯，很高傲地骑着自行车上学，引来无数羡慕的眼神。这让王女士偷偷自豪了很长一段时间。

高一时，一位高年级的男生追求王女士。他经常来到王女士的班级，每次出现都会引起班里男生的起哄。上学放学的路上，他也总是拦住王女士搭话。但由于当时王女士还是农业户口，内心感到自卑，始终不敢与他交谈。

在高二上学期，班里一个最调皮但威信最高、个子也最高的男生开始追求王女士。他频繁给王女士递纸条邀约，有时还会夹带电影票，这引起了全班女生的嫉妒。当时王女士有两个形影不离的好友，她们以保护者自居，禁止那个男生接近王女士，即使王女士想赴约也必须有她们陪同。约会两三次后，由于农业户口带来的自卑感，王女士开始刻意回避那个男生。见追求无果，男生便隔三岔五地找王女士帮忙，让她给其他班级的女生递纸条。最终，恼羞成怒的男生联合全班女生孤立王女士。

这场校园冷暴力给王女士带来巨大痛苦，导致她缺席了多门毕业考试，甚至连补考都没有参加。这成为她一生的遗憾——那年她只拿到了高中肄业证书。回家后，王女士愤怒地撕毁了证书，觉得那是一种耻辱。

当同学们在校复习备战高考时，王女士只能黯然回家。值得庆幸的是，父母对此并未责备，母亲甚至还鼓励她在家自学，准备来年重考。后来得知教师子女可以报考幼师班的消息后，王女士积极备考并顺利被录取。这段经历给她留下了深刻的羞耻感、沮丧和无助感。

在高二那年，王女士毅然剪掉了留了多年的长发。那条几乎垂到小腿的大辫子曾给她带来不少困扰——因为头发太长，男同学们给她起了许多外号："小苹果""小木偶""小胶皮人"，还有"小车子"（这个外号源于父亲给她买的那辆在当时稀罕的小自行车）等。

这个大胆的决定源于电影《小街》的影响。片中由张瑜饰演的角色女扮男装将头发剃成了假小子发型。深受触动的王女士也剪了同样的发型，这可能是她青春时期最叛逆的一次举动。第二天到校，同学们又给她起了新外号"王二瑜"，甚至嘲笑她是卖花生卖瓜子的。

剪发后的王女士最担心的是家人的反应。父亲一进门就看见她正与母亲、奶奶争执。父亲厉声说："你真敢剪啊！翅膀硬了是吧！"王女士硬着头皮顶撞道："谁爱留谁留！"话音刚落，父亲就冲过来要打她，还扔了她的书包，撕毁作业本。很长一段时间里，家人都对她不理不睬。唯一搭理她的哥哥也不忘落井下石："剪了辫子更难看了，显得嘴更大了。"没有一个人接受她的新形象。

这次剪发虽是王女士难得的自我表达，但换来的全是打击。她非但没有感到解脱，反而陷入更深的挫败感。从那以后，父亲再也不帮她扎辫子，她自己也不会打理，头发总是乱糟糟的。随着年龄增长，发质越来越差，特别是结婚生子后掉发严重。曾经珍视的长发，如今成了她的负担。

奶奶曾对哥哥说过："喜欢孙女有什么用？女孩子终究是要嫁人的，以后肯定向着婆家。"然而在高二那年奶奶去世时，王女士却感到深深的失望。奶奶生前多次承诺，要将自己的戒指和镶嵌祖母绿宝石的帽子留给她，说"就这么一个孙女"。但最终，戒指给了哥哥，而那个带祖母绿的帽子则随奶奶一同火化了。为此，王女士对奶奶很失望。

6. 青春期（18～23 岁）

19 岁幼师毕业后，在"婆婆"的帮助下，王女士被安排到其所在村庄的小学担任大队辅导员。随后，"婆婆"专程到王女士家中与她的父母商议，正式确定了王女士与其儿子的恋爱关系。当时的王女士对高大阳光的未婚夫充满好感，但内心始终存有自卑。无论是学历、外貌还是工作条件，对方都远胜于她，这种差距让她对未婚夫怀有深深的崇拜之情。

7. 青年—中年期（23 岁至今）

23 岁那年王女士与丈夫结婚，婚后与公婆、祖公婆同住。在这个大家庭中，控制欲强的公婆对儿媳要求严格，而王女士凭借温顺的性格成为村里公认的好媳妇，祖公婆更是把她当作掌上明珠。婆婆从不让她操持家务，只要乖巧顺从就能获得优待，家中最好的食物（如螃蟹）总是优先给她享用。

24 岁时，王女士生下全家期盼已久的儿子。

25 岁那年，他们将一岁半的儿子送到王女士娘家，由儿子的外公外婆照顾，王女士和丈夫每周去看望一次。

26 岁时，搬入丈夫单位的集体宿舍。

27 岁时，丈夫选择停薪留职下海经商，他吃苦耐劳，全心打拼事业。这段时间儿子在外公外婆和舅舅的看护下健康成长，十分懂事。王女士在工作中任劳任怨，不计较个人得失，深得领导信任和喜欢。

28岁时，他们终于分到了梦寐以求的房子。丈夫跑各类装饰城挑选装修材料，哥哥嫂子也热情帮忙布置新居。寒冬中，奔走在集体宿舍与新房之间，辛苦并快乐着。

29岁时，王女士调入新的单位，她近乎疯狂地工作，取得了省市区级各种大赛一等奖。丈夫忙于事业，每周回来一次。儿子回到王女士的身边，每天母子俩一起上下学，儿子常对她说的一句话是"我是男子汉，我来保护你"。（这一年祖公公去世。）

33岁时，丈夫忙于事业，有时甚至一个月才回家一次。王女士和儿子相依为伴，身边也有几个知心朋友，所以不觉寂寞，但在这期间她始终期待着丈夫回家。在此期间，儿子的武术技能大有长进。

34岁时，王女士入党，工作顺利。丈夫工作有了起色，他创办了自己的公司并回到家乡发展，一家人得以团聚。王女士觉得儿子学武术太辛苦了，下决心不让他练了。直到现在儿子还埋怨王女士没让他练下去。（这一年祖婆婆去世。）

39岁时，正值儿子高二阶段。这两年儿子一直寄住在舅舅舅妈家，由弟妹悉心照料，这让王女士省心不少。然而儿子出现了早恋现象，导致成绩下滑。王女士为此专门联系了班主任，并与女孩家长协商，最终决定让女孩毕业后离校。此后，儿子出现持续发烧症状，直到丈夫与他深入谈心后，成绩才逐渐稳定下来。

此时的王女士开始出现焦虑症状，加上工作太繁重、太累，身体时不时出点小毛病，失眠、头晕、掉头发。她在事业上再次升职，成为副校长。他们买了新房，但丈夫忙事业，王女士一个人负责设计、装修，一家人也其乐融融。

40岁时，儿子上高三，知道努力学习，成绩进步很多。王女士工作上仍然忙碌，全家搬入了新房。

41岁时，儿子考入理想大学，公公婆婆入住王女士家，丈夫解散公司，全心照顾双亲。

42岁起，王女士开始跑中医院，吃中药。丈夫带头组织全家进行体育锻炼。

50岁时，儿子于外地结婚。

51岁时，孙女出生。

52岁时，儿子一家三口回家过年，王女士期盼暑假与丈夫一起去看望他们。

（三）第三步：联系

王女士成长经历中，主要问题是发生在她婴儿期和幼儿期。王女士缺乏安全感，又受到父母人格特质及家庭成员（包括父母、奶奶和哥哥）复杂互动模式的影响，导致其认知系统出现紊乱。这种早期创伤尤其影响了她自尊的形成机制，她将自我价值感与他人的接纳程度联系到了一起。

从描述中可以了解到，王女士最大的问题在于安全感和信任感的缺失。王女士在口欲期没有得到充足的母乳喂养，会导致缺乏安全感和信任感。她成长在一个男性主导的家庭环境中，长期处于弱势地位：虽然受到过度保护，但被禁止表达脆弱的情绪，这种矛盾迫使她逐渐压抑自己的真实感受。在这个剥夺女性话语权的环境里，幼年时向母亲寻求拥抱却遭拒绝的经历（母亲以"弟弟更需要照顾"为由），更强化了她的低价值感。这种心理模式在成年后仍持续产生影响。例如，她认为只有满足公公婆婆的居住需求才能获得认可，这再次印证了她将自尊建立在他人反馈上的倾向。正是这些早期经历，造成了王女士自尊水平的不稳定状态。

家庭结构和依恋关系方面，王女士有一个同父异母的哥哥和两个同父同母的弟弟，家庭结构较为复杂。奶奶是王女士最依赖的人，但奶奶的过度保护在某种程度上也是一种权力争夺，使得王女士对奶奶产生过度依赖，而对母亲抱有敌意。这种矛盾的心理状态造成王女士的无力感。

关键创伤事件方面，高中时期因早恋没能获得毕业证，这对王女士来说是一个很大的打击。

王女士和父亲之间的关系，对她心理模式的塑造具有重要作用。王女士认为父亲性格暴躁，但也有温情的一面。这种矛盾认知直接投射到其婚姻关系中，所以王女士既能忍受丈夫解散公司照顾公婆十余年，又坦然接受丈夫对自己的照顾，形成典型的心理代际传递现象。

尽管王女士对奶奶有深深的依恋，但王女士始终未能获得促进心理独立所需的家庭支持系统。这种发展缺陷导致她在上学期间在社交关系中就觉得自己低人一等，在性别角色认同方面也是一片混乱，也不愿意面对新的挑战。

三、治疗策略

（一）想要做出改变

王女士首先需要觉察自己在关系中的依恋行为。虽然她可能长期习惯于依赖带来的安全感，但当真正想做自己时，这种根深蒂固的依赖感会让她难以立即摆脱被控制的状态。即便清楚地认识到当前关系的不健康，面对和接受这个现实的过程依然充满痛苦与挣扎。然而，唯有真正认清并承认现实，王女士才能开始重新获得自我认同。

（二）找到支持者

寻求他人的支持是十分必要的，良好的支持可以帮助王女士在困难中坚定信念、理清思路。好的支持者是指那些可以陪伴王女士，能为她提供帮助而且对事情不做评判的人。

另外，在日常生活中王女士要养成"培养人际资源"的意识。这样做不仅可以帮助她在困难时候获得支持，还可以在平时就增强情感抵抗力，避免被孤立。如果王女士的身边暂时没有人可以支持他，那么她可以考虑通过心理咨询师、援助机构等获得专业的帮助。

（三）调节应对方式

王女士可以尝试改变回应方式，但需要做好心理准备。对方可能会因为王女士"不听话"而恼羞成怒，变本加厉地对王女士进行攻击。在这种情况下，王女士坚定自我是很困难的一件事，但她仍要这样做，只有这样才可能打破依赖的恶性循环。

认知行为流派的个案概念化

认知行为治疗（CBT）是一种基于认知和行为原则的心理治疗方法，旨在帮助个体改变不健康的思维和行为模式，以改善心理健康。在心理治疗过程中，个案概念化是一种关键的工具，用于理解和描述一个人的心理问题和治疗需求。它是心理治疗的起点和核心，可以帮助治疗师和个体确定治疗目标、制定治疗方案以及评估治疗效果。

任务一　理解认知行为治疗的个案概念化

一、认知行为治疗个案概念化的概念

个案概念化是一种系统化的方法，用于收集和整合有关个体心理问题的信息，有助于治疗师和来访者共同理解问题的本质和治疗需要，从而制定适当的治疗方案和方法，提高治疗效果和满意度。认知行为治疗的个案概念化包括对个体心理症状和行为的评估、对个体思维和信念的评估、对治疗目标和方案的制定以及对治疗过程和效果的监测和调整。

认知行为治疗的个案概念化是一个框架，它帮助治疗师了解个案的问题行为和问题信念，并制定相应的治疗方案。治疗师从收集评估资料开始，根据个案的特质和问题行为进行概念化，确定处理问题的顺序和方向。随着治疗的发展，治疗师使用概念化指导治疗决策，并与来访者一起收集资料，以监测治疗的进展，并在需要时做出调整。

个案概念化是伴随着整个治疗的过程而不断调整和完善的。治疗师很难通过单次的会谈了解个案的全部问题，在治疗过程中，治疗师根据现有的资料思考如何帮助个案做好治疗。随着治疗的发展，收集的信息越多，对个案的了解越全面，个案概念化会越完善。在处理多个问题行为时，治疗师会先处理与核心信念有关的问题行为。如果发现问题行为与核心信念无关，则需重新收集信息。此外，治疗师还会确定急性症状的优先处理顺序，例如焦虑症状出现时需要及时处理。总之，个案概念化是认知行为治疗的重要基础，它帮助治疗师了解个案问题并制定有效的治疗方案。

二、认知行为治疗个案概念化的要素

完整的个案概念化要能把下列所有问题整合在一起，形成一个逻辑连贯的整体：① 描述来访者的症状、问题和认知及行为模式；② 回顾成长经历，探索当前障碍和问题的各种促发因素；③ 提出关于引起障碍和问题的机制的假说；④ 提出致病机制的起源。

下面是基于认知行为治疗理论，对抑郁症患者陈希（化名）的个案概念化描述（概念化的要素用黑体字加以标识）。

陈希（化名）出生于一个知识分子家庭，父母对其管教严格，期望很高。在童年和青少年时期，他常常受到父母的严厉批评和残酷羞辱（**起源**）。因此，陈希学习到了这些图式——"我是一个失败者，一无是处""周围的人都不喜欢我，不支持我"（**机制**）。最近，这些图式被糟糕的期末成绩激活（**促发因素**），陈希开始出现很多自动思维（**机制**），包括"即使我努力学习也学不好，我心情很低落，还有些焦虑"（**症状、问题**）。他用逃避（**机制**）来应对这一切，他不去上课，也不与同学、老师交流，而是在宿舍玩游戏（**问题**）。逃避导致陈希的学习成绩一落千丈（**问题**），这进一步导致老师和父母的批评（**问题**），他感到更加难过，觉得自己没有用，不断自责，并且失去了学习以及与人交往的兴趣（**症状、问题**）。陈希的低能量和绝望（**问题**）使他很难集中注意力去学习，长时间沉浸在抑郁的情绪里，甚至不愿意出门（**问题**）。

如上述例子所示，一个好的认知行为概念化应该是内在连贯的，它能将来访者的病史和功能等诸多领域的内容结合到一起，从而形成一个完整的故事。陈希的个案概念化将他的抑郁、人际和行为等所有问题都联系在一起。由此可见，个案概念化可以帮助治疗师理解来访者这些迥然不同的问题是如何相互关联的，从而引导治疗师制定出有效的治疗方案来解决这些问题。

三、认知行为治疗个案概念化的机制假说

个案概念化的核心是机制假说。在心理治疗过程中，治疗师根据来访者的叙述和观察到的行为，试图确定导致问题的相关因素和机制。在个案概念化中，机制假说是指对问题行为的发生和维持提出的解释假设，重点强调个体的认知、情绪和行为之间的相互作用。通用概念化是普遍适用的模型，治疗师可以使用通用的理论具体地解释当前的个案。

贝克指出，心理问题源于图式被生活事件激活后，引发功能不良的自动思维、非适应性行为及情绪困扰。图式是心理内部的认知结构，其特定内容就是核心信念，核心信念是关于自我、他人及世界的根深蒂固的看法，深刻地影响着个体对有关信息的加工处理，从而产生相应的情绪和行为。个体的核心信念分为积极的（适应性的）和消极的（不适应的）两类。贝克从本质上将消极的核心信念分为三类：一是与无助相关的信念，比如"我是失败者""我什么都做不好"；二是与低自尊相关的信念，比如"我不受欢迎""没人喜欢我"；三是与无价值感相关的信念，比如"我是一个累赘""我毫无价值"。

核心信念的产生可以追溯到个体的童年时期，具有某种人格特征的孩子在与重要他人的互动过程中或遭遇某些事情时产生了对自己、他人及周围世界的一些看法，这些看法在个体经验中是根深蒂固的。在人生的大多数时候，大多数人持有积极的核心信念，如"我是一个有价值的人"；只有在痛苦的时候消极的核心信念才表现出来，换

句话说，消极的核心信念的激活导致了痛苦的情绪和非适应性行为。

机制假设在个案概念化中的作用是为治疗师提供一个框架，帮助他们理解问题行为的原因，并制定相应的治疗方案。通过识别和改变问题行为的发生机制，个案概念化可以帮助个体获得更健康的认知、情绪和行为模式。

四、认知行为治疗个案概念化的层次

概念化是临床实践中一个重要的过程，它用于将抽象的心理现象转化为可以被理解和处理的概念。概念化是在个案、障碍或问题、症状三个层次上发展的，而且这三个层次是交织在一起的。一个个案由一个或多个障碍或问题组成，障碍或问题由症状组成。因此，个案层次的概念化由一个或多个障碍或问题层次以及症状层次的概念化的推断和扩展而成。

（一）个案概念化的三个层次

个案概念化的三个层次分别为个案层次、障碍或问题层次以及症状层次。个案概念化的目标是对个案、障碍或问题以及症状进行准确的描述和理解。

（1）个案层次的目标是对个体的经历和现实情况进行描述和理解。这可能涉及对特定个体背景信息、经历、行为、情感和认知等方面的深入了解。这种概念化有助于治疗师更好地理解特定个体或情况的独特性和复杂性。

（2）障碍或问题层次的目标是对心理障碍或问题进行描述和分类，以便进行诊断和治疗。比如，治疗师可能会使用标准化的诊断手段，来识别和概念化某种特定的心理障碍或问题，如焦虑症、抑郁症等。这可能涉及对特定障碍或问题的定义、症状、原因、影响和治疗方法的研究。这种概念化有助于治疗师更好地理解特定障碍或问题的本质和影响，并找到有效的解决方法。

（3）症状层次的目标是对个体的症状进行描述和解释。这可能涉及对特定症状的定义、表现、原因、诊断标准和治疗方法的研究。心理症状可以包括情绪问题、认知问题、行为问题等。这种概念化有助于治疗师更好地理解特定症状的本质和影响，确定干预措施，并评估治疗的效果。

不同层次的概念化指导治疗的不同方面，概念化在个案、障碍或问题、症状三个层次上的发展，有助于对个体的问题进行全面和系统的理解，为其提供个性化的帮助和治疗。这种精确的概念化有助于制定有效的治疗方案，并评估其有效性。个案层次的概念化指导治疗方案的制定过程，特别是设定目标及决定先解决哪个问题。它也经常在一次治疗中被用于指导议程设置。大多数干预是在症状层次上进行的，由症状层次的概念化指导。然而，针对症状的干预措施不只依赖于症状层次的概念化，反刍思维说明了障碍或问题层次的概念化是怎样指导症状的概念化的。

（二）认知行为治疗个案概念化的层次

认知行为治疗个案概念化的重点是在认知层面收集信息，并结合个案的症状、问题进行个案概念化。

一般来说，来访者并不清楚自己的问题所在，他们只是因为情绪低落、躯体化等症状来找治疗师的。症状层次的概念化将信念作为症状的归因来源，即某个扭曲的信念造成个案症状的产生。比如，强迫症患者倾向于遵循强迫信念的指引行动，源于他们深信只有严格遵从这些信念，才能避免不幸或灾难的降临。在这种思维模式下，强迫行为成为患者对潜在威胁或不良后果的一种过度预防机制，它反映了患者内心深处对控制感和安全感的强烈渴求。由此可见，强迫行为不仅是患者对外界潜在威胁的一种反应，更是其内心信念体系在外界环境中的具体投射与体现。

治疗师并不是依据单一的症状对患者进行治疗的，而是要思考症状群对个案造成的影响。障碍或问题层次的概念化是针对症状群所组成的障碍或困扰在认知层面的归因。比如重度抑郁症患者可能有一个"我没有用"的核心信念，当遇到一些困难时，患者会产生"我没办法解决"的自动思维，进而采取回避行为。由此可见，重度抑郁症是生活事件促发负面自我基模，进而产生自动思维、抑郁情绪和问题行为的结果。

个案层次的概念化是指针对个案的症状、障碍或困扰的起因在认知层面提出假设（见表 12-1）。比如，强迫症主要有强迫观念、强迫意向和强迫行为三类主要症状，强迫观念与自动思维有关，而强迫行为通常是为了抵消意念所产生的后果。如果一个强迫症患者有"我怕脏"的自动思维，当遇到一个不干净的环境时，他可能会产生反复洗手的行为，而反复洗手会影响到他的生活，比如耽误时间而影响工作或人际关系等。那么，治疗师可以将患者的症状与他的困扰结合在一起，也就是把有关强迫的扭曲信念与生活中的人际部分的非理性想法结合起来，进而从细微的层次到个案整体的层次进行概念化。

表 12-1　认知行为治疗个案概念化层次

层次	描述
症状层次	将信念作为症状的归因来源
障碍或问题层次	一群症状所组成的障碍或困扰
个案层次	针对个案的症状、障碍或困扰的起因提出假设

认知行为治疗个案概念化是以简短的叙事或模型来说明引发和维持个案问题的可能机制。就好比，当发生一件事时，我们会问"为什么会发生这样的事情"。当事人会告诉我们事情发生的经过，分析事情的前因后果，治疗师会用认知模式或者元素来理解这件事情，这就是初步的概念化。治疗师试着用讲故事的方式跟同行说自己的个案所遇到的问题以及产生问题的可能原因，这就是个案概念化的过程。

任务二　认知行为治疗个案概念化操作步骤

一般个案概念化分为五个步骤，包括列出问题清单、做出与问题对应的诊断、提出治疗取向架构、找到心理机制的起源、找到促发因素。

一、问题清单：将个案所遇到的问题列出

个案概念化的第一步是征得来访者同意后，将来访者所遇到的问题列出来。如果治疗师发现了来访者隐藏的问题，但是来访者自己认为不是问题，治疗师需要将此问题暂时搁置，在后续的治疗过程中，找到适当时机再与来访者讨论。

以下是一个可能的问题清单：

（1）情绪问题：个案可能感到焦虑、沮丧、压力大、无聊、不快乐等。

（2）人际关系问题：个案可能面临与家人、朋友、同事之间的冲突。

（3）自我认知问题：个案可能对自我价值、能力、外表或个性等方面有负面的看法。

（4）行为问题：个案可能有睡眠障碍、饮食障碍、赌博或其他成瘾行为。

（5）学习和工作问题：个案可能在学业或工作中遇到困难，例如注意力不集中、记忆力减退或习惯拖延等。

（6）身体健康问题：个案可能患有身体疾病或慢性疼痛等。

问题清单可以作为了解个案问题的起点，根据个案的具体情况和治疗的进展，还可以进一步细化和扩展问题清单。需要注意的是，问题清单的列表不要太长，一般5～8个条目。治疗师可以将一些问题组合在一起以缩短列表，如不自信是人际关系问题中的一个表现。

二、与问题对应的诊断

治疗师对来访者现状进行描述，向内进行探索和评估，帮助了解来访者，开展心理治疗。比如，在评估过程中，若发现来访者可能患有焦虑症，治疗师在会谈时需留意可能加剧其焦虑情绪的语言或行为，并使用温和、安抚性的措辞，避免过于刺激或压力性的提问，同时保持安全、接纳的氛围，让来访者感受到支持而非威胁。此外，治疗师还可以通过调整会谈节奏、提供放松技巧等方式，帮助来访者缓解焦虑。又比如，当评估结果显示来访者可能患有重度抑郁症时，治疗师不仅需要更加敏感地处理会谈中的细节，还需关注来访者的自杀意念风险，必要时采取紧急干预措施，并考虑使用药物辅助治疗或者转介。

同时，治疗师需要将评估结果与来访者的问题进行联合，思考评估结果是不是造成来访者困扰的原因，并与来访者讨论这一推论是否准确。比如，来访者的问题清单中有人际关系问题，而评估发现其有自卑心理，那么自卑心理可能是造成来访者人际关系上的紧张或冲突的原因。又比如，来访者有工作效率低的问题，而诊断表明其患有抑郁症，那么可能是抑郁症引发了工作动机的缺乏。

三、治疗取向架构

认知行为治疗以认知模式为理论基础，该模式假设人的情感、行为及生理反应被个体对事件的知觉影响。情境本身并不决定个体的感受，感受取决于个体如何解释这一情境。治疗师一般无法从来访者的述说中直接获得核心信念，需要通过来访者早期的经验去推断核心信念，比如父母的管教方式、与父母的相处模式以及一些创伤等。儿童早期需要与父母形成紧密的情感联结，如果一个孩子在成长过程中被父母忽视或者拒绝，就难以与父母形成健康的依恋关系，进而逐渐产生一些对自己、对他人的核心信念。比如，他可能会认为自己是一个独立且不能依靠别人的人，而他人是需要自己来照顾的，进而出现讨好他人的倾向。

核心信念影响中间信念的发展。中间信念包含一系列相互间未必紧密关联的元素，这些元素涵盖了台面的（即显而易见的或当前情境下的）观念、隐含的规则以及一系列假设。最常见的就是人性观，如果个体持有人性本恶的观念，那么当遭到挫折时，他不会寻求帮助，甚至会认为这个挫折是他人导致的。找到并理解这些中间信念是治疗的一个重要环节，可以帮助治疗师确定哪些核心问题需要解决，以及如何有效地进行干预。例如，治疗师如果知道来访者的中间信念是觉得自己不可爱，那么可能会采取一种关注自我接纳和自我价值的策略来帮助来访者改变其信念和行为。

除此之外，来访者常常是因为情绪困扰来寻求治疗的，而情绪通常与自动思维有直接关系。自动思维是指那些在特定情境下自动出现的、未经审视或评估的想法。这些想法通常基于某种特定的情境或事件，比如看到一个人在笑，就可能会自动认为他在嘲笑自己。这些反应可能是基于过去的经验或早期的学习，而且往往在没有经过充分思考的情况下发生。

总之，认知行为治疗中治疗师通过了解来访者的自动化思维、中间信念、核心信念，帮助来访者识别其认知模式，进行认知概念化（见图12-1）。

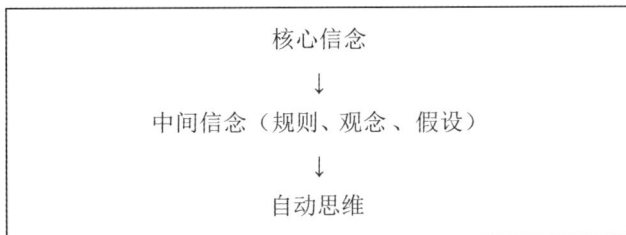

核心信念
↓
中间信念（规则、观念、假设）
↓
自动思维

图 12-1　认知概念化

四、心理机制的起源：形成假设描述

个案概念化的核心是对引起和维持患者问题和症状的心理机制的描述。杰奎琳介绍了两种形成概念化机制假设的策略。第一种策略是使用某种循证治疗所依据的特定障碍的概念化，如暴露和反应阻止疗法所依据的强迫症概念化，或者行为激活疗法所依据的抑郁症概念化。第二种策略是使用一般的心理学理论进行概念化。

认知行为治疗以贝克的认知理论作为个案概念化的基础。贝克的认知理论认为症状是由一系列自动思维、行为和情绪组成的，这些都是由紧张的生活事件所激活的图式引起的。因此，在贝克的认知模型中，图式及其相关联的自动思维、行为和情绪是引起患者问题的机制。在基于贝克的认知模型进行个案概念化的过程中，治疗师需要识别患者特定的图式、图式可能的起源、激活图式的特定促发因素以及由此导致的症状和问题，可能要识别构成这些症状和问题的一些典型自动思维、行为和情绪。

以前文抑郁症患者陈希（化名）为例。贝克等人提出，抑郁症患者认为自己软弱无能、没有价值，世界充满危险和威胁。贝克的抑郁概念化提出的自我图式假设与陈希案例中获得的信息是吻合的，即他认为自己不能胜任、不重要、不受欢迎。同时，通过了解其早期经验，获得了支持这一图式假设的信息，陈希成长于管教严厉的家庭，一旦不能满足父母的期望，就会受到严厉的批评甚至羞辱。这些经历导致陈希认为自己是没用的失败者，也不受父母喜欢。

五、促发因素：应激生活事件

促发因素信息通常有助于引出并检验问题的机制假设，并有助于制定概念化模型。大多数认知行为概念化都秉承了素质-应激模型。其中，概念化的机制部分是素质，而促发因素部分是那些激发素质的应激源。促发因素可能是内在的（生理疾病发作）、外在的（天灾人祸）、心理的（对他人的敌意）或者以上所有。个体认知模式如图12-2所示。

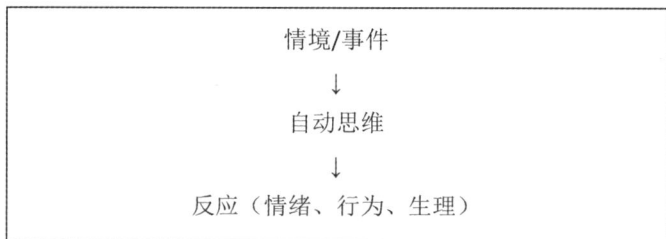

```
┌─────────────────────────────────┐
│          情境/事件              │
│            ↓                    │
│          自动思维                │
│            ↓                    │
│      反应（情绪、行为、生理）     │
└─────────────────────────────────┘
```

图 12-2　认知模式

促发因素常与问题相交织，以陈希（化名）为例，其人际关系问题既是抑郁引发行为退缩的结果，也是引起其抑郁症状加重的原因。在陈希的案例中，基于贝克认知模型的概念化认为，老师和父母的批评激活了他的信念，他认为自己是失败者，没有人支持自己，自己没有能力解决面临的问题，这让他感到难过和无助。

促发因素信息在很多方面都有用。首先，促发因素的信息有助于治疗师形成机制假设。例如，贝克认为，有关人际冲突或遭受拒绝的事件可能引发持有"我不受欢迎，他人都讨厌我"信念的来访者的抑郁，而有关失败的经历（如考试挂科、面试失败等）则会引发持有"我没有用，一无是处"信念的来访者的抑郁。其次，促发因素也常常被用来检验治疗师最初的图式假设。如果图式和促发因素"不匹配"，那就可能需要调整图式假设或对促发因素的理解，或者两者都需要调整。

任务三　认知行为治疗个案概念化的具体操作

一、建立治疗关系，制定问题清单并形成诊断

（一）建立治疗关系

治疗师和来访者之间的治疗关系对治疗有重要影响。来访者若对治疗师不信任，则不太可能接受其治疗方案。

如果来访者不喜欢或不信任治疗师并且认为治疗师不能真正理解他，那么来访者是不大可能接受治疗师提供的治疗方案的，即使这个方案在实践中有很好的疗效。甚至有些来访者表面依从治疗师，但是实际上并不认同治疗师，可能通过不完成家庭作业来表达对治疗师的不满。治疗关系是基础，在预备性会谈阶段，建立关系的任务主要是建立合作性关系，以发展一个共享的概念化和治疗计划。此外，在此阶段，来访者和治疗师可以根据会谈的情况来判断双方是否匹配。

在与来访者的第一次接触时，治疗关系的建立就开始了。来访者和治疗师在诊断、概念化和治疗计划上的意见一致是稳固治疗关系的关键要素。为了促进这种一致性，治疗师需要与来访者合作。在收集来访者信息来形成诊断、概念化和治疗计划的过程中，治疗师要让来访者知道自己都了解到了什么。只有这样，来访者才能知道治疗师是否真正理解了他内心的冲突。Padesky用"肩并肩的个案概念化"来形容治疗师与来访者之间的关系。

建立良好的治疗关系，需要治疗师有良好的咨询技能，在与来访者会谈过程中，不断地通过合理的共情、恰当的词语选择、温暖的语音语调、友好的面部表情和肢体语言等让来访者感受到治疗师的投入，以及相信治疗师能够准确地理解其内心的冲突。会谈是以来访者为中心的，希望来访者能够积极地参与，和治疗师一起做决定。在治疗过程中，治疗师要不断与来访者分享自己的概念化，并向来访者询问概念化是否真实准确。同时，治疗师要对来访者在会谈中的情绪反应保持警觉，尤其是来访者处于

痛苦状态时，需要及时对该情绪背后的自动思维进行处理，尤其是来访者对治疗和治疗师的负性看法。寻求来访者的反馈让来访者感受到治疗师的关心与尊重，有利于巩固治疗关系。当然，巩固治疗关系最好的方式是让来访者感受到治疗是有效的，比如来访者的症状减轻了，不良的人际关系改善了，行动力增强了，等等。

（二）制定全面的问题清单

全面的问题清单能帮助治疗师避免陷入来访者希望关注的问题或显而易见的问题，而忽视了重要的问题。

首先，一个详尽且全面的问题清单对于治疗师而言，是确保咨询过程深入且均衡的关键工具。它不仅有助于治疗师超越来访者可能倾向于强调或回避的特定议题，还能有效规避仅聚焦于表面或显而易见问题的倾向，从而确保不会遗漏那些潜在的重要且深层次的议题。比如，一些抑郁症来访者可能更希望改善的是情绪低落、行动迟缓等问题，而不是自伤、自残等严重的问题。其次，任何症状、问题或诊断的重要性都取决于来访者的其他问题和诊断，要完全了解个案，治疗师必须全面了解问题。如现实解体症状对惊恐障碍患者和对物质滥用者有着不同的含义。最后，对问题清单的全面回顾有助于治疗师发现一些跨问题的共同因素或主题。

个案概念化的第一步是收集来访者的心理问题和行为，建立全面的问题清单。在这个过程中，治疗师需要关注来访者的方方面面，如精神症状、人际关系、职业、学校、财务等。在列问题清单时可以参考 DSM 的诊断，但是需要注意的是，治疗师要将诊断信息转化为在认知行为视角下有利于概念化和干预的术语。如抑郁症患者有情绪低落、思维迟缓、行动减少等症状，而治疗师在概念化时要找到其背后的认知，比如"我没有用""没有人会喜欢我"等，即将信念作为症状的归因来源。当然，来访者列出的问题并不都能在治疗中得到解决，如经济问题或生理疾病等，但是这些问题对治疗师是有用的，因为它们可能影响诊断、概念化和治疗计划。

首先，制定问题清单需要注意清单的长度，一般为 5～8 个条目。因此，治疗师需要对来访者的问题进行理解和归类。对问题进行归类十分复杂，有些问题可能涉及多方面。例如，来访者害怕因为行为退缩而影响人际关系，那么这一问题是属于抑郁症状还是属于人际关系问题呢？对此，治疗师需要根据最有利于治疗的方式对问题进行分类。其次，在列问题清单时需要用认知行为术语来描述问题，除了命名外，用一些典型的行为、认知和情绪来对问题进行描述是很有用的。例如，用"不去上课"（行为）、"我是个失败者"（认知）和"难过"（情绪）来描述抑郁症状。最后，清单中的问题要按优先顺序排列，这可以帮助来访者和治疗师明确处理问题的顺序。问题的优先顺序需要考虑：问题的严重性，如危及来访者或他人的生命安全；问题的关联性，如某个问题没有得到解决可能会阻碍其他问题的解决；来访者的感受，如某个来访者最想要解决的问题。因此，制定问题清单需要来访者和治疗师达成一致。

制定问题清单需要收集大量信息，临床上常用的信息收集方法如表 12-2 所示。

表 12-2　临床上常用的信息收集方法

方法	描述
心理测验	治疗师可以采用各种心理健康问卷来收集和评估个体的心理问题和行为。如用 90 项症状自评量表（SCL-90）来评估个体的感觉、情感、思维、意识、行为、生活习惯、人际关系、饮食睡眠等心理生理症状，用贝克抑郁量表（BDI）来评估个体的抑郁症状，用贝克焦虑问卷（BAI）来评估个体的焦虑症状
认知任务	治疗师可以使用各种认知任务来评估个体的认知和信念体系。如用情境判断测验（SJT）来评估个体的实践能力和内隐知识，用各种自我评价表格来评估个体的自我效能感和自我认知
编写日志	治疗师可以要求个体编写日志来收集和评估个体的心理问题和行为。如编写情绪日志，记录个体每天的情绪体验和触发情境，以便更好地理解个体的情绪问题和触发因素；编写认知日志，记录个体的负向自我评价和认知错误，以便更好地理解个体的认知和信念体系

（三）形成诊断

在收集和评估数据后，治疗师需要对个体进行诊断。治疗师需要根据收集和评估的数据，结合临床经验和专业知识，确定个体的主要问题并形成诊断。在这个过程中治疗师需要仔细地评估个体的心理症状、行为表现和生活质量等方面的数据，以及个体的发展历史、家庭和社会环境等背景信息。

例如，一个治疗师可能收到一个患有强迫症的个体的求治请求。治疗师可能会对该个体进行评估，发现其经常出现强迫行为和思维，以及焦虑和压力等症状。治疗师可能还会评估个体的家庭和社会环境，了解其症状的可能成因。最终，治疗师可能确定该个体的主要问题是强迫症，并进行相应的诊断。

治疗师从建立问题清单开始，就可以使用 DSM-5 诊断系统来校正和调整通过问题清单建立的诊断假设。治疗师在进行诊断时最好能与来访者合作，透明地进行诊断和评估。比较常用的诊断会谈工具有 DSM-5 的"焦虑障碍访谈表"和基于 DSM-5-TR 的结构化临床访谈。"焦虑障碍访谈表"是一个半结构化的诊断访谈问卷，用于诊断焦虑障碍、心境障碍、躯体形式障碍以及物质相关的精神障碍。基于 DSM-5-TR 的结构化临床访谈则可以帮助临床医生系统识别个体当前及既往存在的主要精神障碍（如抑郁、焦虑）及人格障碍等长期存在的心理病理特征。

大部分来访者都希望从治疗师那里获取明确的诊断，来确定自己是否异常。告知来访者诊断结果必须谨慎，要充分考虑来访者的感受，治疗师可以通过有技巧的访谈、心理教育和放慢节奏等，用一些通俗易懂的话告诉来访者他的诊断结果。如许多人格障碍相关的名词专业性强且具有消极色彩，容易引起来访者的误解和恐慌，治疗师可以不说出诊断名词而用来访者可以理解和接受的话来描述人格障碍的概念和来访者正在经历的症状。

二、建立初步个案概念化并设定治疗目标

（一）建立初步个案概念化

在确定主要问题和形成诊断后，治疗师需要建立起初步的个案概念化。

个案概念化是一个系统的认知模型，它描述了个体的心理问题和行为是如何发生、维持和发展的。个案概念化需要对个体的问题进行系统的描述、解释和预测，为治疗师理解来访者提供了基本构架。在开始理解个案前，治疗师可以问自己以下问题：

"来访者的诊断是什么？"

"他目前的问题是什么？这些问题是如何发展并维持到现在的？"

"与这些问题相关联的功能不良的思维和信念是什么？什么反应（情感、生理和行为）与他的思维相关？"

在弄清楚以上问题后，治疗师可以假设该来访者目前的心理障碍是如何产生并发展的：

"该来访者如何看待自己、他人、他的个人世界及未来？"

"他的根本信念（包括态度、期望和规则）和思维是什么？"

"该来访者如何应对自己的功能不良认知？"

"什么应激源（突发事件）影响了他目前心理问题的发展，或妨碍解决这些问题？"

治疗师要从第一次与来访者接触时即开始构建认知概念化，并在整个治疗过程中不断地修正自己的概念化。这种系统的构建过程有助于实施高效的治疗。

问题触发因素常常是紧张的生活事件，是显而易见的，如人际关系冲突、学业成绩不好、工作任务失败等。从时间上来看，触发因素是临近的，而机制的起源是较久远的，一般来源于外部事件或经历（如亲人丧亡、早期被抛弃）、文化因素（如男尊女卑观念）、生物学因素（如生理缺陷导致他人歧视）和遗传因素。最后，治疗师要整合概念化的各个要素，形成一个简洁完整的概念化工作表（见表 12-3）。

表 12-3　个案概念化工作表

来访者姓名	日期
诊疗和症状	
成长的影响	
新近改变	
生物学、遗传和医学要素	
优点/优势	

治疗目标		
典型事件 1	典型事件 2	典型事件 3
自动思维	自动思维	自动思维
情绪	情绪	情绪
行为	行为	行为
图式		
工作假定		
治疗计划		

以强迫症来访者为例进行说明。① 触发因素：引发强迫症状的具体情境、想法、感受或行为，可能是特定的物体、场景、声音等。如来访者感觉自己身上的细菌很多，每天要花大量时间洗手，而且每次洗手时都需要反复用肥皂洗。② 心理机制：在触发事件和行为结果之间发挥作用的因素，包括来访者核心信念、中间信念、自动思维等方面因素，是个案概念化的核心。如来访者可能认为如果不把手洗干净，就会感染细菌，进而生病甚至死亡；来访者通过不停洗手来减轻对生病或死亡的焦虑。③ 症状和问题：包括来访者强迫症状的表现和相关的情感、行为和生理反应等。如情感上可能感觉非常害怕和焦虑，行为上表现为强制性洗手。来访者每天花费大量时间洗手，导致皮肤干裂等身体问题，同时也造成了社交和工作上的困扰。治疗师通过建立个案概念化，可以更好地理解来访者的强迫症状，找到影响强迫症状发生和维持的核心因素，并制订更为有效的治疗计划。

（二）设定治疗目标

治疗目标是治疗计划的基石，治疗目标达成与否是衡量治疗效果的核心标准。

前面讨论了个案概念化的建立，需要注意的是，制定问题清单、进行个案概念化、设定治疗目标这些任务是密不可分的。事实上，很多来访者都是带着对解决问题的期待而来的，来访者和治疗师可能在完成个案概念化之前就开始设定治疗目标了。一个好的治疗目标应该具有以下特点。

（1）治疗目标应该是来访者和治疗师协商一致后制定的。一般来说，来访者是因为自己没有办法达成重要的目标才来寻求治疗的，但是有时候来访者设置的目标本身是不合理的，如来访者希望同学都喜欢自己，这时候治疗师就需要和来访者讨论这个目标的合理性以及如何设置才合理，最后达成一致的治疗目标。

（2）治疗目标的重点是减少症状和问题，增加期望的行为或结果。通常来说，治疗目标就是解决问题清单上的问题，如抑郁症患者的治疗目标就是减少抑郁症状。但是需要注意的是，症状减少了不代表期望的行为会增加，所以应在目标中明确提出希望增加的期望行为，如花更多的时间和亲朋好友在一起。

（3）治疗目标能够在情绪上吸引来访者，且可操作、可衡量。情绪可以俘获个体的注意力并提供动力。目标具有情绪吸引力能够更好地促进来访者采取行动实现目标。另外，设置的治疗目标一定要是可以操作的，如抑郁症患者希望完全消除抑郁心境，这是不可行的，但是减轻抑郁程度是可行的。好的目标也是可测量的，这样可以帮助来访者和治疗师看到治疗方案的疗效。

在设定治疗目标的过程中，治疗师可以在第一次或第二次预备性会谈结束时给来访者布置一项列出治疗目标清单的家庭作业。这个家庭作业不必要求来访者列出所有的治疗目标，而是花 15 分钟左右时间尽可能地把想要的目标列出来，在下次会谈时带上这个清单，与治疗师一起商讨并修改。通常情况下，个案概念化的问题清单能够直接产生治疗目标。但是有些情况下，概念化机制假设还能帮助来访者和治疗师选择更好的治疗目标。此外，需要注意的是，目标设定具有一定的复杂性。有时来访者在识别问题过程中感受到压力而变得防御、抗拒或回避。在这种情况下，在概念化过程中聚焦问题讨论可能激活来访者既存的缺陷/被拒图式（如"我不够好""会被他人排斥"），进而引发恐惧、羞愧和愤怒等情绪。据此，治疗师要以接纳和关怀的方式来建立问题清单，语气温和、缓慢推进、充分支持，时常强调来访者的优势，并表示愿意与其一起工作。此外，治疗师还可以在会谈中处理来访者的情绪，将其作为教授来访者认知行为模式的机会，告诉来访者治疗的信息。

以前文抑郁症患者陈希（化名）为例，可以设定如下目标：① 减少抑郁症状，将贝克抑郁量表分数降到 10 分以下；② 恢复去学校上课并享受上课；③ 在学校学习时遇到"批评"不会太难过；④ 每周能够和朋友出去一次。

三、制订个性化治疗计划和获得知情同意

在确定治疗目标后，治疗师需要与来访者一起制订治疗计划，并获得其知情同意，以确保计划符合来访者的需要和期望，并提高来访者的治疗参与度。

（一）制订个性化治疗计划

制订个性化治疗计划是确保来访者获得有针对性的、高效的治疗的核心环节。在制订治疗计划前，治疗师可以尝试回答以下问题：

"来访者的核心信念是什么？"
"有没有什么重要的早期经历让来访者发展了这样的负面的核心信念？"
"是什么事件激活了这一障碍？"
"来访者对于促发事件的解释对自身是不是消极的和不利的？"
"来访者的认知和行为是如何维持这一障碍的？"

治疗计划应基于初始个案概念化，包括治疗目标、治疗方法、治疗进程等。治疗师需要针对每一个治疗目标，选择合适的治疗方法，并与来访者共同制订治疗进程，确保治疗的有效性和可持续性。

（1）治疗目标。治疗目标应当能够直接解决来访者的心理问题或行为问题，要求是具体的、可操作的，如帮助抑郁症患者解决学业和日常生活问题。

（2）治疗方法。治疗方法应与来访者的心理问题或行为问题相适应，是具体的、可操作的，如改变来访者的功能不良信念，将其关注的焦点从其内部意象转移到外部情境，并放弃安全行为。

（3）治疗进程。治疗进程应当是合理的、可行的并且能够有效地解决来访者的心理问题或行为问题。如治疗师可能会在治疗初期帮助来访者解决日常生活中的问题，指导其辨认、评估、修正不合理信念；中期会重点针对来访者的核心信念；后期会关注预防复发等问题。

此外，治疗师还要考虑治疗形式、频率以及联合治疗等问题，如是个人治疗还是家庭治疗，是一周一次还是一周两次，以及需不需要辅助治疗，如药物治疗或团体治疗等。制订治疗计划后可以形成一个治疗计划表，如表12-4所示。

表 12-4　治疗计划表

姓名：　　　　　　　　　日期：

目标：

1.

2.

……

方法：

进程：

形式：

频率：

联合治疗：

例如，对于一位患有社交恐惧症的来访者，治疗师可能制订出以下治疗计划。① 治疗目标：帮助来访者克服社交恐惧，增强社交技能和自信。② 治疗方法：采用认知行为治疗的方法，包括暴露疗法、认知重构、行为实验等。③ 治疗进程：分阶段进行治疗，先进行社交情境的模拟，逐渐增加社交难度，直至面对现实社交情境。治疗期间，逐步改变来访者的错误思维和行为模式，增强其社交技能和自信。而对于一位社交焦虑症来访者，治疗目标可能是减少社交焦虑症状的发生次数并减轻强度。治疗方法可能包括行为技能训练和认知重构。在治疗进程方面，治疗师可能会要求来访者参加一些社交活动，并记录下自己的反应和情绪，随后和治疗师一起分析和评估这些反应和情绪，寻找其中的认知偏差，并进行认知重构。

（二）获得知情同意

在制订治疗计划的同时，治疗师还需要确保来访者对治疗计划的内容和治疗过程有足够的了解和认可。

治疗师需要向来访者详细介绍治疗计划的内容和意义，并解答来访者可能存在的疑虑和问题。同时，治疗师还需要获得来访者的知情同意，确保来访者充分了解治疗的过程和风险，并愿意积极参与治疗。

来访者有权获得有关诊断和概念化的信息。治疗师与来访者分享概念化很重要。通过共享概念化，来访者能够感觉到治疗师对自己内心冲突的理解，从而更可能接受并遵守治疗师提出的治疗计划。向来访者提供概念化信息最好以引导、渐进的方式进行。但是很多时候，有的治疗师在获得知情同意的过程中只提供某些概述性的概念化。这对于来访者来说并没有多大的帮助，他们可能会觉得枯燥和复杂，从而产生这个概念化没用的想法。治疗师可以通过提供概念化的一个或两个关键部分，特别是有关治疗计划的基本原理，来帮助来访者理解概念化和治疗计划。

在共享概念化后，下一步就是向来访者推荐治疗计划。治疗计划要明确地与概念化联系起来。可以从描述治疗的机制和干预措施开始，如治疗师可以告诉抑郁症患者，他的抑郁情绪与他自身的大量负面、扭曲的想法有关，在治疗过程中，治疗师会教来访者识别、远离和修改这些想法，从而减少这些负面想法对来访者的影响，进而缓解情绪低落的情况。此外，治疗师也会告知来访者治疗的益处和风险，治疗师在治疗中扮演的角色、对来访者的期待，推荐的联合治疗方法，以及首先解决的问题或症状。

治疗师在提出建议并提供上述信息之后，由来访者决定要不要执行这个治疗计划。治疗师可以问来访者"对于治疗计划，你有什么问题吗？你想继续这个计划吗?"治疗师要给来访者充分考虑的时间，可以让来访者回家后考虑，或者和家人讨论之后再做决定。否则，来访者可能会因为在咨询室里感受到的时间压力和人际关系的压力而同意治疗师的提议，而不是经过深思熟虑后做出一个肯定的决策。治疗师与来访者就治疗计划明确达成一致后，治疗才可以继续进行。事实上，有很多时候，来访者是不愿意接受治疗师的治疗建议的。在这种情况下，治疗师可以通过协作式的讨论，来确定来访者的保留意见并试图解决这些问题。例如，抑郁症患者常常会因为担心药物的副作用而拒绝药物的联合治疗。在这种情况下，治疗师可以和来访者协商，可以先不增加药物治疗，但如果在治疗过程中来访者没有出现实质性的改善，就需要增加药物治疗或对治疗计划进行改变。有些来访者也会要求改变治疗师建议的治疗计划，来访者和治疗师可以进行协商，最后达成一个双方都同意的折中的治疗计划。在少数情况下，来访者和治疗师无法在治疗计划上达成一致，那么治疗师可以通过更多的讨论来解决，也可以将来访者转介给另一个治疗师。

总之，制订个性化治疗计划和获得知情同意是认知行为治疗个案概念化的重要组成部分。在实践中，治疗师需要结合具体病例情况，灵活运用各种治疗技术和方法，确保治疗计划的有效性和可持续性，并与来访者建立起有效的沟通和信任关系。

四、监测治疗过程

在治疗过程中，治疗师还应定期监测治疗进展，以确保治疗目标的实现，并在需要时进行调整。

监测治疗过程是认知行为治疗中至关重要的环节。具体而言，第一，治疗师可以通过记录治疗过程的进展、收集反馈信息等方式，评估来访者的治疗反应和效果，以便及时调整治疗策略和方法。第二，治疗师需要定期评估治疗效果，并与来访者一起讨论治疗的进展和挑战。例如，在强迫症治疗中，治疗师可以定期使用标准化评估工具，如耶鲁-布朗强迫量表（Y-BOCS），评估来访者的强迫症状严重程度和治疗效果，以便进行后续治疗计划的调整和优化。第三，根据监测和评估的结果，治疗师需要适时调整治疗策略和方法，以确保治疗的有效性和可行性。例如，如果来访者对某种治疗方法反应不佳，治疗师可以考虑更换治疗方法或调整治疗剂量等。第四，治疗师需要定期检查治疗进展，以确保治疗的顺利进行。对于一些慢性疾病，治疗师需要长期跟踪监测来访者的病情。

值得注意的是，监测治疗过程需要关注三个相关要素的信息：机制变化、治疗关系和依从性。首先，每次会谈中对结果的讨论会自然而然地带来对机制的讨论。治疗师可以通过问来访者"你认为为什么现在的抑郁情绪比上个月更严重（或有所减轻）？"类似的问题来分析是哪些机制推动了症状的起伏。评估机制的另一个方法是要求来访者在会谈结束时或下一次会谈开始对本次会谈进行反馈。治疗师通过来访者的反馈明了来访者是否认为此次会谈对他有帮助；如果有帮助，要进一步询问是这次会谈的哪些方面发挥了作用。其次，治疗关系会影响治疗效果，在治疗过程中监测治疗关系并及时调整治疗关系有利于治疗顺利进行。治疗师可以借助伯恩斯开发的"治疗会谈评估量表"来了解治疗联盟和治疗其他方面的情况。当然，也可以口头收集治疗关系的相关信息，治疗师可以在每次会谈中询问来访者对一起工作的感受等。最后，还需要监测治疗师和来访者的依从性，治疗师可以借助治疗会谈日志评估自己对结构化治疗会谈各元素的安排情况（如议程设置、作业布置和回顾或反馈等情况）。此外，治疗师还可以使用"认知治疗师的能力检查表"评价自己。对于来访者的依从性，治疗师可以通过来访者的自我报告和书面作业来监测，也可以通过直接观察来评估。

五、治疗结果评估和维持

治疗结果评估和维持是个案概念化的最终目标。治疗师应定期评估治疗结果，并与来访者共同制订维持计划。维持计划应基于来访者的需要和资源，以确保治疗效果的长期维持。

治疗师在每次会谈时监测治疗结果，并用图表或其他视觉形式追踪结果，显示来访者症状随时间的变化情况。同时，监测有助于指导对临床假设的检验。结果的测量可以从症状、积极情绪与行为以及功能改善三个方面进行。这三个方面常常与治疗目标是相匹配的。① 症状的测量可以使用心理量表，如用贝克抑郁量表来测量来访者的抑郁状况，也可以使用心境图来评估来访者的情绪状况。心境图提供了情绪随时间变化的视觉图，更加直观。② 积极情绪与行为的测量，比如每周锻炼三次等，可以使用"积极和消极情绪日程表"来追踪来访者的积极情绪与行为。③ 功能改善，如每天按时上课、完成老师布置的作业等，可以使用每日日志来追踪来访者每天任务完成的情况。此外，还有一些多目标测量可以用来追踪症状、健康状况、人际关系和角色功能，结果问卷-45（outcome questionnaire-45，OQ-45）、临床结果常规评估-结果测量（clinical outcomes in routine evaluation-outcome measure，CORE-OM）以及治疗结果包（treatment outcome package，TOP）这三个测量比较完善。

以下是治疗师可以采取的一些具体措施：

（1）定期评估治疗结果。治疗师应该定期评估治疗的结果，并与来访者分享。这可以通过使用标准化的测试、问卷、日志等来实现。治疗师应该与来访者讨论测试结果，帮助来访者理解自己的症状及其进展，并共同决定是否需要调整治疗方案。

（2）共同制订维持计划。治疗师应该与来访者一起制订维持计划，以确保治疗效果的长期维持。维持计划应该基于来访者的需要和资源，并且应该包括一些特定的行动计划，如识别和处理潜在的诱因、练习应对策略等。治疗师应该与来访者一起制定具体的目标，并提供必要的支持和指导，以确保来访者能够实现这些目标。

（3）利用科技手段。治疗师可以利用科技手段，如在线治疗平台、治疗软件等来帮助来访者维持治疗效果。这些工具可以帮助来访者识别和应对潜在的诱因，并提供与治疗相关的资源和支持。例如，对于焦虑症患者，治疗师制订的维持计划内容包括定期运动、练习深度呼吸、使用松弛技巧等。治疗师可以利用应用程序，如 Calm 或 Headspace，来帮助患者练习松弛技巧，并在必要时提供反馈和支持。

综上所述，定期评估治疗结果、共同制订维持计划以及利用科技手段都是治疗师可以采取的措施，以确保治疗效果的长期维持。这些措施可以帮助来访者实现他们的治疗目标，并促进其长期健康和福祉。

任务四　临床工作中的其他问题

在个案概念化的整个过程中，治疗师可能会遇到各种临床工作中的问题，挫折、障碍和失败经常发生。治疗师应随时准备解决这些问题，并在需要时与来访者沟通和协商。而以个案概念化为指导的心理治疗提供了一种系统的方式来处理这些问题。

一、不依从

不依从是指未能执行一个已达成一致的或预期的行为，例如一次干预或完成家庭作业。不依从既可能发生在来访者身上，也可能出现在治疗师身上。不依从会减缓治疗进程，甚至导致治疗失败。

（一）治疗师的不依从

治疗师的不依从常源于偏见、经验主义、理论误解、压力及情绪管理不当等，它阻碍治疗计划的执行，损害治疗关系，降低来访者的信任度与参与度，最终削弱治疗效果。

治疗师的不依从主要表现在以下几个方面。① 没有监测治疗的进展。治疗师没有定期评估来访者的变化，以及治疗目标的达成情况。这种不依从可能导致治疗进程缓慢或治疗无效，因为治疗师无法根据来访者的实际情况调整治疗方案或提供必要的支持。② 没有获得来访者对治疗计划的知情同意。治疗师没有与来访者充分讨论治疗计划，以及解释治疗可能带来的好处和风险。这可能导致来访者对治疗计划不了解或不满意，从而影响治疗的依从性和效果。③ 不检查来访者的家庭作业。家庭作业是认知行为治疗中的重要组成部分，它可以帮助来访者在实际生活中应用治疗所学到的技能和知识。如果治疗师没有检查来访者的家庭作业，或者没有提供必要的指导和支持，可能会导致来访者无法充分掌握和应用治疗技能，从而影响治疗效果。

认知行为治疗包含大量的工作，要坚持依从它的每一个要素并不容易。治疗师可以通过建立系统来促进依从性。治疗师可以使用监测工具来识别不依从，如可以使用每日日志来跟踪自己对治疗会谈的元素的使用情况。治疗师还可以单独或与督导一起听会谈过程的录音，并定期回顾治疗进展。治疗师意识到自己没有按照约定好的计划去做时，可以尝试获得自己不依从行为的概念化。概念化可以帮助治疗师产生解决问题的想法。此外，治疗师对来访者使用的评估工具同样也可以帮助发现和检查错误。治疗师可以使用思维记录表或进行功能分析来将自己的行为概念化，并作为改变行为的指南。

（二）来访者的不依从

来访者不依从的原因有多种，如治疗结果与预期不符、生活压力、动力不足或理解偏差等。来访者的不依从会导致治疗进程受阻，影响疗效及康复进程。

来访者的不依从主要表现在以下几个方面。① 不做治疗师布置的作业。治疗师会根据来访者的具体情况布置一些家庭作业，例如认知重塑练习、情绪调节技巧练习等。这些作业是治疗的重要组成部分，能够帮助来访者更好地理解和应用治疗所学到的技能和知识。如果来访者不按时完成这些作业，可能会影响治疗效果。② 参加会谈不规律。如果来访者不能按时参加治疗会谈或者经常迟到、早退等，可能会影响治疗的连续性和效果。③ 不为治疗会谈提出议程项目。来访者在治疗会谈中应该积极参与，提出自己的问题和关注点，以便治疗师能够更好地了解其状况并提供有针对性的支持。如果来访者不提出议程项目或不愿意分享自己的想法和感受，可能会导致治疗师无法准确了解其需求和情况，从而影响治疗效果。④ 没有有效利用治疗时间。治疗时间是宝贵的，来访者应该有效利用每次治疗机会，充分表达自己的感受和问题，积极学习和应用治疗技能。如果来访者不认真对待每次治疗机会，例如在治疗会谈中谈论无关的话题或缺乏准备，可能会导致治疗时间的浪费，从而影响治疗效果。

针对来访者的不依从行为，首先，治疗师可以尝试在预备性会谈阶段防止不依从的发生，如在开始治疗前获得来访者对治疗计划的完全知情同意。认知行为治疗的结构化方法以及个案概念化都有助于防止来访者的不依从。其次，治疗师要在会谈过程中识别来访者的不依从。不能按时参加治疗、没有完成家庭作业这些不依从行为的识别较为容易，但未能改变负面思维、不为治疗会谈提出建议等不依从行为较难识别。来访者和治疗师很享受在一起工作时，治疗师很容易被动地为来访者制定会谈议程，而不是来访者自己制定会谈议程。这时候就需要治疗师建立一些检测系统来帮助识别来访者的不依从，如记录会谈进度并在每次会谈之前回顾这些记录。

当不依从行为发生时，治疗师可以通过评估和干预来解决它。不依从行为可以像其他目标行为一样被概念化和处理。但是需要注意的是，治疗师应该采取非评判性的问题解决方法，像看待来访者其他行为一样看待不依从行为。同时，在对来访者的不依从行为进行概念化时，一定要考虑治疗师的不依从可能是来访者不依从的原因。如来访者没有完成治疗师布置的家庭作业可能是因为治疗师没有明确地布置作业。在对不依从行为进行概念化时，治疗师应该考虑该行为是否可能是来访者的典型问题行为；如果是，个案概念化的机制部分可能会提供关于导致不依从行为的机制的初步假设。

二、治疗失败

治疗效果不佳是很常见的。当治疗失败时，治疗师要通过探索来指导临床决策。个案概念化驱动的认知行为治疗为预防、识别和克服治疗失败提供了一种系统的方法。

（一）预防和识别失败

通过知情同意、循证治疗、明确目标及协同管理预防失败。同时，将监测进程与积极沟通相结合，确保治疗有效。

以个案概念化为导向的认知行为治疗元素，有助于预防治疗失败。这些元素包括：① 通过预备性会谈获得来访者的充分知情同意，减少他们对改变的抵触情绪，并在开始治疗前与来访者建立稳固的治疗联盟；② 基于循证实践选择核心治疗方案，形成个体化治疗框架；③ 积极设定现实且双方认同的治疗目标；④ 协调处理不同的治疗专业人士（如医生、理疗师、心理咨询师等）之间的合作，以确保来访者获得全面、连贯和一致的治疗方案，并制定管理依从性问题的方法策略。通过应用这些元素，可以更有效地预防治疗失败，并帮助来访者取得更好的治疗效果。

治疗师对治疗进程的监测有助于及早发现治疗失败的情况。通过每周对来访者进行关键结果的测量评分，并绘制平面图，可以为来访者提供直观的视觉反馈，帮助识别治疗是否达到预期效果。然而，仅凭监测数据不足以得出治疗失败的结论。这些数据只能作为评估治疗失败的参考指标之一，并且可能受到主观偏见的影响。当发现来访者的情况没有改善甚至恶化时，与来访者进行积极的讨论是有效的一步。通过与来访者分享监测数据，关注他们的感受，可以更好地了解治疗效果，并确定是否需要调整治疗方案。这种对话和合作有助于建立信任和共同的目标，使来访者更愿意参与治疗过程并积极配合治疗师的指导。通过结合监测数据和来访者的反馈，治疗师可以更全面地评估治疗效果，及时调整治疗方案，并采取适当的措施来应对治疗失败的情况。这有助于提高治疗的成功率，并为来访者提供更有效的支持和治疗。

（二）克服失败

当治疗失败时，治疗师必须努力确定原因，并在来访者允许的情况下调整治疗计划，以改变现状。

一般来说，如果补救措施也无法成功，治疗师需要将来访者转至其他治疗环境。这是治疗师面临的极具挑战性的任务，治疗师可以寻求同行的协助。如果治疗进程顺利，来访者通常会感到舒适，不愿对治疗方法做出任何改变。如果治疗进展不顺利，来访者可能会更加排斥考虑新的治疗方法并放弃当前治疗师的支持和安慰。在此情况下，治疗师也会面临惰性和障碍。如果来访者的治疗持续时间过长且没有明显改善或缺乏终止治疗的信心，治疗师可能会产生依赖和强化效应。

尽管存在这些障碍，治疗师仍需积极采取措施解决治疗失败的问题。

第一，继续提供失败的治疗方法是不合理的。继续治疗可能会对来访者造成医源性损害，即对来访者有害。即使来访者的情况没有恶化，治疗也可能会产生医源性损害。来访者可能会将治疗视为获得支持性社会接触的一种途径，而不是学习在非治疗环境中获得这种技能。此外，继续采用无效疗法可能会阻碍来访者接受另一种可能更有帮助的治疗。

第二，为了克服治疗失败，治疗师可以评估治疗计划、概念化和诊断的适当性。首先，评估治疗计划。治疗师可以通过问来访者"我们是否遵守商定的治疗计划？""治疗计划是否满足您的需要？"等问题，以及评估自己的易感性是否妨碍治疗等来评估治疗计划；然后回顾诊断，诊断错误可能会导致治疗失败。其次，有时个案概念化的一点改变就可以启发出一种更有效的新干预方法。治疗师可以通过问自己"我是否已经准确地识别出了来访者的核心恐惧？""我选错靶行为了吗？""我是否没有找到问题行为的所有原因？""不同的概念化是否有助于制订更有益的干预计划？""是否有重大问题是我没有解决的？"等问题来评估概念化。

在临床实践中，失败是难免的。尽管认知行为治疗领域已经取得了很多进展，但目前还没有开发出能够帮助所有来访者的治疗方法。接受治疗失败并有效地管理它是临床服务中极为困难的部分。不管治疗是成功还是失败，治疗师和来访者都投入了大量的时间和精力。在长期的治疗过程中，治疗师和来访者产生了相互依恋，这可能让结束治疗变得更加困难。但是接受失败、结束治疗是不可避免的，来访者和治疗师的失望也是不可避免的。这就需要治疗师在接受失败的同时不断地学习和改进治疗方法，以便更好地帮助来访者。

人本主义流派的个案概念化

任务一　理解人本主义理论

人本主义理论由美国心理学家马斯洛创立，是美国当代心理学主要流派之一，代表人物还有卡尔·罗杰斯。

人本主义理论反对将人的心理低俗化、动物化，强调人的正面本质和价值，主张充分尊重来访者的人格尊严，以来访者为中心，建立一种真诚、共情、无条件积极关注的咨询关系，使来访者能够自我探索、自我接纳、自我成长。罗杰斯希望把他"以人为中心的治疗"理论体系扩展到传统的心理咨询与治疗领域之外，使之应用于社会生活的不同方面，例如教育、家庭、团体等，使当代大多数人过上一种以人为中心的生活，每个人都能够开放并信任机体的全部经验，朝着机体评估的方向充分发挥自己的潜能，完成自我实现。

一、人性本善论

人性本善论是人本主义心理学基本的人性观，也是人本主义的动机论与人格论的出发点和理论支柱。人性本善论认为人的天性中就有实现自己的潜能和满足人的基本需要的倾向。人性的恶是由基本需要未被满足、自我实现的环境被破坏引起的。正是因为善与恶、美与丑、快乐与痛苦等积极与消极的这种两极辩证关系，人生才有了动力和深度。另外，马斯洛还提出爱是人类的本性，是一种健康的感情关系，需要双方相互理解和接受。

二、需要层次理论

需要层次理论是人本主义心理学的一种动机理论。马斯洛将需要分为基本需要和成长性需要两类，并按照由低到高的顺序排列。基本需要包括生理需要、安全需要、归属与爱的需要和尊重需要。基本需要也称为匮乏性需要，是指人在满足这些需要的时候，完全依赖于外界。这种需要得不到满足时，将直接危及个体的生命。成长性需要是一种超越了生存需要之后，所产生的发自内心的希望发展和实现自身潜能的需要，包括人的认知需要、审美需要和自我实现的需要。马斯洛认为，低层次需要是高层次需要的基础，各层次需要的产生与人的发展阶段密切相关。

三、自我实现理论

自我实现理论是人本主义心理学个性发展理论的核心。自我实现理论认为，人的自我实现是完满人性的实现和个人潜能或特性的实现，前者是作为人类共性的潜能的自我实现，后者是作为个体差异的个人潜能的自我实现。马斯洛认为，自我实现是人的最高动机，它是以人的生理需要等基本需要为物质基础的。马斯洛的需要层次理论成为自我实现理论的心理动力学基础。他还提出高峰体验的概念，指出高峰体验是人进入自我实现和超越自我状态时感受到的一种非常豁达与极乐的瞬时体验。高峰体验是通向自我实现的重要途径。同样的人本主义思想还体现在马斯洛的心理治疗方法上，与精神分析心理学不同，马斯洛认为应通过个体的自我理解产生自我指导的行为，达到纠正不正常行为的目的。

任务二　人本主义流派的核心理念

人本主义理论的核心观点是将人的尊严放在第一位，认为每个人都是独一无二的，具有尊严和价值。人本主义流派的核心理念包含了以下几个方面。

一、人的自我实现

人的自我实现是指个人在其成长和发展过程中，充分发挥自身潜能，实现个人价值的过程。这一概念强调的是个人潜力的开发与才能的表现，并且认为自我实现的过程是个人感到最大满足的关键。人本主义认为，自我实现是人类生命的最高追求，是人类生命的意义和价值所在。根据马斯洛的研究，自我实现的人具备以下特征。

(1) 客观态度：能够客观看待现实。

(2) 自我接纳：承认自我、他人与自然。

(3) 自发性与纯真：表现出自发性、天真和单纯。

(4) 超越自我：关注外界问题，能为事业奉献。

(5) 独立性：拥有较强的独立性和自主性。

(6) 高峰体验：经历比普通人更多的高峰体验。

(7) 社会关怀：关心社会，对他人有真诚的感情。

(8) 深度人际关系：与少数人建立深厚的友谊。

(9) 民主性格：展现出民主的性格结构。

(10) 道德观与审美观：持有强烈的道德价值观念和审美观念。

(11) 幽默感：具有非敌意的、富有哲理性的幽默。

(12) 创新性：富有创造性。

(13) 独立思考：能够在重大问题上坚持自己的正确观点，不受环境压力影响。

自我实现是个体在成长与发展过程中不断探索自我、实现潜能的过程。这一过程不仅关乎个人的成长，也是实现个人价值和社会贡献的重要途径。

二、人的自我决定

自我决定是指个体在充分认识个人需求和环境信息的基础上，对行动做出自由选择的能力和倾向。人的自我决定是人的自由和自主权的体现，是人类生命的重要方面。人的自我决定需要人们有足够的信息和知识，能够全面地了解自己和外部世界，从而做出明智的决策和选择。自我决定理论（self-determination theory，SDT）是一种心理学理论，它探讨了人们在行为、动机和自我概念方面的自主性和内在性。自我决定理论强调满足个体的自主性、归属感和能力这三种基本心理需求的重要性。通过支持和促进这些需求，可以提高个体的参与度，增强个体的动机和幸福感，进而改善其工作绩效和生活质量。例如，艺术家基于高度自主性创造出作品，从中获得内在满足和成就感；创业者自主制定目标，追求激情和目标，取得商业成功。

三、人的自我价值

人本主义认为，人的自我价值是在成长过程中建立起来的，在孩童阶段，身边成人的引导方式决定了个体能否培养出足够的自我价值。自我价值包括自信、自爱、自尊，先建立起自信，才能建立自爱；有了自爱，才能建立自尊。人的自我价值是人类生命的核心和基础。人的自我价值决定了个体一生的成就，也是社会中各种个人问题的基本根源。人的自我价值需要得到尊重和认可，需要得到社会的支持和帮助，以便更好地实现自己的梦想和追求。

四、人的整体性

在人本主义的框架下，人的整体性是指将人视为一个完整的、统一的存在，而不是孤立的个体。这种整体性包含了人的生物性、社会性和精神性等多个方面。人本主义认为，人的整体性的发展是人的全面发展的必要条件，只有实现了人的整体性的发展，才能真正实现人的价值和尊严。在人本主义看来，一个良好的社会环境是实现人的整体性发展的必要条件。教育在人的整体性发展中起着重要的作用。人本主义认为，教育应该以人的全面发展为目标，而不是单纯的知识传授。教育的目标是培养一个完整的、全面的人，而不是一个片面的、单一的人。同时，社会环境对人的整体性发展也有重要的影响。人本主义认为，社会应该为人的全面发展提供良好的环境和条件，应该尊重和保护人的价值和尊严，提供公平的机会和资源，促进人的生物性、社会性和精神性的发展。在现代社会，全球化、信息化、市场化等趋势使得人的生活变得更加复杂和多样化，人的整体性面临着许多挑战。例如，现代社会的快节奏生活和高压力环境可能会影响人的身心健康，导致人的整体性发展受到阻碍；现代社会的功利化倾向和物质主义价值观也可能会影响人的精神生活，导致人的整体性发展受到限制。

总之，人本主义中人的整体性是一个复杂的、多层次的概念，包含了人的生物性、社会性和精神性等多个方面。人的整体性的发展是人的全面发展的必要条件，需要通过教育、社会环境等多种因素来实现。在现代社会，人的整体性面临着许多挑战，需要我们不断地探索和实践，以实现人的整体性发展的目标。

五、人与环境的关系

人本主义认为，人与环境是相互影响和相互作用的。因此，人与环境之间需要建立积极的关系，需要互相理解和支持，以便实现人的自我价值。

（一）人与自然环境的关系

人与自然环境之间存在着密切且复杂的互动关系。自然环境为人类提供了生存和发展的基本条件，人类也在不断地改造自然环境，以满足自身的需求和欲望。然而，这种改造行为如果缺乏合理的规划和控制，可能会导致环境的破坏和污染，进而影响到人类自身的健康和生活质量。人本主义强调，人类应该尊重自然，合理利用自然资源，减少对环境的破坏。这种观点与生态学的可持续发展理念相吻合，即人类的发展应该与自然环境的承载能力相协调，以实现人与自然的和谐共处。

（二）人与社会环境的关系

社会环境是指人类在社会生活中所面临的各种条件和因素，包括社会制度、文化传统、经济状况、人际关系等。人本主义认为，个体的社会行为和心理健康与其所处的社会环境密切相关，社会环境对人的发展和行为有着重要的影响。社会环境不仅提供了个体成长的土壤，也塑造了个体的价值观、信念和行为方式。一个充满关爱和支持的社会环境有助于个体实现自我价值和潜能，而一个充满压力和竞争的社会环境则可能导致个体的心理问题和社会适应困难。

（三）人与心理环境的关系

心理环境是指个体内心的世界，包括情感、认知、意志等方面。人本主义强调个体的心理环境对其行为和发展有着决定性的影响。马斯洛的需要层次理论提出，人类的基本需要（如生理需要、安全需要）必须得到满足，才能进一步追求更高层次的需求（如爱与归属的需要、自我实现需要）。这些需求的满足与否，直接影响到个体的心理健康和幸福感。

总之，人本主义认为环境会对人的发展和行为产生深远的影响，无论是自然环境、社会环境还是心理环境。人类应该尊重自然，合理利用资源，同时也要关注社会环境和心理环境对个体的影响，以实现人与环境的和谐共处。

此外，人本主义的核心概念还包括以人为本、人的价值和人格发展，强调个人成长和完善人格的塑造。

综上所述，人本主义的核心理念强调个体的主观感受和意义，推崇人的自我探索和自由发展，为现代心理学和人类社会的发展提供了重要的思想和理论基础。

任务三　人本主义流派个案概念化特点

在个案概念化方面，人本主义流派强调的是理解和促进个体的内在潜能和价值。与传统的心理学流派相比，人本主义流派更注重个体的自我实现和成长，而不是仅仅关注问题和障碍。因此，在个案概念化的过程中，人本主义流派的心理咨询师会更多地关注个体的优势和资源，以及如何通过激发这些优势来促进个体的成长和自我实现。

具体来说，人本主义的个案概念化有以下特点。

（1）着眼于个体的成长和潜能。心理咨询师在进行个案概念化时，会重点关注个体的成长需求和潜能开发。他们相信每个人都有自我成长的潜力，只是这种潜力可能因为各种原因而被压抑或阻碍了。

（2）强调积极关注和无条件接纳。心理咨询师在进行个案概念化时，会积极关注个体的优点和积极特质，并且无条件地接纳个体，无论他们的问题和挑战是什么。这种积极关注和支持可以帮助个体更好地探索自己的价值和潜能。

（3）注重个体的自我概念和自我实现。心理咨询师在进行个案概念化时，会特别关注个体的自我概念和自我实现的需求。他们认为，心理健康的人能够接纳自己的所有经验，并且能够在自我概念和经验之间保持一致性。

（4）采用非指导性的治疗方式。在个案概念化的过程中，心理咨询师通常采用非指导性的治疗方式，鼓励个体自我探索和发现。他们相信，个体有能力发现自己的问题并提出解决方案，咨询师的作用更多是提供一个支持性和理解性的环境。

因此，人本主义流派的个案概念化强调个体的成长、潜能、积极关注和非指导性的治疗方式。这种方法不仅关注个体的问题和障碍，更注重激发个体的内在力量和价值，促进个体全面的自我实现和发展。

任务四　人本主义流派个案概念化步骤

人本主义流派强调个体的主观体验和自我实现的潜力。在进行个案概念化时，人本主义流派的心理咨询师通常会遵循以下几个步骤。

一、建立良好的咨询关系

建立良好的咨询关系是心理咨询中的首要步骤，它为后续的咨询工作奠定了基础。良好的咨询关系能够使来访者感到被理解、重视和关心，从而建立起对心理咨询师的信任，愿意开放自己的经验，与心理咨询师共同探索问题。这种关系的建立是有效咨询的基本条件，没有良好的咨询关系，咨询只能停留在表面信息的交换，无法深入来访者的内心世界。

人本主义流派非常重视心理咨询师与来访者之间建立起一种真诚、互相尊重和共情的关系。这种关系是促进来访者自我探索和成长的基础。心理咨询师通过无条件积极关注、真诚、共情和尊重，创造一个安全、支持性的环境，使来访者感到被接纳和被理解。

心理咨询师在建立良好的咨询关系中扮演着关键角色。他们需要具备尊重、温暖、真诚、共情和关注等基本素养和态度。尊重意味着完整接纳来访者，温暖体现为热情和耐心，真诚要求心理咨询师表里如一，共情是指能够体验来访者的内心世界，而关注则是指对来访者的问题给予足够的重视。这些态度和技能的运用，有助于构建一个安全、支持性的咨询环境。

1. 真诚或一致性

真诚或一致性意味着心理咨询师以"真实的我"出现，不将自己隐藏在专业角色后面，不戴假面具，表里一致、真实可信地与来访者建立关系。比如，使用支持性的非言语行为，不强调角色、权威或地位，心理咨询师的言行和情感应保持一致，自然地表现自己，而不是刻意或做作，真诚地表露关于自己的信息等。

2. 无条件积极关注

无条件积极关注是指心理咨询师不以评价的态度对待来访者，不依据来访者行为的好坏来决定怎么对待他。"无条件"意味着要从整体上接纳来访者，对来访者的那些阴暗、痛苦和脆弱的消极体验，要像对来访者的愉悦、自信和满足等积极体验一样加以接纳；对来访者自己不认可和不能接受的部分，也要像对来访者自己所认可的那部分一样加以接纳。无条件积极关注要注意有选择地突出来访者言语及行动中的积极方面，并利用其自身的积极因素；不带价值判断地表达对来访者的尊重；对来访者的接纳与关怀是无条件的。

3. 准确的共情和尊重

准确的共情是一种能深入主观世界了解来访者感受的能力。共情开始于全神贯注地倾听。共情是能体验他人的内心世界，就好像那是自身的内心世界一样。共情不等于平时我们所说的了解，了解是站在我们自己的参照标准下的理性理解；共情也不等同于同情，同情双方所处的地位不同，在并非平等关系下所产生的感受并不相同。心理咨询师准确的共情需要具备两种能力：一是准确地感受来访者的内心世界；二是能向来访者表达自己对他的理解。

尊重也是良好咨询关系的特征。人本主义疗法中强调的心理咨询师无条件的尊重是指对来访者整体的接纳，包括其长处和短处。这就需要心理咨询师明确自己的价值观、态度和信念对来访者可能产生的影响，注意要在咨询中保持高度的自我觉察，在表达尊重上注重身体关注和心理关注，善于用倾听和回应行为。来访者体验到心理咨询师是以接纳的态度聆听时，就会慢慢以接纳的态度聆听自己。来访者发现心理咨询师关心和看重他们时，他们也会开始看重自己。

二、收集和整理来访者的信息

在心理咨询过程中，收集和整理来访者的信息是一个非常重要的环节。这不仅有助于心理咨询师更好地理解来访者的问题，而且还能够为来访者提供更加有针对性的帮助。以下是收集和整理来访者信息的详细步骤和内容。

（1）基本信息的收集。基本信息包括来访者的人口统计学资料，如姓名、性别、年龄、出生地、出生日期等，这些信息有助于建立一个完整的来访者档案，为后续的咨询提供基础。

（2）生活状况的了解。生活状况涉及来访者的职业、经济状况、受教育状况等方面。这些信息有助于心理咨询师理解来访者的社会背景和可能面临的生活压力。

（3）婚姻家庭状况的评估。婚姻家庭状况包括来访者的婚姻状态、婚姻满意度、家庭组成成员及其相互关系等。了解这些信息有助于评估来访者的家庭环境对其心理状态的影响。

（4）工作和社会交往的考察。工作和社会交往情况是指来访者的工作态度、社交网络、社交兴趣和社交活动等。这些信息有助于心理咨询师了解来访者的社会支持系统和支持来源。

（5）负性事件及其影响的评估。了解来访者所经历的负性事件及其对来访者身体状态、精神状态和社会功能状态的影响。这一步骤有助于确定来访者的问题是否与过去的经历有关，以及这些问题是如何影响来访者的日常生活的。

（6）来访者内在世界的探索。对内在世界的重要关注点是来访者对自身长处、优点的描述，以及他们对自身缺点的评价。通过这些信息，心理咨询师可以更深入地了解来访者的自我认知和价值观。

（7）其他相关信息的收集。其他相关信息包括来访者的兴趣爱好、最令其感到愉快的活动、对未来的期望和理想等。这些信息有助于心理咨询师从更全面的视角来理解来访者。

收集和整理来访者的信息是一个系统化的过程，需要心理咨询师具备敏锐的观察力和细致的访谈技巧。通过上述步骤，可以为来访者提供更加个性化和有效的心理咨询服务。

三、理解来访者的主观体验

人本主义流派强调从来访者的视角理解他们的体验。通过这种方式，心理咨询师可以深入了解来访者的内心世界，帮助他们澄清和表达自己的真实感受。心理咨询师可以从以下几个方面来理解来访者的主观体验。

（1）倾听和共情。倾听和共情是理解来访者主观体验的基础。心理咨询师需要耐心倾听来访者的心声，接纳他们的情绪，让他们感到被理解和被关怀。这种方法可以帮助来访者在焦虑和沮丧中得到一些情感支持，同时也可以建立起信任关系，促进后续的治疗过程。

（2）理解来访者的"痛"。美国心理学家杰罗姆·弗兰克认为来访者的心理障碍都有一个共同的痛苦来源，他称之为"心力委顿"。理解来访者的"痛"不仅仅要理解他们的表面症状，还要理解他们为什么会有这些症状，以及他们是如何努力去应对和处理的。

（3）理解阻抗。在咨询过程中，可能会遇到来访者的阻抗，即他们可能有意无意地想"留在病中"，对咨询表现出一种矛盾态度。理解阻抗的来源和性质对于克服它、推进治疗进程至关重要。

（4）提出开放性问题。运用开放性问题能够有效引导来访者进行更深入的自我思考，并促使他们具体、详细地描述相关事件及其伴随的感受。这种提问方式能有效规避咨询师带入主观判断或引导性倾向的风险，因为它将话语权充分交给来访者。更重要的是，开放性问题能够推动来访者更深刻地探索自身的情感体验、内在想法和行为模式。

（5）不做主观判断。在提问或沟通过程中，避免使用过于主观的表达，如"我觉得""我认为"等。过于主观的表达可能会引起来访者的防御情绪或者给他们提供错误的信息引导和暗示。心理咨询师应该站在来访者的角度客观地阐述问题，让来访者多思考自己的行为和感受。

理解来访者的主观体验是一个综合性的过程，需要心理咨询师具备良好的倾听技巧、共情能力以及开放的态度，深入了解来访者的感受和需求，从而提供更加精准和有效的心理咨询。

四、识别和探讨核心问题

在心理咨询过程中，识别和探讨核心问题是至关重要的。心理咨询师需要具备对自己的价值观、态度和信仰的深刻认识，清楚这些因素是如何影响自己的情感和行为的。同时，心理咨询师还需要对自己的感觉、情绪反应模式有清晰的认识，并了解这些模式是如何在互动中表现出来的。

在收集和整理信息的基础上，心理咨询师需要列出表面问题，还要深入分析这些问题之间的内在联系和因果关系。通过这种方式，心理咨询师可以聚焦于少数核心问题，心理咨询师通过与来访者的深入对话，探讨这些问题的根源、影响以及来访者对这些问题的看法和感受，从而更高效地进行咨询和治疗。

五、回溯过去，探索来访者的潜能和资源

人本主义尽管强调"此时此地"，认为只有按照生活本来面貌去生活，人们才能成为真正完善的人，但依然承认过去的经验会影响我们成为谁和怎么做。回溯过去，了解来访者的成长经历、生活环境、需要满足状态等，可以更好地理解来访者的内在现象世界，评估来访者当前的发展动力。来访者如果在成长过程中同时缺乏食物、安全、爱和尊重，那么他可能对于食物的需要最为强烈。如果所有的需要都没有得到满足，并且机体因此而受生理需要主宰，那么，其他需要可能会全然消失，或者退居幕后。来访者在成长过程中与父母的关系是否亲密、是否得到关爱，父母主导的价值观念与自己的现实经验是否一致等，都会对来访者的价值观念和行为模式产生影响。

人本主义流派相信每个人都有自我实现的潜能。在心理治疗过程中，心理咨询师需要识别和利用来访者的内在和外在资源。内在资源包括来访者的兴趣、爱好、价值观、生活目标、自我力量、动机和心理领悟力等，以及来访者在过去面对困难时所表现出的应对能力和成功经验；外在资源则涉及社会支持系统和经济来源等。通过有效地整合这些资源，心理咨询师可以帮助来访者更好地应对生活中的挑战，促进他们的个人成长和发展。对这些潜能和资源的探索有助于更好地促进来访者个人成长和心理健康。

六、过去经验与当前问题的联系

人本主义认为每个人都以一种独特的方式来看待世界，这些知觉共同构成个人的现象场。现象场的关键部分是自我。

将外界的价值条件与自我概念进行联系，梳理其中的发展过程。个体的自我概念是通过社会交往而获得的。每个人身上都有两种性质的内容，赞许的和批判的、优点和弱点、正确和错误等。为了获得他人（父母）的积极关注，不被赞许或有可能被反对的那部分自我就会遭到否认，个体就会把它们从自我概念中剔除出去，而只是接受父母赞许的那一部分自我，来访者不得不抛弃他们自己的真实感情和愿望，拒绝自己的弱点和错误，变得越来越不了解自己，失去了与自己真实情感的联系。当由社会价值观念内化而成的价值观与原来的自我经验有冲突时便引起焦虑，继而不得不采取心理防御，这样就限制了来访者对其思想和感情的自由表达，削弱了自我实现的能力，从而陷入不完善的状态。

将成长环境与当前适应状况相联系，理解问题及其形成过程。全面发展与自我实现的关键在于自我结构与经验协调一致，这就要求有一个无条件积极关注的成长环境。在无条件的积极关注中，来访者知道自己无论做什么都会被接受、被爱、被引以为荣，就可以自由自在、为所欲为，不需要隐藏那部分可能会引起爱的撤销的自我，可以接受人格中的所有方面；就可以自由地体验全部的自我，自由地把错误和弱点都纳入自己的自我要领中，自由地体验全部生活，促进人格的全面发展。

现实的成长环境总会夹杂着父母的焦虑、期待，来访者或多或少会遭遇批评、否定、惩罚等。当意识中的自我与实际经验产生分歧时，选择性知觉可能拒绝或歪曲某些对正常成长有指导作用的经验，从而引起自我与个体经历不协调状态，不协调的后果就是适应不良，个体变得焦虑和恐惧，自我实现就受到了阻碍。

七、制订并实施个性化的咨询计划

根据对来访者问题和资源的了解，心理咨询师可以制订一个个性化的咨询计划。这个计划应当是灵活的，能够根据来访者的反馈和进展进行调整。咨询计划的目标是促进来访者的自我理解和自我实现，帮助他们找到解决问题的新途径和新方法。

在实施咨询计划的过程中，心理咨询师需要定期与来访者沟通，了解他们的进展和反馈。同时，心理咨询师也需要对咨询效果进行评估，确保咨询计划的有效性。下面就咨询计划实施中人本主义疗法的基本技术做简要介绍。

人本主义疗法的咨询重点在于创造一种良好的关系氛围，使来访者能够自由地探索内在的感受。人本主义疗法中常用的基本技术包括非指导性的治疗、建立有效的治疗关系和会谈。

在实施影响性技术时，心理咨询师需要注意几个关键点。第一，个体化原则。解释、指导或建议必须因人而异，充分考虑来访者的文化背景、教育水平、认知能力及当下情绪状态，据此调整表达内容的深度、复杂度和呈现方式，确保其可被理解和被接受。第二，非强制性原则与尊重。影响性技术的运用绝非灌输或强加。心理咨询师应敏锐判断来访者的准备程度，选择恰当的介入时机。在提出观点或建议后，必须真诚尊重来访者的反馈、意见、感受和最终决定权，避免任何形式的压力或操纵。第三，关注反馈与调整。实施影响性技术后，密切观察并积极寻求来访者的反馈至关重要。心理咨询师需留意来访者的言语和非言语反应，评估技术的效果及可能引发的情绪变化，并据此及时调整后续策略或解释方式。第四，伦理安全性与目的性。所有影响性技术的运用必须以保障来访者福祉和伦理安全为最高准则。技术的目的是促进来访者自我觉察、理解、成长和自主决策能力的提升，而非满足心理咨询师自身的需要或展示权威，应始终警惕潜在的副作用或伤害风险。

在人本主义咨询过程中，心理咨询师要始终如一地信守以来访者为中心的咨询原则，同时又要求灵活地运用各种咨询技术。人本主义强调对每一位来访者的尊重、共情、真诚和积极关注，体现着以人为中心的基本理念。同时，心理咨询师所采用的咨询技术应该因人而异，尊重来访者的个体心理差异，体现人本主义咨询中具体情况具体对应的灵活性原则。

八、咨询效果的评估

咨询结束阶段，对效果的评估是人本主义咨询不可或缺的重要环节。效果评估强调共同参与和过程回顾，旨在全面、深入地理解来访者的改变与成长。心理咨询师会与来访者共同进行以下具体的评估步骤。

1. 回顾与确认咨询目标达成度

心理咨询师与来访者一起系统地回顾最初共同设定的咨询目标，引导来访者进行自我评估，请来访者具体描述其在目标相关领域（如情绪困扰、行为模式、人际关系、自我认知等）的现状、感受及变化。双方基于来访者的主观体验和具体事例，讨论这些目标在多大程度上得到了实现，哪些方面取得了显著进展，哪些方面可能仍需关注或未来努力。

2. 评估问题解决与状态改善情况

聚焦于来访者最初寻求帮助的核心问题（如特定的焦虑情绪、抑郁情绪、关系冲突、自我价值感低落等），探讨来访者当前对这些问题的体验、理解和应对方式是否发生了积极转变，评估来访者整体的心理状态（如情绪稳定性、主观幸福感、生活满意度等）是否得到改善。

3. 总结咨询方法与技术的有效性

心理咨询师回顾咨询过程中所运用的具体人本主义方法和技术（如无条件积极关注、共情、理解、真诚一致、澄清、情感反映、聚焦于此时此地等）；引导来访者分享其对不同方法的体验和感受，如哪些方法或心理咨询师的回应方式对其最有帮助、最有触动，哪些可能感觉不那么契合。这种总结不仅能帮助心理咨询师反思自身工作，更重要的是能帮助来访者理解自身改变的过程和关键因素。

4. 深入收集来访者的反馈与建议

心理咨询师主动、真诚地邀请来访者提供全面的反馈，例如，对整个咨询过程的感受（如咨询关系是否安全、信任、支持，咨询节奏是否合适），对心理咨询师风格和互动方式的看法。特别鼓励来访者提出建设性的建议和未满足的需求，这对心理咨询师的专业成长和未来工作改进至关重要。

5. 给予整合性反馈与发展建议

基于上述共同评估的结果（目标达成度、问题解决状态、方法有效性总结、来访者反馈），心理咨询师向来访者提供清晰、具体、建设性的反馈，肯定其取得的进步和展现的内在力量。针对评估中发现的可能仍需关注的问题或未来可能面临的挑战，心理咨询师会与来访者共同探讨并规划后续发展路径，例如，如何巩固已取得的咨询成果，如何将咨询中获得的新觉察、新技能应用到未来的生活情境中，是否需要或如何寻求未来的支持资源（如社会支持网络、自助方法、必要时转介等）。这些反馈和建议旨在赋能来访者，支持其在咨询结束后持续成长，增强其自主性和应对未来挑战的适应性。

九、咨询关系的结束和后续跟踪

在咨询目标达成后，心理咨询师会逐渐结束咨询关系，并做好后续跟踪和评估。在这个过程中，心理咨询师需要帮助来访者巩固咨询成果，提供必要的支持和建议，以确保来访者能够在没有心理咨询师的帮助下继续成长和发展。

综上所述，人本主义流派的个案概念化步骤强调以人为本，注重来访者的主观体验和自我实现的潜力。通过建立良好的咨询关系、收集和整理信息、理解来访者的主观体验、识别和探讨核心问题、探索来访者的潜能和资源、制订个性化的咨询计划、实施咨询计划并进行评估，以及终止咨询关系并保持后续跟踪，心理咨询师可以帮助来访者实现自我理解和自我实现，找到解决问题的新途径和新方法。

任务五　人本主义流派个案概念化的评价

人本主义的个案概念化影响深远，对人本主义的探讨成为研究者们关注的重点。人本主义流派所倡导的积极的人性观、对人的信任影响广泛。当然，也有对这一理论的质疑和批评。在中国，学习人本主义的个案概念化还需要考虑文化的影响。

一、人本主义个案概念化的贡献

1. 推动心理咨询的科学研究工作

在人本主义流派诞生之初，心理评估还是一个极不成熟的学科，罗杰斯率先将会谈过程进行录音，用于科学研究。他带领同事和学生对自己提出的理论，如咨询关系对治疗效果的影响，用科学研究进行检验，推动了心理评估和心理咨询领域的科学研究工作。

2. 以人为本的咨询理念

以人为本一直是人本主义理念的核心，相信人性本善，人在绝望、糟糕的环境中仍然是充满建设性的、积极向上的。人本主义主张人应去相信人性，因为人本身值得信任。这一理念感染了很多人，从心理治疗领域以来访者为中心、相信来访者能够找到自己的问题和非指导性原则，到将人本主义理念应用于团体、教育和家庭等其他领域，贯穿始终的核心信念都是以人为本。

3. 重视咨询关系

人本主义认为治疗之所以产生疗效，核心在于心理咨询师对来访者的态度是什么。在会谈过程中，若心理咨询师能够做到真诚地倾听、理解和关注来访者，并将自己的理解如实地传达给来访者，那么治疗就已经产生疗效了。在一段良好的咨询关系中，心理咨询师不需要额外花精力去"控制"来访者，来访者自然而然就会向着建设的方向改变。建立和发展咨询关系，培养心理咨询师对来访者的真诚、共情和无条件积极关注的品质，已经成为所有流派的共识，被吸收到心理咨询师的基本训练中。

二、人本主义个案概念化的局限及本土适用性

1. 人本主义个案概念化的局限

（1）过度乐观的预期。人本主义个案概念化倾向于强调个体的潜能和成长，这可能导致心理咨询师对来访者的改变过程持有过于乐观的预期。如果心理咨询师没有充分考虑来访者问题的复杂性和长期形成的负面因素，可能会高估治疗的效果，从而忽视了持续存在的心理障碍。

（2）缺乏结构化和系统化的评估。人本主义个案概念化可能缺乏明确的问题评估和治疗计划制订过程，这种方法可能更侧重于心理咨询师与来访者之间的对话和理解，而非传统的心理评估工具和量表。这可能导致治疗缺乏明确的目标和可操作的治疗步骤，影响治疗效果的评估和后续治疗的调整。

（3）对治疗关系的依赖。人本主义个案概念化高度依赖心理咨询师与来访者之间的治疗关系。虽然良好的治疗关系对于治疗过程至关重要，但过度依赖这种关系可能导致治疗效果受到心理咨询师个人特质的影响，缺乏可复制性和普遍性。

2. 人本主义个案概念化的本土适用性

本书最后，我们从文化的角度看看人本主义个案概念化的本土适用性。受传统文化影响，中国人的责任感和道德观念很强，理性而不善于表达情感，看重权威，这些都对人本主义个案概念化的实施提出了挑战。中国人常常有着太多道德规范和价值条件，过于理性，而人本主义强调回归人的本性、凭心而动，重新重视和接纳自己内在真实的感受（江光荣，2021）。事实上，在中国的人本主义个案概念化会不可避免地中国化。例如，在咨询中，可以将人本主义的理念与中国的传统文化和价值观相结合，强调个人的内在成长和自我实现，正如人本主义所强调的，那些技术细节并不重要，真正触动我们的还是人本主义那种对人的态度。

参考文献

［1］科米尔，纽瑞尔斯，奥斯本．心理咨询师的问诊策略［M］．6版．张建新，等译．北京：中国轻工业出版社，2009．

［2］林万贵．精神分析视野下的边缘性人格障碍：克恩伯格研究［M］．福州：福建教育出版社，2007．

［3］杜安·舒尔茨，西德尼·艾伦·舒尔茨．人格心理学：全面、科学的人性思考［M］．张登浩，李森，译．北京：机械工业出版社，2016．

［4］Cabaniss D L，Cherry S，Douglas C J，等．心理动力学个案概念化［M］．孙铃，等译．北京：中国轻工业出版社，2015．

［5］杰夫瑞斯．以人为中心的咨询督导［M］．李晓辉，译．北京：高等教育出版社，2008．

［6］珀尔·伯曼．个案概念化与治疗方案：咨询理论与临床实务整合的案例示范［M］．游琳玉，等译，北京：北京理工大学出版社，2019．

［7］Jacqueline B. Persons．认知行为治疗的个案概念化［M］．李飞，刘光亚，位照国，译．北京：中国轻工业出版社，2019．

［8］Judith S. Beck．认知疗法：基础与应用［M］．2版．张怡，等译．北京：中国轻工业出版，2013．

［9］Judith S. Beck．认知疗法：进阶与挑战［M］．陶璇，等译．北京：中国轻工业出版，2014．

［10］德博拉·罗思·莱德利，布莱恩·马克思，理查德·亨伯格．认知行为疗法：新手治疗师实践指南［M］．王建平，等译．北京：中国轻工业出版社，2021．

［11］杜布森．认知行为治疗手册［M］．李占江，译．北京：人民卫生出版社，2015．

［12］郭召良．认知行为疗法：123项实用技术［M］．北京：人民邮电出版社，2022．

［13］杰拉德·科里．心理咨询与治疗的理论及实践［M］．朱智佩，等译．北京：中国轻工业出版社，2020．

［14］John Sommers-Flanagan，Rita Sommers-Flanagan．心理咨询面谈技术［M］．4版．陈祉妍，江兰，黄峥，译．北京：中国轻工业出版社，2014．

［15］江光荣．心理咨询的理论与实务［M］．2 版．北京：高等教育出版社，2012.

［16］江光荣．人性的迷失与复归：罗杰斯的人本主义心理学［M］．北京：生活书店出版有限公司，2021.

［17］罗杰斯．个人形成论：我的心理治疗观［M］．杨广学，等译．北京：中国人民大学出版社，2004.

［18］罗杰斯．当事人中心治疗：实践、运用和理论［M］．李孟潮，李迎潮，译．北京：中国人民大学出版社，2013.

［19］罗杰斯．卡尔·罗杰斯论会心团体［M］．张宝蕊，译．北京：中国人民大学出版社，2005.

［20］罗杰斯，弗赖伯格．自由学习［M］．王烨晖，译．北京：人民邮电出版社，2015.

［21］罗杰斯．论人的成长［M］．石孟磊，邹丹，张瑶瑶，译．北京：世界图书出版有限公司，2018.

［22］Ivey A E, Ivey M B, Zalaquett C P. Intentional interviewing and counseling: Facilitating client development in a multicultural society［M］. Farmington Hills: Cengage Learning, 2018.

［23］Lambert M J, DeJulio S S, Stein D M. Therapist interpersonal skills: Process, outcome, methodological considerations, and recommendations for future research［J］. Psychological Bulletin, 1978, 85 (3), 467-489.

［24］Rogers C R. The necessary and sufficient conditions of therapeutic personality change［J］. Journal of Consulting Psychology, 1957, 21 (2), 95-103.

［25］Zhu Y, Han S H. Cultural differences in the self: From philosophy to psychology and neuroscience［J］. Social and Personality Psychology Compass, 2008, 2 (5): 1799-1811.

与本书配套的二维码资源使用说明

　　本书部分课程及与纸质教材配套数字资源以二维码链接的形式呈现。利用手机微信扫码成功后提示微信登录，授权后进入注册页面，填写注册信息。按照提示输入手机号码，点击获取手机验证码，稍等片刻收到 4 位数的验证码短信，在提示位置输入验证码成功，再设置密码，选择相应专业，点击"立即注册"，注册成功。（若手机已经注册，则在"注册"页面底部选择"已有账号，立即登录"，进入"账号绑定"页面，直接输入手机号和密码登录。）接着提示输入学习码，须刮开教材封底防伪涂层，输入 13 位学习码（正版图书拥有的一次性使用学习码），输入正确后提示绑定成功，即可查看二维码数字资源。手机第一次登录查看资源成功以后，再次使用二维码资源时，在微信端扫码即可登录进入查看。